T0157311

Printed in the United States
Bookmasters

# موسوعة

# عباقرة الإسلام

## تأليف:

## د.سالم نصار

دار أسامة

للنشر والتوزيع

## الناشر

## دار أسامة للنشر و التوزيع

الأردن - عمان

- هاتف : ٥٦٥٨٢٥٢ - ٥٦٥٨٢٥٣
- فاكس : ٥٦٥٨٢٥٤
- العنوان: العبدلي- مقابل البنك العربي

ص. ب : ١٤١٧٨١

Email: darosama@orange.jo

www.darosama.net

الطبعة الأولى

**٢٠٠٤م**

# المقدمة

تعد الحضارة العربية الإسلامية أول حضارة في تاريخ البشرية اتسمت بالإنسانية إذ جمعت شعوبا مختلفة وجانست فيما بينها فكان عطاؤها الثري في ميادين العلوم والمعرفة على اختلاف فروعها، وكانت الحضارة العربية الإسلامية من أهم عوامل النهضة الثقافية في أوروبا ومن أهم المصادر التي استمدت منها أوروبا معرفتها وقوتها ومقومات صنائعها، وقد انتقلت العلوم العربية إلى أوربا عن طريق الأندلس وصقلية وغيرها من المدن الأوروبية التي كانت مراكز مهمة للحضارة العربية التي واصلت انتقالها إلى عمق أوروبا.

وقد حاولنا في هذه الموسوعة التي بين أيدينا أن نقف عند بعض مشاعل الحضارة العربية الإسلامية، ليكون ذلك شاهداً على عظمة هذا الإسلام وعلى نبوغ وعبقرية المساهمين في هذه الحضارة في شتى علوم المعرفة، محاولين رصد معالم هذه النهضة ضمن صور قادرة على منح هذه الفئة ولو جزءاً من حقها على اللاحقين، مساهمة نرى أنها تقدم فائدة للمكتبة العربية.

ولا شك أن دراسة أهم عباقرة الإسلام السابقين الذين برزوا في مجال العلم والفكر والتاريخ والجغرافية والنحو واللغة والأدب والقيادة تهدف أول ما تهدف إلى أن تقدم إلى الجيل المعاصر واللاحق من طلبة المعرفة ورواد العلوم صورا ناطقة معبرة تمثل شخصيات أولئك المتقدمين من العباقرة وتوضح وتستقرئ أراءهم وثقافتهم وتلقي الضوء على ما قدموه للعرب والإسلام والإنسانية من نتاج علمي في مختلف الميادين.

وفي الختام نأمل أن يوفق الله تعالى من يواصل العطاء في مجال الكشف عن وإظهار عناصر الأصالة في تراث حضارتنا العربية الإسلامية.

ذلك التراث الذي يمثل المعين الذي لا ينضب لمعايشة الحاضر بزهو واقتحام المستقبل بثقة عالية.

وأرجو أن ينال موضوعنا هذا الرضا من القارئ الكريم والباحث العزيز ومن الله التوفيق.

عباقرة العلم

## ابن البيطار (٥٧٥-٦٤٦هـ)

هو أبو محمد عبد الله بن أحمد ضياء الدين الأندلسي- المالقي المعروف بابن البيطار،ولد في مالقة (الأندلس) في سنة ٥٧٥هـ/١١٧٩م وتوفي بدمشق سنة ٦٤٦هـ/١٢٤٨م.

يعتبر ابن البيطار أعظم عالم نباتي ظهر في القرون الوسطى، تتلمذ على يد شيخ أندلسي يدعى أبو العباس النباتي كان يجمع النباتات والأعشاب في منطقة إشبيلية، ولما بلغ العشرين من عمره سافر إلى مراكش والجزائر وتونس لدراسة النباتات ووصل مصر في عهد السلطان الأيوبي الملك الكامل، واصبح هناك رئيس العشابين.

والعشاب هو العالم بنبات وتحضير الأدوية منها، ثم سافر بعد ذلك إلى دمشق في عهد الملك الصالح (ابن الكامل) الأيوبي ودرس نباتات سورية ومنها انتقل إلى آسيا الصغرى واليونان مواصلا بحوثه فيها وهو بأسفاره هذه عالم طبيعي ميداني يدرس الاشياء في مواضعها ويتحقق منها بنفسه، والى جانب ذلك كان لابن البيطار إطلاع واسع مفصل على مؤلفات من سبقوه في هذا الموضوع ديسقوريدس وجالينوس والإدريسي.

ألف ابن البيطار في النبات فزاد في الثروة العلمية ويعد كتابه (الجامع لمفردات الأدوية والأغذية) من أنفس الكتب النباتية فقد وصف فيه أكثر من ١٤٠٠ عقار نباتي وحيواني ومعدني منها ٣٠٠ من صنعه مبينا الفوائد الطبية لكل واحد منها وقد أوضح في مقدمة كتابه الأهداف التي توخاها منه، ومنه يتجلى اسلوبه في البحث وأمانته العلمية في النقل واعتماده على التجربة كمعيار لصحة الأحكام إذ يقول انه عني في كتابه (بذكر ماهيات هذه الأدوية وقوامها ومنافعها ومضارها وإصلاح ضررها، والمقدار المستعلم في جرمها أو عصارتها أو طبيخها، والبدل منها عند عدمها). ويقول عن محتويات كتابه (استوعبت فيه جميع ما في

الخمس المقالات من كتاب الأفضل ديسفوريدس بنصه، وكذا فعلت أيضا بجميع ما أروده جالينوس في الست مقالات من مفرداته بنصه ثم الحقت بقولهما من أقوال المحدثين في الأدوية النباتية والمعدنية والحيوانية ما لم يذكراه ووضعت فيه عن ثقات المحدثين وعلماء النباتين ما لم يصفه، واسندت في جميع ذلك الأقوال إلى قائلها، وعرفت طريق النقل فيها بذكر ناقلها فما صح عندي بالمشاهدة والنظر، وثبت لدي أن ما ادخرته كنزا سريا وأما ما كان مخالفا في القوى والكيفية والمشاهدة الحسية في المنفعة والماهية نبذته ظهريا ولم أحاب في ذلك قديما لسبقه ولا محدثا اعتمد غيري على صدقه). وقد رتب ابن البيطار مفردات كتابه ترتيبا ابجديا على طريقتهم المتبعة وقتذاك مع ذكر اسمائها باللغات المتداولة في مواطنها.

ولابن البيطار كتاب شهير آخر هو (المغني في الأدوية المفردة) بحث فيه أثر الدواء في كل عضو من الجسم كالاذن والعين والمعدة والأدوية المجملة كالأدوية ضد الحمى وضد السم.

## ابن سينا (٣٧٠-٤٢٨هـ)

هو أبو علي الحسين بن عبد الله بن سينا ولد في أفشنه من قرى بخارى في سنة ٣٧٠هـ/٩٨٠م ودرس فيها ثم رحل إلى جرجان وهنا ألف كتابه (القانون في الطب) ثم أتى إلى همذان حيث استوزره الأمير البويهي شمس الدولة ورحل منها إلى اصفهان وتوفي في همذان سنة ٤٢٨هـ/١٠٣٦م.

عاش ابن سينا معاصرا للبيروني وابن الهيثم وتميز بنشاط فكري واسع، إذ كان طبيبا فيلسوفا رياضا فلكيا عالما بالطبيعة وكان له تأثير فكري كبير على الأجيال التالية، وكان يسمى (الشيخ الرئيس) و(المعلم الثالث) بعد أرسطو والفارابي.

آمن ابن سينا بالعقل إيمانا عميقا وجعل التجربة ومراقبة الطبيعة مكانا كبيرا في دراساته وحارب التنجيم ونفى امكان تحويل المعادن الرخيصة إلى ذهب،

وانكر الخوارق وكان يرى كل حدث طبيعي اسبابا طبيعية تعمل وفق قوانين الطبيعة وكانت إرادة الله عنده مساوية لقوانين الطبيعية التي لا تخرق.

أهم مؤلفات أبن سينا الطبية كتابه (القانون في الطب) وهو كتاب موسوعي يشتمل على بحوث في الفسلجة والصحة والأمراض والأدوية، ويتألف من خمسة أجزاء يتناول الجزء الأول منها مواضيع عامة كتصنيف الأمراض وأسبابها والطرق العامة منها والعلاج، وتناول الجزء الثاني المفردات الطبية وتركيب كل دواء ومفعوله، وأفرد الجزء الثالث لأمراض كل عضو من أعضاء الجسم، أما الجزء الرابع فيتناول الأمراض التي لا تقتصر على عضو واحد كالحميات والأورام والكسور، وتناول الجزء الخامس دراسة وتركيب الأدوية وتحضير العقاقير الطبية، وقد ترجم الكتاب إلى اللاتينية وظهرت أول طبعة منه عام ١٤٧٣م في ميلانو، وطبع بعد ذلك عشرات المرات في العديد من اللغات.

درس ابن سينا العديد من الأمراض كالتهاب السحايا وشلل الوجه وحصاة المثانة واكتشف مرض (الانكلستوما) وسماها (الدودة المستديرة) وأشار إلى عدوى السل وانتقال الأمراض بالماء والغبار ووصف الأمراض الجلدية والتناسلية لا سيما الأمراض النسائية كالعقم والإسقاط ويرجع انه مارس التوليد والتشريح كما عرف تأثير الحالة النفسية على المريض.

وبحث ابن سينا في النباتات، وخاصة الطبية منها أي التي تستخرج منها الأدوية. وقد وصف النباتات وصفا مقارنا، ذاكرا الأصناف المختلفة منها مقارنا أوراقها وأزهارها وثمارها كما درس الحيوانات وصنفها وتكلم عن العظام والغضاريف والأعصاب والشرايين والأوردة والأغشية والروابط، والحركة الإرادية واللاإرادية، كما بحث في التشريح المقارن بين الحيوانات المختلفة، وفي الأجهزة العضلية والهضمية والتناسلية والتنفسية والدموية.

ومن مؤلفات ابن سينا الهامة كتاب (الشفاء) الذي عالج فيه الفلسفة والمنطق وعلوم الطبيعة، وفيه أعرب عن معارضته لما ذهب إليه أغلب كيماوي عصره في موضوع تحويل المعادن الخسيسة إلى نفيسة ومن آرائه التي بسطها في هذا الكتاب عن مسائل الطبيعة قوله في تكوين الجبال (الغالب أنها تكونت في طين لزج جف على طول الزمان وتحجر في مدد لا تضبط فيشبه أن هذه المعمورة كانت في سالف الأيام مغمورة في البحار، وكثيرا ما يوجد في الأحجار إذا كسرت أجزاء من الحيوانات المائية كالأصداف وغيرها).

ويقول في الزلازل: (حركة تعرض لجزء من أجزاء الأرض بسبب ما تحته، ولا محالة أن ذلك السبب يعرض له أن يتحرك ثم يحرك ما فوقه، والجسم الذي يمكن أن يتحرك تحت الأرض يحرك الأرض، وهو أما جسم بخاري دخاني قوي الاندفاع أو جسم مائي سيال، أو جسم هوائي، أو جسم ناري، أو جسم أرضي، والجسم الناري لا يكون نارا صرفة وفي حكم الرياح المشتعلة).

ويقول: (ومن الدليل على أن أكثر أسباب الزلزلة هي الرياح المحتقنة، أن البلاد التي تكثر فيها الزلزلة إذا حفرت فيها آبار وقني كثير، حتى كثرت مخالص الرياح والأبخرة، قلت الزلازل بها).

وقال عن الصوت والضوء (إن البصر يستبق السمع، فإنه إذا أتفق أن قرع إنسان من بعد جسما على جسم رأيت القرع قبل أن تسمع الصوت لأن الأبصار ليس له زمان والاستماع يحتاج إلى آن، ويتأدى تموج الهواء الكائن إلى السمع، وذلك في زمان) أي أنه لم يكن يعتقد أن للضوء سرعة محدودة في الفضاء.

وتكلم عن السحب فقال: إنها تولد من الأبخرة الرطبة، إذا تصعدت بتصعيد الحرارة فوافت الطبقة الباردة من الهواء فجوهر السحاب بخاري متكاثف طاف في الهواء، فالبخار مادة السحاب والمطر والثلج والطل والجليد والصقيع والبرد، وعليه تتراءى الهالة، وقوس قزح).

ولابن سينا مؤلفات أخرى في الرياضيات والفلك والموسيقى والحساب واللغات والإلهيات.

## ابن الهيثم (٣٥٤-٤٣٠هـ)

هو أبو علي الحسن بن الهيثم، ولد في البصرة سنة ٣٥٤هـ/٩٦٥م ونشأ فيها ودرس العلوم المعروفة في عصره، الفلسفة والعلوم الطبيعية والرياضيات والطب. ثم هاجر إلى مصر في عهد الخليفة الفاطمي الحاكم بأمر الله. وتوفي فيها سنة ٤٣٠هـ/١٠٣٩م.

كانت طريقة ابن الهيثم في البحث العلمي قريبة جدا من طريقة البحث العلمي الحديث، فقد أعتمد الملاحظة الدقيقة والتجربة والقياس ولم يسلم ببساطة بآراء من سبقوه، بل نظر إليها نظرة نقدية فاحصة معبرا في كل ذلك عن إيمان عميق بالعلم وقد لخص طريقته في البحث بقوله: (نبتدئ في البحث باستقراء ما يخص البصر في حالة الإبصار، وما هو مطرد لا يتغير، وظاهر لا يشتبه من كيفية الإحساس ثم نرتقي في البحث والمقاييس على التدريج والترتيب مع انتقاد المقدمات والتحفظ من الغلط في النتائج، ونجعل غرضنا في جميع ما نستقريه ونتصفحه استعمال العدل لا اتباع الهوى، ونتحرى في سائر ما نميزه وننتقده طلب الحق، ولا الميل مع الآراء). وبطريقته العلمية هذه كما عبر عنها هنا وكما طبقها في بحوثه في علم الضوء يكون قد سبق فرانسيس بيكون الذي يعتبر مؤسس الطريقة الحديثة في البحث العلمي في أوربا بعدة قرون.

ودرس ابن الهيثم الضوء ولا سيما الذي نسميه اليوم (البصريات الهندسية) دراسة واسعة، وألف في ذلك كتابه (المناظر) فكانت منه مساهمة جليلة بعيدة الأثر في إغناء العلم وتطويره، وبابن الهيثم بدأ علم الضوء يأخذ شكله الحديث.شرح ابن الهيثم الرؤية، وخالف الرأي الذي كان سائدا قروناً عديدة في أذهان الناس، إذ كانوا يتصورون أن الضوء شيء ينبعث من العين إلى الجسم المرئي، أما ابن الهيثم

فقد قال بأن الضوء عامل خارجي يحدث الإحساس البصري، أي انه يأتي من الجسم المرئي إلى العين فيؤثر فيها، ولم يكن ابن الهيثم أول من قال بهذه الفكرة، فقد سبقه إلى ذلك الفيثاغوريون، ودمقريطس وأرسطو إلا أن هذه الفكرة أنطمرت بعد هؤلاء اكثر من ألف سنة، فأحياها ابن الهيثم.

ودرس الظل وشبه الظل وأجرى تجارب على الحجرة المظلمة المحتوية على ثقب في أحد جدرانها ودرس مسير الضوء فيها، وتكون صورة على الجدار المقابل للثقب، وأتخذ من ظاهرية الظلال دليلا على أن الضوء يسير بخطوط مستقيمة، وأنه ينبعث من جميع أجزاء الجسم المضيء وكان ابن الهيثم يطلق أسم (الظل المحض) أو (الظلمة) على ما نسميه اليوم ظلا، أما ما ندعوه الآن (شبه الظل) فقد سماه (ظلا).

ودرس ابن الهيثم ظاهرة الضوء دراسة مستفيضة وتوصل إلى اكتشاف القانون الثاني للانكسار الذي ينص على أن الشعاع الساقط والعمود على السطح الفاصل بين الوسطين من نقطة السقوط والشعاع المنكسر كلها تقع في مستوى واحد، أو كما يقول هو (أن كل ضوء ينعطف من جسم مشتق إلى جسم آخر فإن انعطافه أبدا يكون في السطح القائم على سطح الجسم الثاني على زوايا قائمة) أما بخصوص القانون الأول للانكسار فقد وجد أبن الهيثم أن قانون بطليموس (زاوية الانكسار تتناسب طرديا مع زاوية السقوط) لا يصح إلا على الزوايا الصغيرة فقد دون الكبيرة، إلا أنه لم يتوصل إلى اكتشاف القانون الحقيقي.

واكتشف ابن الهيثم (قاعدة قبول العكس) فيما يتعلق بانكسار الضوء وانعكاسه، أي أن الضوء يأخذ نفس مساره إذا سقط من وسط شفاف على وسط آخر وانكسر فيه، أو سقط من الوسط الثاني وخرج منكسرا إلى الأول، حين تكون زاوية السقوط في الحالة الثانية تساوي زاوية الانكسار في الحالة الأولى، وتصح نفس القاعدة في حالة انعكاس الضوء انعكاسا منتظما.

ودرس ابن الهيثم انعكاس الضوء عن المرايا المستوية والكروية (المقعرة والمحدبة) والأسطوانية وتكون الصور بواسطتها، كما درس القضية المسماة باسمه (مسألة أبن الهيثم) وهي: إذ علم موضع نقطة مضيئة، فكيف نجد صورتها المتكونة بواسطة مرآة كروية أو أسطوانية؟ وقد ورد في كلامه ما يفيد أنه كان يعرف بؤرة المرأة المقعرة حيث تتجمع الأشعة الموازية لمحورها بعد انعكاسها على سطحها، وحاول أبن الهيثم تفسير انعكاس الضوء وانكساره تفسيرا ميكانيكا يشابه التفسير الذي آتى به نيوتن في القرن السابع عشر في النظرية الدقائقية للضوء، باعتبار الضوء مكونا من دقائق تنطبق علياه قوانين الميكانيك في حركتها.

وشرح ابن الهيثم في كتابه بعض الظواهر التي تنشأ عن الانكسارات الضوئية في طبقات الجو، مثل انكسار الضوء الآتي إلينا من النجوم والشمس والقمر عند اختراقه جو الأرض، فيبدو الجرم أرفع من حقيقته حينما يكون قريبا من الأفق، أو أنه يبدو فوق الأفق وهو تحته أو ظهور قرص الشمس أو القمر بيضويا بدل الاستدارة، ومن الظواهر الضوئية المتعلقة بالجو، والتي تعرض لها ابن الهيثم بالتفسير الهالة التي تحيط القمر أو الشمس أحيانا، وهي تنتج من انكسار الضوء الآتي منها خلال بلورات الجليد، الصغيرة العالقة في أعالي الجو، كما كتب في تعليل الشفق، والغسق وهما حمرة السماء التي تبدو فوق الأفق قبل شروق الشمس وبعد مغيبها ويظهر أن حينما تكون الشمس ١٩درجة أو أقل تحث الأفق وبين كذلك أن الزيادة الظاهرية في قطري الشمس والقمر عندما يكونان قريبين من الأفق هي زيادة وهمية لا حقيقة لها.

وذهب ابن الهيثم إلى أن للضوء سرعة محدودة رغم أنها كبيرة ولذلك فهو يحتاج إلى زمن في انتقاله من مكان إلى آخر وله رأي طريف في طبيعة الضوء إذ اعتبره (حرارة نارية) تنبعث من الأجسام المضيئة بذاتها كالشمس والنار والجسم المتوهج وعلل رأيه بأن الضوء إذا سقط على جسم بسبب تسخينه أو إذ وجهت

حزمة منه منعكسة من مرآة مقعرة على جسم قابل للاحتراق سببت احتراق ذلك الجسم.

ولابن الهيثم بحوث رياضية أيضا في الحساب والجبر والهندسة منه حل المعادلات التكعيبية بواسطة قطوع المخروط، وحساب حجوم بعض الأجسام الهندسية.

## ابن النفيس (٦٠٧-٦٨٦هـ)

هو علاء الدين أبو الحسن بن أبي الحزم القرشي المعروف بابن النفيس ولد قرب مدينة دمشق سنة ٦٠٧هـ/١٢١٠م ونشأ في دمشق وتعلم فيها على نفر من الأطباء أقدمهم الشيخ رضي الدين أبو الحجاج يوسف بن حيدره الرحبي، ومن شيوخه (اساتذته) الحكيم مهذب الدين أبو محمد عبد الرحيم أبن علي الدخوار (ت ٦٢٨-١٢٣١م).

كان ابن النفيس صديقا ورفيق دراسة لموفق الدين أبي العباس أحمد أبن القاسم المعروف بابن اصيبعة وصاحب الكتاب المشهور (عيون الأنباء في طبقات الأطباء) ودرسا معا في دمشق، ويبدو أن الصديقين هجرا دمشق إلى القاهرة معا وعملا في المستشفى الناصري واصبح ابن النفيس رئيسا للمستشفى وصار ابن أبي أصيبعة يتولى التكحيل (مداواة العيون) فيه وبعد مدة عاد ابن أبي اصبيعة إلى الشام وبقي ابن النفيس في القاهرة حتى توفي فيها سنة ٦٨٦هـ/١٢٨٨م.

كان ابن النفيس موسوعيا في معارفه، إذ كتب في الفلسفة واللغة إضافة إلى تأليفه في الطب، وكانت له أصالة في التفكير فينظر في ما يقرأ نقديا ممحصا، مما جعله يخرج على بعض آراء ابن سينا وجالينوس، ومن أقواله: (وأمامنا منافع الأشياء فإنما يعتمد في تعريفها على ما يقتضيه النظر والبحث المستقيم، ولا علينا وافق ذلك رأي من تقدمنا ام خالفه).

ألف ابن النفيس موسوعة طبية سماها (الشامل في الطب) كما كتب مختصرا لكتاب (القانون) لابن سينا سماه (موجز القانون) وآخر في شرحه هو (شرح تشريح القانون) وقد يكون هذا أهم كتبه، إذ يتجلى فيه مأثرته في اكتشافه الدورة الدموية الصغرى إذ يجري الدم من القلب إلى الرئة ثم يعود إليه واكتشافه أن غذاء القلب من الدم المار في عروقه، وقد خالف ابن سينا في عدد تجاويف القلب، إذ كان ابن سينا قد ذهب إلى أن فيه ثلاث بطينات، أما أبن النفيس فقال أن فيه بطينين وأنكر رأي جالينوس في وجود مسام بين البطينين غير أن هذا الكتاب الذي عرض فيه أفكاره القيمة هذه لم يطبع، وبقي منسيا على الرف قرونا عديدة حتى اكتشف حديثا، ولهذا لم تصب مكتشفاته تلك في مجرى تطور العلم، فأعتبر سرفيتوس وكولومبوس وهارفي بعد ثلاثة قرون مكتشفين جدد للدورة الدموية ومطوري نظريتها.

## أبو الصلت (٤٥٩-٥٢٩هـ)

هو أبو الصلت أمية بن عبد العزيز بن أبي الصلت، ولد أبو الصلت في دانية بشرق الأندلس نحو سنة ٤٥٩هـ/١٠٦٧م وكان بارعا في المنطق والفلسفة والرياضيات والفلك والموسيقى، وكان يتكسب بالشعر أيضا، فلما بدأ المرابطون في الاستيلاء على الأندلس غادر أبو الصلت الأندلس إلى مصر في سنة ٤٨٩هـ/١٠٨٩م.

ويبدو أن أبا الصلت لم يستطع أن يتكسب بالشعر في مصر فحاول أن يتكسب بالعلم فعندما وصل إلى الأسكندرية مركب وبه نحاس غرق على مقربة منها وكان الحاجة إلى هذا النحاس ملحة، وكان ذلك أثناء الحروب الصليبية، فتقدم أبو الصلت إلى الأفضل صاحب الإسكندرية عارضا عليه أن يرفع المركب من قعر البحر ووافق الأفضل على ذلك وأعد لأبي الصلت كل ما طلبه.

فبنى أبو الصلت مركبا عظيما وجعله في البحر على موازاة المركب الغريق، ثم ربط المركب الغارق بحبال من حرير مبرومة وجعل أطراف تلك الحبال على دواليب (بكر) ثم أمر الرجال بإدارة تلك الدواليب وبدأ المركب يرتفع من قعر البحر شيئا فشيئا حتى صار بمستوى سطح الماء، فلما تابع أبو الصلت رفع المركب إلى ما فوق سطح البحر انقطعت الحبال وغاص المركب ثانية، وغضب الأفضل على أبو الصلت وحبسه.

إن في عمل أبي الصلت دلالة على براعته من الناحية النظرية والناحية العملية في استعمال البكرات المتعددة في جر الأثقال غير أن أبا الصلت قد غاب عنه قانون أرخميدس وهو أن الأجسام الغارقة في الماء تفقد من وزنها مقدار وزن الماء الذي تحل محله، ولقد كان الواجب على أبي الصلت أن يبدأ بتفريغ النحاس من المركب قبل أن يصل المركب إلى سطح الماء أو أن يزيد عدد الحبال حتى تقوى الحبال كلها على رفع المركب فوق سطح الماء.

وشفع أناس لأبي الصلت فأخرج من السجن ونفي عن مصر سنة ٥٠٥هـ/١١١١م، فسافر إلى المهدية (تونس) وتوفي أبو الصلت في المهدية في أول محرم سنة ٥٢٩هـ/١١٣٤م.

ولأبي الصلت مؤلفات منها كتاب حديقة الأدب والرسالة المصرية وقد ألف هذه الرسالة لأبي طاهر يحيى ابن باديس ورسالة في الموسيقى وكتاب في الهندسة ورسالة في العمل بالإسطرلاب وكتاب تقويم منطق الذهن.

## البتاني (٢٤٠-٣١٧هـ)

هو أبو عبد الله محمد بن جابر بن سنان الحراني الرقي المعروف بالبتاني، ولد في بتان وهي وناحية من حران نحو سنة ٢٤٠هـ/٨٥٤م وكانت إقامته في الأكثر في الرقة حيث قام بأرصدته الفلكية زار بغداد مرارا وأنه كان متصلا بأبي الحسن علي بن فرات الذي تولى الوزارة ثلاث مرات للمقتدر بين

سنة ٢٩٦هـ/٩٠٩م وبين سنة ٣١٢هـ/٩٢٤م، وفي سنة ٣١٧هـ/٩٢٩م ورد البتاني إلى بغداد مع وفد مـن بنـي الزيات من أهل الرقة في ظلامات كانت لهم، وفي طريق عودتـه مـن بغداد تـوفي عنـد قصـرـ الجـص قـرب سامراء.

عرف البتاني بأرصدته الدقيقة التي أجراها في مراصد الرقة ودونها في كتابه (الزيج الصابئ) وقد أعطى أهمية بالغة لدقة الرصد. لأنه أعتقد أن معرفة الحقيقة عن الكون لا تـأتي إلا عـن طريـق الملاحظة الدقيقة للأجسام السماوية، أو كما قال (لأن الحركات السماوية لا يحاط بها معرفة مستقصاه حقيقة إلا بتمادي العصور والتدقيق في الرصد).

وبحث البتاني في الزيج الصابئ العديد مـن المسائـل الفلكيـة منهـا قياس الـزمن برصد إرتفاع الشمس وطول السنة الشمسية وقاس البتاني الميل الأعظم أي الزاويـة بـين مسـتوى مـدار الأرض ومسـتوى خط الاستواء فوجدها ٣٥°٢٥، صحيحة إلى حقيقـة واحـدة، وقال بـاحتمال حـدوث الكسوف الحلقـي للشمس، وتكلم في زيجة عن حركات القمر، والخسوف، والكسوف، وكيفية معرفة (الأوج) وهو أبعد نقطة للكوكب عن الأرض، و(الحضيض) وهـو أقربهـا إلى الأرض، وقـارن بـين التقـاويم المسـتخدمة عنـد العـرب والفرس والروم والضبط، وقد ترجم زيجة إلى اللاتينية في القرن الثاني عشر وطبع بها عام ١٥٣٨م.

وكان للبتاني معرفة جيدة بالرياضيات، فقد استعمل الجيوب، وأوجد اصطلاح (جيب التمام) ووضع جدولا لظلال التمام، وبحث في المثلثات الكروية، وأكتشف قانون جيوب التمام للمثلث الكروي.

## البوزجاني (٣٢٧-٣٨٨هـ)

هو أبو الوفاء محمد بن يحيى بن اسماعيل بن العباس البوزجاني، ولد في بوزجان قرب نيسـابور في سنة ٣٢٧هـ/٩٤٠م وقرأ علم العدد والحساب والهندسة على عمه أبي عمرو المغازلي وعلى خاله أبي عبد الله بن عنسبه، وفي سنة

١٦

٣٤٧هـ/٩٥٩م انتقل البوزجاني إلى بغداد وعمل في مرصدها، وعاش البوزجاني في بغداد بعيدا عن ملاذ الدنيا قانعا بما عنده حتى توفي في سنة ٣٨٨هـ/٩٨٨م.

يعتبر البوزجاني أول من أدخل الظل كإحدى النسب المثلثية في الرياضيات واستعملها في حلول المسائل الرياضية، وأدخل القاطع والقاطع التمام، وحسب جدولا للجيوب على فواصل ١٥َ وامتاز بدقته إذ كان صحيحا لثمانية أرقام عشرية، وبرهن على نظرية الجيوب في المثلثات الكروية، ودرس المعادلات التكعيبية ومعادلات الدرجة الرابعة ووضع رسالة في الرسم الهندسي واستعمالات آلات الرسم، كما ألف (الزيج الشامل) و (المدخل إلى الارتماطيقي) و(الحساب) و(شرح الخوارزمي في الجبر والمقابلة).

## البيروني (٣٦٢-٤٤٠هـ)

هو أبو الريحان محمد بن أحمد الفلكي البيروني، ولد بضاحية من ضواحي خوارزم في سنة ٣٦٢هـ/٩٧٣م. وبقي في موطنه حتى الثالثة والعشرين من عمره، حيث هاجر إلى جرجان بسبب التقلبات السياسية، وهنا كتب أول مؤلفاته (الأثار الباقية عن القرون الخالية) وهو كتاب يعالج فيه التقاويم والتاريخ والفلك والرياضيات، ثم عاد إلى وطنه بعد خمسة عشر عاما.

وفي عام ٤٠٧هـ/١٠١٧م غزا السلطان الغزنوي محمود بن سيكتيكن خوازم واحتلها، فأخذ البيروني وطائفة من العلماء أسرى إلى غزنة عاصمة دولته، وقد رافق السلطان محمود في غزواته في شمالي غربي الهند، وظل البيروني متصلا ببلاط غزنه حيث وافاه الأجل في سنة ٤٤٠هـ/١٠٤٨م.

للبيروني كتب منها تحقيق ما للهند من مقولة، مقبولة في العقل أو مرذولة، وكتاب تحقيق منازل القمر، وكتاب الجماهر في معرفة الجواهر، وكتاب تحديد نهيات الأماكن لتصحيح مسافات المساكن، وكتاب استخراج الأوتار في الدائرة، وكتاب الصيدلة، وبهذا كان البيروني ذا إطلاع موسوعي إذ كان رياضيا، فلكيا،

جغرافيا، مؤرخا، لغويا، فيلسوفا، عالما بالطبيعة ومع انه من أصل خوارزمي إلا أنه كان يتقن اللغة العربية والفارسية ويحسن السنسكريتية (الهندية القديمة) واليونانية والسريانية.

اتسم البيروني بروح علمية عالية، فاعتمد على التجربة والقياس في أبحاثه، ولم يسلم بما لا يطابق الواقع من أحكام الأولين، وأشاد بإنجازات غيره من العلماء، وحث على أخذ العليم من أية جهة وبأية لغة وعن أي شعب، وتتسم بحوثه بالمقارنة النقدية، والإخلاص للحقيقة والعلم، وكان يرى أن التعلم اليقيني لا يحصل إلا من احساسات يؤلف بينها العقل على نمط منطقي.

بحث البيروني في هيئة العالم وحركته، وكروية الأرض والسماء والسنة الشمسية والسنة القمرية والأيام والشهور وأوائل السنين الهجرية والشهور القمرية وزاوية تقاطع معدل النهار مع فلك البروج في خط الاستواء (زاوية ميل محور الأرض على مستوى مدارها) واستخرج المسافة بين بلدين معلومي الطول والعرض وعين اتجاه القبلة وحركة القمر واختلاف مناظره وحساب رؤية الهلال وأنواع الخسوف والكسوف، والنجوم الثابتة وصورها ومنازل القمر فيها وحركات الكواكب السيارة، عطارد والزهرة عن الشمس.

وكان البيروني أول من أعتبر نصف قطر الدائرة مساويا للواحدة في حساب الجيوب ولذلك كان طول نصف وتر قوس ضعف الزاوية، يعطي جيب الزاوية رأسا وكان نصل قطر الدائرة في السابق يعتبر مساويا لـ ١ /٢ ٢ أو ٦٠ لغرض حساب الجيوب وتوصل البيروني إلى أن طول جزء صغير جدا من محيط الدائرة لا يختلف كثيرا عن وتره، أو كما قال (أقسام الدوائر إذا دقت لا تخالف أوتارها لا فيما صغر جدا من أجزاء الأجزاء).

واستنتج البيروني من رصد الكسوف والخسوف أن الشمس أكبر من الأرض، والأرض أكبر من القمر، وأعطي البيروني تعليلا صحيحا للشفق والغسق.

وفي معرض السنين الشمسية والقمرية يقول البيروني أن من استخدم السنة الشمسية هـم الـروم والقطـب والسريان والفرس أما الأمم الإسلامية فتستخدم السنة القمرية، بينما مزجت بعض الأمم بـين النـوعين مثـل الهند وأتراك المشرق والصين وعرب الجاهلية، وكانت السنة عند هؤلاء أثني عشرـ شـهرا يضـيفون إليهـا في بعض السنين شهرا ثالث عشر لإبقاء الأشهر مطابقة لفصول السنة.

كتب البيروني رسالة في الظلال. جاء فيها حول اختلاف طلوع الشمس وغروبها وارتفاعها باختلاف الأماكن: (معلوم عند المحيط بهيئة العالم أن ليس للتباعد في الطول بـين الشرـق والغـرب أثـر غـير اخـتلاف الطلوع والغروب على نسبة ذلك التباعد وان سائر التغـايير الكائنـة في سـعة المشـارق والمغـارب، وتفـاوت ارتفاع انصاف النهار والظل واختلاف النهار والليل وأمثال ذلك هي من لوازم التباعد في العرض بين الشمال والجنوب).

وفي كتابه (تحديد نهايات الأماكن لتصحيح مسافات المسـاكن) يبحـث البـيروني في كيفيـة تعيـين المسافة بين نقطتين عـلى سـطح الأرض إذا عرفـت خطـوط اطـوالهما وعروضـهما، فبتعـرض أولا للخسـوف والكسوف باعتبارهما من العلامات التي يمكن استخدامها لمعرفة مواقع النقاط الأرضية فيقول (أما الشمس فلما كان كسوفها غير عارض لذاتها، بل للابصار الناظرة إليها وكان القمر السائر اياها بعيدا عنها وقريبا من الناظرين ثم اختلف مواضعهم، فاختلف بذلك ما أدركوه من كمية الكسـوف ومقـادير أزمنتـه ونهايتهـا، لم يعتمد في هذا المبحث وقصد كسوف القمر وكان انقطاع نور الشمس عنه بتوسط الأرض بينهما فعلـم أنـه أمر يعرض لذاته وان من نظر إليه مـن المواضـع المختلفـة رآه عـلى حقيقتـه وفي وقتـه، فكـان هـو الأحـق بالاعتماد وإياه قصد أصحاب الصناعة في تصحيح الأطوال ثم سرد قصة البعثة التي أرسلها المأمون إلى سهل سنجار لقياس المسافة على سطح الأرض التي تطابق درجة واحدة.

وتناول البيروني في هذا الكتاب التبدلات الجيولوجية التي تجري على الأرض بمرور الزمن فأبدى بصيرة نفاذه عجيبة وذهب إلى أن بعض الجبال والأرض اليابسة كانت في سابق الأزمان مغمورة بالماء بدليل ما يوجد في أعماقها من الصدف وآثار الحيوانات البحرية.

وقام البيروني بتجارب لحساب الوزن النوعي لعدد من العناصر والمركبات، واستعمل في ذلك وعاء مصبة إلى أسفل وتمكن نتيجة لوزن الجسم في الهواء والماء من معرفة مقدار الماء الزائح، ومن هذا الأخير وزن الجسم في الهواء حسب الوزن النوعي، ولقد وجد الوزن النوعي لثمانية عشر عنصرا و مركبا بعضها من الأحجار الكريمة، وقد وجد البيروني أيضا الفرق بين الوزن النوعي للماء البارد والماء الحار ومقداره (٤١٦٧٧%).

## جابر بن حيان (١٢٠-١٩٨هـ)

هو جابر بن حيان بن عبد الله الأزدي، كان والده بائع أدوية في الكوفة، وكان من دعاة الدولة العباسية فأخذ ينتقل من بلد إلى آخر داعيا لها، حتى وصل إلى (طوس) في خراسان وهناك ولد جابر وذلك سنة ١٢٠هـ/٧٣٧م وعندما أدرك الأمويون الدور الذي يقوم به حيان في بلاد فارس، قبض عليه وأعدم فرجعت عائلته إلى قبيلتها الأزد، وهناك ترعرع جابر ولما استولى العباسيون على الخلافة رجع جابر إلى الكوفة وانخرط في حلقات التعليم التي كان يعقدها الإمام جعفر الصادق، ثم انتقل إلى بغداد وعاش فيها ردحا من الزمان بسبب التقلبات السياسية أخذ جابر ينتقل من مكان إلى آخر وقد أختلف المؤرخون في سنة وفاته والمرجح أنه توفي في سنة ١٩٨هـ/٨١٣م في الكوفة أو في طوس مسقط رأسه.

لقد اختلف المؤرخون في عدد الكتب التي ألفها جابر بن حيان، ولكن الرأي المتفق عليه تقريبا أن جابر كتب حوالي مائة وأثني عشر كتابا، لا في الكيمياء فحسب بل في مواضيع شتى في كالطب والأدوية والسموم واللغة والبيان وصناعة

الذهب، وقد ترجم الكثير من كتب جابر إلى اللغة اللاتينية وأصبحت مرجعا مهما في دراسة الكيمياء في المعاهد والجامعات الأوروبية خلال القرون الوسطى وحتى أواسط القرن الثامن عشر ثم ترجمت كتبه إلى اللغات الفرنسية والإيطالية والألمانية والإنجليزية، ونذكر بعض كتبه المشهورة في الكيمياء على سبيل المثال: كتاب الخواص الكبير، كتاب الرحمة، كتاب الموازين، كتاب السموم، كتاب الأحجار، كتاب الخالص، كتاب المقابلة والمماثلة، كتاب البيان، وكتاب الأركان.

إن الأعمال التي خاضها جابر بن حيان كثيرة جدا، وتشير مؤلفاته والمراجع التاريخية العربية منها وغير العربية، انه حقق أعمالا جبارة في حقل الكيمياء ومن الصعب حصر جميع انجازاته لكثرتها من جهة وتشعب مواضيعها من جهة أخرى، وقد أجمع المؤرخون والعلماء بمختلف مذاهبهم وجنسياتهم منذ العصور السالفة وحتى يومنا هذا على سعة إطلاع جابر في الكيمياء وغزارة إنتاجه ولذلك اقترن أسمه بها، فقالوا (كيمياء جابر) و (الكيمياء لجابر).

لقد نهج جابر بن حيان نهجا علميا منقطع النظير وأوصل الكيمياء إلى أعلى المراتب العلمية والتطبيقية ولم تعرف الكيمياء عند اليونانيين ولم يشتغل بها الفلاسفة، لأنهم درسوا العلوم من النواحي الفلسفية وقد أجادوا حقا في كثير من الآراء والنظريات، أما جابر فقد بدأ بها كعلم من العلوم الرقعية، فوضع لها أسسا وضوابط كيماوية أصبحت فيما بعد منهاجا قويما لجميع العلوم التطبيقية فلقد جاء جابر بمبدأ علمي جديد هو أساس البحث العلمي في كل المواضيع بلا استثناء ألا وهو مبدأ (التجربة والترصد) ونعرف اليوم أن المختبر دعامة البحث وأساسه، ثم وضع قواعد ووصايا لمن يعمل في المختبر من أجل التوصل إلى الحقيقة، وهذه القواعد نلاحظها في كل كتاب علمي، لا في الكيمياء فحسب بل في كتب العلوم الأخرى استعمل جابر الميزان في إجراء تجاربه.

ومن إنجازات جابر بن حيان في حقل الكيمياء العامة انه حضر حامض

الكبريتيك ويسمى (زيت الزاج أو الزيت المذيب) وذلك نسبة إلى المادة الأولية التي استعملها في تحضيره، وهي (الزاج الأزرق) أي كبريتات النحاس وهذه المادة المعروفة منذ العصور القديمة، وحامض النتريك وحامض الكلوريديك ومزج الحامضين فحصل على مزيج يذيب الذهب سمي (ماء الذهب) والمعروف اليوم باسم (الماء الملكي) وينسب إلى جابر تحضير الكحول وحامض الخليك وحامض الليمون بصورها النقية.

ودرس جابر خواص الزئبق وحضر منه عددا كبيرا من الملاغم ووصفها وصفها متقنا، وعرف خواص الفضة وأيوناتها واكتشف طريقة فحص أيون النحاس فحصا نوعيا فقد عرف أن مركبات النحاس تكسب اللهب لونا أزرق.

وبحث في السموم وألف فيها (كتاب السموم) وقسمه إلى خمسة فصول تبحث في أسماء السموم وأنواعها وتأثيراتها المختلفة على الإنسان والحيوان وعلامات التسمم والمبادرة إلى علاجه والاحتراس من السموم وقسمها إلى حيوانية كسموم الأفاعي والعقارب وغيرها، ونباتية مثل الأفيون والشوكران وحجرية كالزئبق والزرنيخ والزاج وبهذا كان الكتاب حلقة وصل بين الكيمياء والطب.

وقام جابر بتصنيف وشرح أفضل الأجهزة والأدوات المخبرية المهمة كالمواقد والأفران وتعديل الحرارة بحيث تلائم التجربة كما أنه أثبت دعائم العمليات الكيماوية العامة بأسس علمية رصينة وبين الفرض من أجزاء كل عملية، مثال ذلك - التقطير، التقطير الجزئي، التبخير، الإذابة، البلورة، الإختزال، التصعيد، التكليس.

ولم تقتصر أعمال جابر على المواضيع العامة، بل أنه عمل في حقل الكيمياء التطبيقية والصناعية وتعزى إليه عمليات كثيرة استطاع الصانع الإفادة منها وإدخالها في حيز التطبيق والإنتاج نذكر منها عمليات جديدة لتحضير الفولاذ وتنقية المعادن وإيجاد أصباغ مستخلصة من النباتات لصبغ الجلود ومواد جيدة النوعية للدباغة نفسها وحضر حبرا مضيئا من المرقشيثا الذهبية (كبرتييد النحاس وغيره)

واستخدمه بلا من الذهب الخالص، الغالي الثمن في كتابة حروفه وزخرفة المخطوطات الثمينة ويقال انه توصل إلى تحضير بعض أنواع الطلاء التي تقي الثياب من البلل وتمنع الحديد من الصدأ.

وقد وضع جابر بن حيان نظرية جديدة أو كما يقال تحوير لنظرية أرسطو هي نظرية (الزئبق والكبريت) وقد شرحها في كثير من كتبه، وخلاصتها (تتكون المعادن من عنصرين أحدهما دخان أرضي والثاني بخار مائي، وبتكاثف هذه العنصرين في جوف الأرض فينتج الكبريت والزئبق ومن اتحادهما تتكون المعادن، والفرف بين معدن وأخيه راجع إلى الفرق في النسبة التي يحتويها من الكبريت والزئبق). ويذكر أن جابر هو أول فيلسوف وعالم جعل من الكيمياء علما رفيعا، وأنه فرق بين (الصنعة) والعلم، وقد عمل بالكيمياء كعلم من جهة واشتغل بها (كصنعة) أي تدبير (الذهب) من جهة أخرى، ويعتقد أن تناوله للصنعة وتدبير الذهب ما هو إلا الامتداد للفكرة القديمة التي كانت مخيمة على الأذهان.

لقد خلف جابر بن حيان أثارا علمية لا تنضب معينها وله الفضل الكبير في إظهار فوائد الكيمياء وجعلها علما تطبيقيا في الصناعة والطب، ولقد التفت الفلاسفة والعلماء العرب الذين جاءوا بعد جابر إلى الكيمياء فعلم كثير منهم فيها.

## الخازن (٠٠٠-٥٥٠هـ)

هو أبو الفتح عبد الرحمن بن المنصور الخازن، اشتغل في علوم الطبيعة لا سيما في ما ندعوه اليوم (مكانيك السوائل) أو (الهيدروستاتيك) كما اشتغل في الفلك، فألف زيجا سماه (الزيج المعتبر السنجاوي) سجل فيه مواضع النجوم سنة ١١١٥-١١١٦م وجمع فيه أرصادا دقيقة واحتوى الزيج على معادلات لإيجاد الزمن اعتمادا على خط عرض مدينة مرو.

أهم كتبه (ميزان الحكمة) الذي بحث فيه مبادئ الهيدروستاتيك وبين الخازن أن قاعدة أرخميدس تنطبق أيضا على الأجسام الموجودة في الهواء، وقال بأن

(الأجرام الثقال يعاوقها الهواء وهي بذواتها في الحقيقة أثقل من ثقلها الموجود في ذلك، وإذا نقلت إلى هواء ألطف كانت اثقل، وعلى خلافة إذا نقلت إلى هواء أكثف كان أخف).

ودرس الخازن مقاومة السوائل للحركة فيها فقال (إذا تحرك جسم ثقيل في أجسام رطبة (سائلة) فان حركته فيها بحسب رطوبتها فتكون حركته في الجسم الأرطب أسرع). ودرس مركز الثقل فقال بأن كل جسمين ثقيلين بينهما واصل يحفظ وضع أحدهما عند الآخر، فلمجموعهما مركز ثقل وهو نقطة واحدة فقط. وإذا تعادل جسمان بثقليهما في نقطة مفروضة فان نسبة ثقل أحدهما إلى ثقل الآخر كنسبة قسمي الخط الذي يمر بتلك النقطة ويمر بمركزي ثقلهما. وبحث في ثقل الأجسام فقال بأن الأجسام المتساوية في القوة والحجم والشكل والبعد عن مركز العالم متساوية، ولكل جرم ثقيل معلوم الوزن لبعد مخصوص من مركز العالم تختلف زنته بحسب اختلاف بعدة منه، فلكما كان أبعد كان أثقل وإذا قرب كان أخف، ولهذا تكون نسبة الثقل إلى الثقل كنسبة البعد إلى البعد ومركز العام الذي يقصده الخازن هنا هو مركز الأرض إلا أن فكرته كانت خاطئة إذ اعتبر وزن الجسم يتناسب طرديا مع بعده عن مركز الأرض وهو عكس الحقيقة.

وقد اشتغل الخازن في تعيين الوزن النوعي للعديد من المواد، وقارن بين نتائجه ونتائج من سبقوه وقد سار الخازن على الطريق العلمي الصحيح وذلك بالاعتماد على التجارب والقياسات في دراسة الطبيعة ولذلك كان من الممكن أن يعتبر أبا علم الهايدروستاتيك والميكانيك كما يعتبر ابن الهيثم أبا علم البصريات.

## الخوارزمي (١٦٣-٢٣٦هـ)

هو محمد بن موسى الخوارزمي نشأ في خوارزم، ثم قدم إلى بغداد وأقام فيها، برز زمن خلافة المأمون ونبغ في الرياضيات والفلك حتى تولى منصبا في (بيت الحكمة) صاغ (الجبر) علما مستقلا عن الحساب إذ ألف كتاب (الجبر

والمقابلة) الذي عرض فيه معارفه الخاصة بهذا العلم عرضا منظما، وإليه ترجع التسمية العلمية لهذا العلم الجديد - الجبر.

وكانت كلمة (الجبر) تعني عند الخوارزمي إضافة حدود (موجبة) تساوي في كميتها المطلقة الكميات السالبة إلى طرفي المعادلة. أما (المقابلة) فكانت تعني جمع الحدود المتشابهة على جهة واحدة من المعادلة وقد جاء في مقدمة كتابه (الجبر والمقابلة) تلخيص لفوائد الكتاب العلمية التي استهدفها إذ قال:( ألفت من كتاب الجبر والمقابلة كتابا مختصرا حاصرا للطيف الحساب وجليله لما يلزم الناس من الحاجة إليه في مواريثهم ووصاياهم وفي مقاسمتهم وأحكامهم وإنجازاتهم وفي جميع ما يتعاملون به بينهم من مساحة الأرضيين وكري الأنهار والهندسة وغير ذلك من وجوهه وفنونه).

قسم الخوارزمي الكميات الجبرية إلى ثلاثة أنواع -جذر (أي س) ومال (يعني به س٢) ومفرد وهو العدد أو الكمية الخالية من س وشرح في كتابه ستة أنواع من معادلات الدرجة الثانية مع حلولها كما شرح العمليات الأربع في الجبر أي جمع الكميات الجبرية وطرحها وضربها وقسمتها، وحسب الخوارزمي حجوم بعض الأجسام الهندسية البسيطة كالهرم الثلاثي والهرم الرباعي والمخروط وقد ترجم كتاب (الجبر والمقابلة) إلى اللاتينية في القرن الثاني عشر.

ووضع الخوارزمي كتاب في الحساب بسط فيه معارفه بصورة منظمة وقد ترجم هذا الكتاب إلى اللاتينية في القرن الثاني عشر فكان بذلك عاملا مهما في إدخال (الأرقام الهندية- العربية) إلى أوربا ومن الجدير بالذكر أن فن الحساب بقي حتى الآن يدعى في البلاد الأوربية (الفورتمي) وهو اسم الخوارزمي المحرف عند نقله إلى اللاتينية وألف الخوارزمي كتبا أخرى منها زيج السند هند الصغير، وكتاب في الجغرافية شرح فيه أراء بطليموس.

## الرازي (٢٤٠-٣٢٠هـ)

هو أبو بكر محمد بن زكريا الرازي، ولد في سنة ٢٤٠هـ/٨٥٤م في مدينة الري وهي مدينة صغيرة قريبة من طهران فتحها المسلمون زمن الخليفة عمر بن الخطاب (رضي الله عنه) وتوفي في بغداد في سنة ٣٢٠هـ/٩٣٢م. فيلسوف وطبيب وكيماوي وفيزيائي ويعد من أعظم أطباء العالم الإسلامي وأطباء العالم في القرون الوسطى.

زاول الرازي الطب أكثر من خمسين سنة وقد استشاره الخليفة (المتضد بالله) في أمر الموضع الذي يمكن أن يبني فيه البيمارستان (أي المستشفى) ببغداد، فأمر ان يعلق في كب ناحية من جانبي بغداد شقة لحم، ثم أعتبر الناحية التي لم يتغير اللحم فيها بسرعة، فأشار بأن يبنى في تلك الناحية وقد أصبح فيما بعد رئيس هذا المستشفى الكبير.

ألف الرازي العديد من الكتب في الطب، من أشهرها (الحاوي في الطب) بحث فيه مختلف الأمراض التي تصيب الجسم وكل عضو منه على انفراد، كما بحث في الأمراض العصبية وأمراض العين والأنف والأذن والأسنان، ودون فيه ملاحظات سريرية عن سير المرض والعلاج المستعمل ونتيجته وله كتاب في (الحصبة والجدري) يعتبر أول من شرح أعراض هذين المرضين والتميز بينهما، كما ألف كتاب (منافع الأغذية) بين فيه فوائد كل نوع من المأكولات والمشروبات وله كتاب (من لا يحضره الطبيب) الذي عرف بـ(طب الفقراء) وهو يبحث في الإسعافات الأولية والتداوي البسيط بالأدوية المتيسرة وله بحوث في أمراض النساء والولادة والأمراض التناسلية وأمراض الأطفال، ويعتبر الرازي أول من استعمل خيوطا حيوانية في خياطة الجروح ويعتقد أنه مارس التشريح.

ويعتبر الرازي من أوائل العلماء الذين طبقوا الكيمياء على الطب، ومن الذين ينسبون شفاء المريض إلى إثارة التفاعلات الكيميائية داخل جسم المريض،

وسلك مسلكا علميا خالصا خاليا من الشوائب والمصطلحات الغامضة وحرر كتبه من الكثير مـن الخرافـات التي كانت شائعة في تلك العصور مما جعل لبحوثه في الكيمياء قيمـة عظيمـة. ويذكر أن الـرازي ألـف في الكيمياء أثني عشر كتابا ومن أشهر هذه الكتب (كتاب الأسرار).

وصف الرازي العقاقير وصفا دقيقا وقسمها إلى ثلاثة أقسام وهي :

١. برانية (ترابية، معدنية) وتشمل ستة أقسام- أرواح- مثل الزئبق والكبريت. أجساد وهي المعـادن. أحجار مثل الجص والزجاج. الزاجات وهي مواد تشبه الزجاج ولها ألوان مختلفة. بوارق مثل النطرون (كاربونات الصوديوم الطبيعة) وأملاح.

٢. حيوانية وتشمل الشعر والصوف والعظام واللبن ......الخ.

٣. نباتية مثل الأشنان الذي يتخذ من حرقه رمادا يستعمل في تحضير القلي.

إن تقسيم المواد والعقاقير يعتبر من الإنجازات الكيميائية القيمة فقد قاد هذا التقسيم فيما بعد إلى تقسم الكيمياء برمتها إلى قسمين كبـيرين أولها الكيمياء غـير العضـوية أي البرانيـة كـما نعتهـا الـرازي وثانيهما الكيمياء العضوية وتشمل المواد الحيوانية والنباتية.

واهتم الزاري في الناحية العلمية وأجرى تجارب عدة، حضر من خلالها مواد كيميائية كثيرة جدا، منها استخرج (الغول) الكحول بإستقطار مواد نشوية وسكرية متخمرة وأدخل المستحضـرات الكيماويـة في الطب وكانت فكرة جبارة أدت في الأخير إلى ظهور علم جديد (علم العقـاقير)، واستخدم الفحـم الحيـواني لأول

مرة في قصر الألوان وإزالة الأوساخ من المواد واستخدم ميزانا خاصا سماه (الميزان الطبيعي) واستعمله في حساب الكثافات النوعية للسوائل، وحضر حامض الكبريتيك من الزاج الأزرق وسماه (زيت الـزاج) وكذلك أجرى العمليات الكيماوية

المتعارفة بدقة وحسن فيها مثل التملغم أي معاملة المعادن بالزئبق والتشمع وهو معاملة المعدن بالأملاح، والتحليل كتحليل الماء المالح والتقطير، كتقطير الزيوت النباتية.

ولقد مجد الرازي العقل وذهب إلى وجوب اتخاذه مرجعا في إدراك الإنسان ومعارفه وجاء بفكرة مهمة جدا وعميقة الأثر في الفلسفة وهي (أن الجسم يحوي في ذاته مبدأ الحركة) أي الربط العضوي بين المادة وخاصيتها الأساسية للحركة مستغنيا في ذلك عن أية قوة خارجة عنها.

## الطوسي (٥٩٧-٦٧٢هـ)

هو جعفر محمد بن محمد بن الحسن، ولد في طوس في سنة ٥٩٧هـ/١٢٠١م. تنقل في عدة مدن من المشرق الإسلامي وعاصر هولاكو، وتوفي في بغداد سنة ٦٧٢هـ/١٢٧٤م.

لقد كان الطوسي رياضيا فلكيا، أشرف على بناء مرصد مراغة (أذربيجان) الذي اشتهر بالاته الدقيقة، وكبار العلماء الفلكين الذين قدموا إليه من شتى الأنحاء للعمل فيه كفخر الدين المراغي من الموصل، ومحيي الدين المغربي من الأندلس، والقزويني من قزوين وفي هذا المرصد أخرج الطوسي أهم أزياجه ومؤلفاته في الفلك والرياضيات.

ولقد امتاز الطوسي على أقرانه في علم حساب المثلثات الكروية، حيث قدم هذا الموضوع بأسلوب سهل ومقبول أما قاعدته التي سماها (قاعدة الأشكال المتتامة) فهي تخالف نظرية بطليمون في الأشكال الرباعية وهي حقيقة صورة مبسطة لقانون الجيوب الذي يقضي بأن جيوب الزوايا تتناسب مع الأضلاع المقابلة لها.

وفي معالجة قضية المتوازيات في الهندسة أظهر الطوسي ذكاء منقطع

النظير، حيث جرب أن يبرهنها، وبنى برهانه على افتراضات عبقرية وكان من المسائل التي برهن عليها دائرة تمس الأخرى من الداخل قطرها ضعف الأول تتحركان بانتظام في اتجاهين متضادين بحيث تكونان دوما متماسكين وسرعة الدائرة الصغيرة تساوي سرعة الدائرة الكبيرة، ثم أن الطوسي برهن أيضا أن نقطة تماس الدائرة الصغرى على قطر الدائرة الكبرى، وهي النقطة التي كانت أساس تعميم جهاز الإسطرلاب المستعمل في علم الفلك.

ولنصير الدين الطوسي كتب كثير في علم الحساب وحساب المثلثات والجبر والهندسة والجغرافية والموسيقى والمنطق والطبيعة والفلسفة نذكر منها: كتاب شكل القطاع، وكتاب تسطيح الكرة وتربيع الدائرة، وكتاب مساحة الأشكال البسيطة والكروية، وكتاب الجبر والمقابلة، وكتاب جامع في الحساب وكتاب المعطيات لأقليدس وكتاب التسهيل في النجوم.

## الكرخي (٠٠٠-٤٢٠هـ)

هو فخر الدين أبو بكر محمد بن الحسن الحاسب المعروف بالكرخي، نسبة إلى كرخ وهي ضاحية من ضواحي بغداد ولد فيها، وظهر الكرخي في بغداد في عهد الوزير فخر الدين أبي غالب محمد بن خلف، ولم يذكر المؤلفون تاريخ ولادته وان كانوا أرخوا لوفاته في بغداد سنة ٤٢٠هـ/١٠٢٩م. وكان من أشهر علماء بغداد في علوم الرياضيات.

كان الكرخي شديد الولع بعلمي الحساب والجبر وهو لذلك لم يترك موضوعا فيها إلا طرقه وطور فيه وكان من العلماء البارزين المبتكرين الذين يفضلون التأليف والتعليق والشرح والتعليق على مصنفات المتقدمين ولذلك قام بشرح وتوضيح الكثير من النقط الغامضة في كتاب (الجبر والمقابلة) للخوارزمي وأكدهما بأمثلة من عنده كثيرة.

ولم يستعمل الكرخي الأرقام الهندية في كتبه بل كان يثبت الأعداد مكتوبة بالأحرف وقد قال بعضهم أن هذا يدل على ميله إلى طريقة اليونانيين في الرياضيات أكثر من ميله إلى طريقة الهنود.

ولقد جهد الكرخي في التأليف فترك لنا عددا وفيرا من المؤلفات التي امتازت بالابتكار منها (كتاب الفخري) يبحث في الحساب والجبر ويعالج حلول المعادلات المحددة وغير المحددة من الدرجتين الأولى والثانية كما عالج المعادلات من الدرجة الثالثة والرابعة وسار على منهج ديوفانتوس وقد برهن النظريات التي تتعلق بإيجاد مجموع مربعات أو مكعبات الأعداد الطبيعية.

ومن كتبه الأخرى (كتاب الكافي) الذي بحث فيه كيفية إيجاد الجذر التقريبي للعدد الذي لا يمكن استخراج جذره التربيعي بدقة، وقد ترجم هذا الكتاب إلى الألمانية وكان له الأثر الكبير في العلماء آنذاك وبقي مرجعا معتمدا لديهم إلى زمن قريب وكذلك له (كتاب البديع) في الجبر والمقابلة وفيه نظريات ومعادلات وبراهين أكثر تعقيدا ما جاء في الفخري وبذلك كان الكرخي من أعظم النوابغ الرياضيين الذين ظهروا في بداية القرن الخامس الهجري والذين كان لهم أثر حقيقي في تقدم العلوم الرياضية.

## الكندي (١٨٥-٢٥٢هـ)

هو أبو يوسف يعقوب بن اسحق الكندي من قبيلة كندة العربية ولد في الكوفة في سنة ١٨٥هـ/٨٠١م وكان والده أميرا عليها، ودرس في عواصم العلم في العراق، الكوفة والبصرة وبغداد وهي في أوج لمعانها أيام الخليفتين المهدي والرشيد، وقد ظهر نبوغه باكرا، فانتدب لنقل العلوم من السريانية واليونانية إلى العربية كما كان الكندي مؤدبا لأحمد ابن المعتصم وبحث الكندي في حكمة اليونان والهنود كما بحث في العلوم والفلك والبصريات والكيمياء والرياضيات والموسيقى وتوفي الكندي في بغداد سنة ٢٥٠هـ/٨٦٦م.

يعتبر الكندي فيلسوف العرب ولم يكن في الإسلام من أشتهر عند الناس بعلوم الفلسفة حتى سموه فيلسوفا غير الكندي فالكندي فيلسوف عربي النسب وأول من أستحق لقب فيلسوف من المسلمين، ولا شك في أن الكندي كان واسع المعرفة بما كان عند اليونان من العلوم والفلسفة بارعا فيها كلها وتنوع كتبه وكثرتها تدلان علت رسوخ قدمه في فنون المعرفة التي عالجها.

ومن خصائص الكندي البارزة دقته في تحديد الألفاظ الفلسفية وفي وجوه استعمالها والغالب على الكندي انه على رأي أرسطو في الزمان والمكان والصورة والمادة والحركة والطبيعة والسببية والعقل والنفس غير انه يجيز مثلا أن يكون العالم متناهيا في الواقع وان كنا نحن نستطيع أن نتخيله غير منتاه، ثم يجيز أيضا أن يكون الزمان متناهيا من أوله.

ويرى الكندي أن الرياضيات لا تكون بالاقتناع بل بالبراهين فإذا أخذناها بالاقتناع كانت ظنا من الظنون، والأعداد عند الكندي متناهية في نفسها أي أن كل عدد مهما كان كبيرا فانه منتاه، غير أن سلسلة الأعداد يمكن أن تكون في خيالها غير متناهية لأن بإمكاننا أن نزيد عددا بالجمع أو بالتضعيف بلا نهاية، ولكن المعدودات متناهية لأنها أجسام، ولأنها أشياء مادية مخلوقة بالكتابة والتدوين.

وكان الكندي مهندسا قديرا ومنجما ماهرا، والى مؤلفاته العلمية يرجع عند القيام بأعمال إنشائية كما حدث عند حفر الأقنية بين دجلة والفرات وفي علم النجوم أعاد بعض الظاهرات والحوادث إلى أسباب فلكية واستمد من أوضاع النجوم وتحركاتها بعض التنبؤات.

وأهتم الكندي بالكيمياء أيضا وجاء برأي في غاية الأهمية فيرى أن طبائع المعادن لا يستحيل بعضها إلى بعضها الآخر. والمقصود بذلك بطلان الصنعة تدبير الذهب، وقد وضع قوله هذا فذكر (أن الاشتعال في الكيمياء -أي الحصول على الذهب- يذهب بالعقل والمجهود) وقد وضع رسالة سماها رسالة بطلان دعوى

المدعين صنعة الذهب والفضة وخدعهم وقد هاجمه بعض رجال العلم في عصره والعصور التي تلته وطعنوا في رأيه هذا.

وكان الكندي يعتقد أن العلم نتاج تراكم جهود مختلف الناس والشعوب في سعيهم لمعرفة العالم، وهم لذلك في هذا المسعى شركاء في التراث العلمي الإنساني، وكان يقول (وينبغي أن لا نستحي من الحق واقتناء الحق من أين يأتي وأن أنى من الأجناس القاضية عنا، والأمم المباينة لنا، فأنه لاشيء أولى بطالب الحق من الحق، وليس ينبغي بخس الحق ولا التصغير بقائله ولا بالآتي به).

وللكندي كتب كثيرة قيل مائتين وسبعين كتابا وأكثر هذه الكتب قد ضاع، ومن هذه الكتب كلها: كتاب الفلسفة الأولى، فيما دون الطبيعيات والتوحيد، رسالة في أنه لا تنال الفلسفة إلا بعلم الرياضيات ورسالة في استعمال الحساب الهندي، والرسالة الكبرى في التأليف (الموسيقي) ورسالة في تسطيح الكرة، ورسالة في استخراج بعد مركز القمر من الأرض، ورسالة في علم حدوث الرياح في باطن الأرض المحدثة كثرة الزلازل والخسوف (الإنهيارات).

## المجريطي (٣٣٨-٣٩٨هـ)

هو أبو القاسم مسلمة بن أحمد المجريطي القرطبي، ولد في مجريط (مدريد) في سنة ٣٣٨هـ وتوفي في قرطبة سنة ٣٩٨هـ سافر إلى بلاد المشرق العربي واتصل بالعلماء والفلاسفة وأصحاب الفكر والمعرفة في هذه البلاد، ثم رجع إلى الأندلس، وقد نبغ في علوم الحساب والفلك وله باع طويل في الكيمياء والطب.

لقب المجريطي بـ(الحاسب) لأنه تضلع في العلوم الرياضية ومنها علم القياس وله تلاميذ نالوا شهرة واسعة في الأندلس وفي العالم العربي ومنهم الزهراوي وأبو الحكم عمرو الكرماني من أهل قرطبة (المتوفي سنة ١٠٦٦م).

وتحكم المجريطي في الكيمياء، خاصة النواحي العلمية منها، وآمن بنظريات وآراء جابر بن حيان والرازي وكان يرى أن الفيلسوف يجب أن يكون ملما في الرياضيات فيطلع على كتب أقليدس وفي الفلك فيدرس المجسطي وبطليموس وكذلك في المنطق فيتعلم كتب الكندي وأرسطو ومن بعد ذلك ينتقل إلى كتب جابر بن حيان والرازي، ثم يجب على الكيماوي أن يدرب يديه على أجزاء التجارب وعينيه على ملاحظة المواد الكيماوية وتفاعلاتها وعقله على التفكير بما يجري فيها وما يحدث لها.

ويذكر أن المجريطي اتصل بجماعة (أخوان الصفاء) عندما كان في العراق واشترك معهم أو ساعدهم في وضع النواحي الكيميائية في رسائلهم وانه هو الذي جلبها إلى الأندلس وقيل أن الكرماني تلميذ المجريطي هو الذي جلب معه إلى الاندلس الرسائل المعروفة بـ(رسائل أخوان الصفاء وخلات الوفاء) عندما زار المشرق العربي وان هذه الرسائل لم تكن معروفة في الأندلس قبل ذلك.

لقد وصف المجريطي تجربة أجراها بنفسه واتخذها بريستلي ولافوازيه أساسا للبحث بعد قرون عدة من إجرائها، وتتلخص هذه التجربة بما يأتي: أخذت الزئبق الرجاج الخالي من الشوائب ووضعته في قارورة زجاجية على شكل بيضة وادخلها في وعاء يشبه أواني الطهي، وأشعلت تحته نارا هادئة بعد أن غطيته، وتركته يسخن أربعين يوما وليلة مع مراعاة ألا تزيد الحرارة على الحد الذي أستطيع معه أن أضع يدي على الوعاء الخارجي وبعد ذلك لاحظت أن الزئبق الذي كان وزنه لم يتغير ربع رطل صار جميعه مسحوقاً أحمر ناعم الملمس وان وزنه لم يتغير.

وفي التجربة التي أجراها المجريطي كان يجب أن يزيد وزن الزئبق نتيجة لتفاعله مع أوكسجين الهواء، ولكن يظهر أن قسما من الزئبق قد تبخر، وربما بطريق الصدفة، كان وزن هذا الجزء المتبخر يساوي وزن الأوكسجين الداخل في

التفاعل ولو استطاع المجريطي ضبط التجربة وإدراك ذلك لكانت من أروع التجارب الكيماوية ولكـن مـع ذلك فانه وضع أسس الاتحاد الكيميائي واستفاد بريستلي وغيره من الباحثين في إظهار حقيقة كيماوية كـان المجريطي قد وضع قواعدها قبلهم بقرون عدة.

واتفق المجريطي في الرأي مع جابر بن حيان على أن المعادن تختلف ولكن هذا الاختلاف يعـود إلى نسبة الطبائع الأربع النار باردة وحارة والماء رطب وبارد والهواء حار رطب والتراب بارد يابس التي هي أساس لكل الموجودات كما وافقه انه بالإمكان تحويل المعادن الخسيسة إلى ثمينة  وذلك بواسطة الأكسير، وقد أثر عنه قوله (الكيمياء دواء شريف وجوهر لطيف ينقل الجواهر من أدناها إلى أعلاها) ولذا نجـده يسلم بإمكان تحويل المعادن إلى الذهب والى الياقوت وقد تبنى نظريـة جـابر بـن حيـان التـي تقـول أن المعادن تتكون من اتحاد الزئبق والكبريت.

وكان المجريطي من علماء العرب المسلمين الذين طوروا نظريـات الأعـداد  وهندسـة أقليـدس وكتب كتابا في الحساب التجاري وأصبح مرجعا في العالم أجمع ويذكر أن المجريطي نبغ في نظريات الإعداد ولا سيما فيما يتعلق بالأعداد المتحابة وله مؤلفات قيمة في علمي الحساب والهندسة.

لقد كتب المجريطي في فروع المعرفة المختلفة مثل الفلك والرياضيات والكيمياء والحيوان، وأهم هذه الكتب: كتاب رتبة الحكيم، وكتاب غاية الحكيم وكتاب مفاخرة الأحجار الكريمة، وكتاب تمام العدد في الحساب وكتاب اختصار تعدي الكواكب مـن زيـج البتـاني، وكتـاب في التـاريخ ولـه رسالة في الإسطرلاب والرسالة الجامعة.

عباقرة الفكر

## الأشعري (٢٦٠-٣٢٤هـ)

هو علي بن إسماعيل ابن اسحق بن سالم الأشعري، من أحفاد الصحابي أبو موسى الأشعري، ولد في البصرة في سنة ٢٦٠هـ/٨٧٤م وبها نشأ توفي أبوه وهو صغير فتزوجت أمه أبا علي الجباني شيخ معتزلة البصرة فقام بتربيته ورعايته خير قيام، وعلمه أصول الاعتزال وظل الأشعري على مذهب المعتزلة نحو أربعين سنة كان يخوض فيها فيما يخوض الناس فيه في تلك المرحلة حتى أداه نظره إلى ترك الاعتزال والخروج إلى ما كان يؤمن به المعتزلة، وأعلن ذلك جهرا في مسجد البصرة الجامع في رمضان سنة ٣٠٤هـ

تلقى الأشعري العلم عن كبار علماء عصره من أمثال سهل بن نوح وزكريا الساجي وأبي خليفة الجمحي ومحمد بن يعقوب المقرئ وعبد الرحمن بن خلف الضبي وغيرهم، وأخذ العلم عن خلق كثير منهم أبو اسحق الأسفرييني وأبو بكر القفال وأبو زيد المزروي وزاهر بن أحمد السرخسي وغيرهم، وكلهم بين فقيه وأصولي وعالم بالكلام، وقد حملوا فكرة علمه ونشروه في أرجاء العالم الإسلامي وتوفي الأشعري في بغداد التي عاش فيها سنواته الأخيرة وفيها دفن وكان ذلك في سنة ٣٢٤هـ/٩٣٦م.

يعتبر الأشعري مؤسس مذهب الأشعرية، وكان علما بارزا التف الناس من حوله، وأعطاهم سلاحا هو سلاح المعتزلة نفسه القائم على الجدل والمنطق، وقد ساعده على ذلك سلوكه طريقا وسطا بين المعتزلة والحنابلة، فنفى التشبيه وأثبت الصفات المعنوية وقصر التنزيه على ما قصره عليه السلف، وشهدت له الأدله المخصصة لعمومة، فأثبت الصفات المعنوية كالسمع والبصر والكلام القائم بالنفس، بطريق النقل والعقل ورد على المخالفين في ذلك كله، ولم يجعل العقل مطلق القدرة لا يحد سلطته حد، كما فعل المعتزلة الذين حكموه في الذات الإلهية وما يجوز عليها وما لا يجوز، ورجعوا إليه فيما يتصل بعالم الغيب، ولم ينهج منهج علماء عصره

من الحنابلة الذين كانوا يرون أن الدفاع عن الدين والانتصار للعقيدة يستلزم الوقوف عند النصوص وإنكار قوة العقل وازدراء أحكامه، ولو جاء بالحكم الصحيح والمنطق السليم.

لقد ذهب الأشعري إلى أن الإسلام يجل العقل ويؤيده وأن العقل يؤيد الإسلام ويهدي إلى الإيمان فلا صراع بينهما والحقيقة أن ظهور الاشعري بمذهبه الكلامي المعارض لمذهب المعتزلة قد بلور آراء السلفيين في مذهب جديد متكامل الجوانب، فتركزت فيه حركة المعارضة كلها التي انتصبت في وجه المعتزلة تحاربهم بسلاحهم نفسه سلاح المباحث الكلامية وهذه الحركة التي تألف منها ومن المعتزلة منذ ذلك الحين خطان متوازيان في مجرى واحد هو مجرى البحث النظري الذي كان منه علم الكلام.

وكان الأشعري يؤمن بأن مصدر العقيدة وما يتصل بالذات الإلهية وعالم الغيب هو النصوص التي جاء بها الكتاب والسنة على الوجه الذي فهمه الصحابة وليس العقل المجرد والمنطق اليوناني ولا يختلف في ذلك عما قاله الحنابلة، ولكنه مع ذلك كان يعتقد أن الدفاع عن هذه العقيدة ونشرها لا يكون إلا بالحديث عنها بلغة العصر وما فيها من مصطلحات وبأسلوب عقلي وبهذا تثبت مهابة الشريعة وتعظم في النفوس، ويرى أن ذلك أفضل الجهاد وأعم القربات ولعل ذلك أهم خلاف بين طريقة الأشعري وكثير من الحنابلة وعلماء الحديث فاجتمع عليه الخصوم من كل ناحية المعتزلة والحنابلة وغيرهما لكنه استطاع بتصميمه ومقدرته وبما ترك من آثار أن ينشر المذهب الذي نسب إليه ليصبح معتقد السواد الأعظم من المسلمين.

كان للاشعري نظرات في المسائل المثارة على الساحة الفكرية الإسلامية فقد كان أول متكلم من غير الشيعة والمعتزلة في مسألة (الإمامة) بالمعنى الذي كان للكلام في عصره، أي بوصفة خطابا مبنيا على أصول ومقدمات توضع وضعاً وتستمد من الشريعة بكيفية من الكيفيات ولآراء الأشعري أهمية خاصة إذ كانت

الأساس الذي شيد عليه أهل السنة من بعده نظريتهم في الخلافة ووظف من أجل ذلك الأصول الأربعة التي حددها الشافعي للتشريع القرآن والسنة والاجتماع والاجتهاد.

وكان للأشعري رأي فيما يتصل (بكلام الله) وهي مسألة خلافية رئيسية بين المعتزلة وخصومهم، فكان يرى أن كلام الله يطلق إطلاقين كما هو الشأن في الإنسان، فالإنسان يسمى متكلما باعتبارين: أحدهما الصوت والآخر بكلام النفس الذي ليس بصوت ولا حرف وهو المعنى القائم بالنفس الذي يعبر عنه بالألفاظ كذلك الأمر فيما يتعلق بكلام الله فهو يطلق بهذه الإطلاقين: المعنى النفسي وهو القائم بذاته وهو الازلي القديم، وهو لا يتغير بتغير العبارات ولا يختلف باختلاف الدلالات وهذا هو المقصود إذا وصف كلام الله بالقدم وهو الذي يطلق عليه (كلام الله) حقيقة. أما القرآن بمعنى المقروء المكتوب فهو بلا شك كما يقول المعتزلة حادث مخلوق فان كل كلمة تقرأ تنقضي بالنطق مما بعدها فكل كلمة حادثة فكذا المجموع المركب منها، ويطلق على هذا المقروء المكتوب (كلام الله ) مجازا، فالكلام النفسي قديم في ذات الله، أما الملفوظ من الأصوات والحروف الدالة على المعاني المقصودة فهي حادثة قائمة بغير ذات الله.

والمسألة الثالثة التي كان للأشعري رأي خاص فيها حرية الإنسان فيما يأتي من الأفعال، فقد أتخذ موقفا وسطا بين القائلين بالجبر المطلق والاختيار المطلق وقال بالكسب وهو الاقتران العادي بين القدرة المحدثة أي قدرة الإنسان والفعل، فالله تعالى أجرى العادة بخلق الفعل عند قدرة العبد وإرادته لا بقدرة العبد وإرادته وهذا الاقتران هو الكسب.

ترك الأشعري أكثر من ثلاثمائة مؤلف بين كتاب ورسالة منها (تفسير القرآن) يقال انه في سبعين مجلدا، و(الفصول) الذي ورد فيه على الفلاسفة والطبيعيين وأهل الكتاب والمجوس. و(أدر الجدل) و(الموجز) و(الصفات) وهو

أكبر كتبه، وقد عاد فيه عما كان يقوله في مرحلة الاعتزال في صفات الله تعالى وغير ذلك من الكتب.

## ابن باجَه (٤٧٥-٥٣٣هـ)

هو أبو بكر بن يحيى الصائغ المعروف بابن باجه، والباجه بلغة الفرنجة (نصارى الأندلس) الفضة ولد في سرقسطة نحو سنة ٤٧٥هـ/١٠٨٢م في الأغلب وفيها نشأ وقال الشعر ومدح أميرها من قبل المرابطين أبا بكر بن إبراهيم ثم لما ولي أبو بكر هذا الثغر والشرق استوزر ابن باجه ولكن ما ألح ألفونسو الأول ملك الأرغون على سرقسطة غادرها ابن باجه قبل أن تسقط في يد ألفونسو (٥١٢هـ/١١١٧م) فمر ببلنسية ثم أتى اشبيلية وأستقر بها وطبب وألف عددا من رسائله في المنطق، ثم انتقل ابن باجه إلى المغرب ونال شهرة المرابطين ولما كان ابن باجه طبيبا بارعا حسده منافسوه ودسوا له السم فمات في سنة ٥٣٣هـ/١١٣٨م.

كان ابن باجه متميزا في اللغة، أديبا شاعرا بارعا في الرثاء والمديح، متقنا لصناعة الموسيقى ثم هو من الأفاضل في صناعة الطب مع المقدرة في العلوم الفلسفية والرياضيات والفلك والطبيعيات وابن باجه أول الفلاسفة العقليين، أخذ بالفلسفة منفصلة عن الدين ومعزولة عن العامة ثم أقامها على أساس من الرياضيات والطبيعيات وشهر ابن باجه إنما هي في المبادئ الفلسفية التي وضعها وفي الإلهيات، وهو أشبه بالفارابي من الإسلاميين وبأرسطو من القدماء.

ابن باجة بارع جدا في الرياضيات وفي الجبر خاصة، ثم في الطبيعيات ولكن لا يعالج الرياضيات والطبيعيات معالجة مستقلة لأن اهتمامه الأول إنما هو بالإلهيات (الماروائيات) غير انه يستعين بالرياضيات والطبيعيات على توضيح أرائه الماروائية.

ويرى ابن باجه أن المعرفة الصحيحة تكون بالعقل والمعرفة المطلقة تكون بالعقل والسعادة

تنال بالعقل والأخلاق مبنية على العقل، والعقل صادق فيما يعرف ويعتقد ابن باجة بأن في العالم عددا من

العقول،- العقل الإنساني والعقل الفعال والعقل الكلي (عقل الإنسانية جمعاء) وأنه يرى أن العقل الفعال

هو الذي يؤثر في العقل الإنساني فينقل إليه المعارف والعلوم ثم يقول أن المعارف تعود بعد الموت إلى

العقل الفعال، ومجموع هذه المعارف تؤلف العقل الإنساني الذي يخلد في العالم.

والمعرفة عند ابن باجه تكون بالنظر العقلي وحده وهو يخالف الغزالي الذي يعتمد في المعرفة

على الأحوال الصوفية، ويرى ابن باجه أن الأخيلة الحسية في التصرف تحجب الحقيقة بدلا من أن تكشف

عنها.

ويرى ابن باجه أن الخلود في هذه الدنيا، لأنه يذكر الخلود والسعادة ذكرا كثيرا ولكنه لا يتكلم

عن المعاد أبدا، ومرد السعادة (التي هي طريق الشعور بالخلود) إلى أعمال الإنسان المقصود والأعمال

المقصودة عند ابن باجة هي الأعمال التي بها رفاهية البدن ولذته وكذلك الأعمال التي تحدث انفعالا في

النفس من غضب أو رضى ومن سرور أو حزن ومن قلق أو اطمئنان ويرى ابن باجه أن كل إنسان عمران

عمره الجسدي الذي يحياه على الأرض ثم عمره الثاني وهو (تذكر الناس له بعد موته) والسعادة والخلود

في رأي ابن باجه تكون في العمر الثاني.

ولأبن باجه كتب كثيرة في زمن متقدم، ومن كتبه (رسالة الوداع) و (كتاب تدبير المتوحد) جمع

فيه ابن باجه أراءه. وكتاب (النفس) أراد ابن باجه في هذا الكتاب أن يستوفي الكلام على النفس مما قاله

فلاسفة اليونان خاصة. ورسالة (الاتصال) وكان لابن باجه أيضا كتب هي شروح وتلخيصات وتعليقات على

كتاب أرسطو والفارابي والرازي وغيرهم ثم كتب مؤلفة في المنطق والنفس والعقل والإلهيات والسياسة

المدينة والطب ويبدو أن هذه الكتب قد ضاعت كلها.

ابن حزم (٣٨٤-٤٥٦هـ)

هو أبو محمد علي بن أحمد بن سعيد بن حزم، ولد في قرطبة في سنة ٣٨٤هـ/٩٩٤م في بيت
جاه وثروة وسلطان وكان والده وزيرا للمنصور ابن أبي عامر الحاجب (رئيس الوزراء) الذي كان قد حجر
على الخليفة هشام المؤيد واستبد بالحكم دونه، فلما توفي المنصور استطاع هشام المؤيد أن يحكم بنفسه
تتبع رجال دولة المنصور فلحق بآل حزم من ذلك نصيب وافر تشتتوا به في البلاد.

وبعد خراب قرطبة في فتنة البربر انتقل ابن حزم إلى شاطبه وكان في سنة ٤١٨هـ/١٠٢٧م يعيش
فيها، وفي سنة ٤٤٠هـ/١٠٤٨م كان موجودا في جزيرة ميورقة لاجئا فيها، واعتكف ابن حزم في تربة بلدة
منت ليشم حيث توفي سنة ٤٥٦هـ/١٠٦٤م.

كان ابن حزم قديرا في التفسير حافظا للحديث وكان فقيها متكلما وأديبا بليغا ومفكرا رصينا،
وكان يقبل كل ما نص عليه القرآن أو ورد في الأحاديث الموثوقة على ظاهر معناه، إلا أن يكون هنالك
ضرورة من عقل أو حس تدعو إلى صرف المعنى عن ظاهره والى الأخذ بالتأويل.

ويبدو أن ابن حزم لم يشأ أن ينشئ فلسفة عقلية فلما عرف الفلسفة عرف الجانب العلمي
منها، فقد قال (الفلسفة على الحقيقة إنما معناها وثمرتها والغرض المقصود نحوه بتعلمها ليس هو شيئا غير
إصلاح النفس بأن تستعمل في دنياها الفضائل وحسن السيرة المؤدية إلى سلامتها في المعاد، وحسن السياسة
للمنزل والرعية وهذا نفسه لا غيره هو الفرض في الشريعة).

ويرى ابن حزم أن العلم والمعرفة اسمان واقعان على معنى واحد، وهو اعتقاد الشيء على ما هو
عليه وتيقنه به وارتفاع الشكوك عنه، وسبل المعرفة عند ابن حزم أربعة: ١- النصوص من القرآن
والأحاديث الموثوقة. ٢- ما أوجبته اللغة

من المعاني التي تحملها وما اتفق عليه العرب من الفهم لدى سماعهم هذه الكلمات. ٣- الاكتساب (بالاختيار) ونقل التواتر. ٤- الحس وبديهة العقل. وجعل ابن حزم المعرفة بالحس السلم (الحواس السليمة) وبالبديهة شيئا واحدا ذلك أن المعرفة البديهة (أو بأول العقل) تقوم في حقيقتها على الحس السليم.

وابن حزم يوافق الأشعرية في أن لله صفات قديمة إلا انه سميع بصير بذاته لا بسمع وبصرـ والله تعلى خالق العالم ومخترعة، والعالم منتاه وكذلك المكان والزمان متناهيان وأن جميع الأشياء التي تخرج إلى الفعل متناهية، وبما أن مجموع المتناهيات ومهما كانت كثيرة منتاه فالعالم (الذي هو مجموع الموجودات) منتاه، ومثله الزمان فانه مؤلف من فترات متناهية فهو من أجل ذلك منتاه.

والأرض عند ابن حزم كرة وهي في جوف كرة وهمية والسماء من كل جانب فوق الأرض وليس تحت الأرض سماء ذلك لأن الجهات مدرك نسبي والتحت مطلق في العالم هو مركز الأرض وكل نقطة تقابل مركز الأرض من أي جهة كانت في فوق. ويرى ابن حزم أن الناس جميعهم على اختلاف أسنانهم وطبقاتهم وعلى تباين أحوالهم وثقافاتهم يطلبون طرد الهم من أنفسهم بوسائل متعددة أكثرها مظنون لا حقيقة له كجمع المال (طلبا لطردهم الفقر) وكطلب الطعام والشراب واللعب (لطرد الهموم التي يسببها فقدان هذه).

والأخلاق عند ابن حزم من حيز الدين والمجتمع إذ الغاية من الأخلاق عنده رضا الله والفوز في الآخرة، والعلم وسيلة يقينية تشغل الإنسان عن كثير من همومه، وأجل العلوم ما قرب الإنسان م رضا الله تعالى.

إن كتب ابن حزم كثيرة ومتنوعة غير أن كثيرا منها قد ضاع في النكبات ومن كتبه: التقريب لحدود المنطق، وطوق الحمامة في الألفة الآلفة، رسائل في فضل أهل الأندلس، الفصل في الملل والأهواء والنحل، عرض فيه الأديان القديمة ومذاهب قدماء الفلاسفة، آراء اليهود والنصارى ومذاهب أهل الإسلام. وفلسفة ابن

حزم كلها منطوية في هذا الكتاب. والأحكام في أصول الأحكام، وجمهرة الأنساب، أنساب العرب، وكتاب الأخلاق والسير في مداواة النفوس.

## ابن رشد (٥٢٠-٥٩٥هـ)

هو أبو الوليد محمد بن أحمد بن محمد بن رشد، ولد في قرطبة في سنة ٥٢٠هـ/١١٢٦م في بيت جاه وعلم فقد كان والده قاضي قرطبة، وجده قاضي قضاة الأندلس درس القرآن ثم موطأ أبن مالك، واطلع على فقهه، فتأهل لتولي القضاء في اشبيلية وقرطبة، ودرس الطب على يد أبي جعفر هارون ودرس الفلسفة على نفسه، فبرع في علوم عصره وذاعت شهرته.

وعندما زار ابن رشد مراكش كان على عرشها أبو يعقوب يوسف بن عبد المؤمن، وكان وزيره الطبيب الفيلسوف ابن طفيل ويروى أن أبا يعقوب سأل ابن طفيل شرح فلسفة أرسطو وكان مولعا بالحكمة، فأحاله على ابن رشد، وهكذا تقرب ابن رشد من البلاط ثم اسند إليه القضاء في أشبيلية ثم صار قاضي قضاة قرطبة وبعد وفاة ابن طفيل استوزر مكانه، لكن الحساد كثروا فأوغروا صدر ابن أبي يعقوب الملقب بالمنصور عليه فأمر بمحاكمته وإحراق كتبه مراعاة لرجال الدين في بلاده، ثم نفي ابن رشد حوالي سنة ثم صدر العفو بعدها عنه لكنه عاش في عزلة سياسية واجتماعية في مراكش حتى توفي فيها في سنة ٥٩٥هـ/١١٩٨م.

ابن رشد ذروة التفكير في العصور الوسطى، فهو أشهر فلاسفة الإسلام وأكبرهم بلا ريب ثم أنه أعظم الفلاسفة أثرا في التفكير الأوروبي وان أرسطو نفسه لم يشغل العقل الأوروبي كما شغله ابن رشد.

وفهم ابن رشد فلسفة أرسطو أكثر من جميع الفلاسفة المسلمين الذين سبقوه بعوامل كثيرة منها أن ابن رشد عرف عددا من النقول لكتب أرسطو أكثر مما كان

الفلاسفة المشارقة قد عرفوا. فوصل من خلال ذلك من طريق المقارنة والموازنة بين النقول المختلفة إلى كثير من أراء أرسطو الصحيحة.

ابن رشد أوسع فلاسفة الإسلام قولا في موضوع ما بعد الطبيعة وفي صلة الحكمة بالشريعة هو ذروة التفكير في المغرب مقدرة وموضوعا تناول ابن باجه الكلام على الأسس الفلسفية وتكلم ابن طفيل على الجانب الطبيعي فلما جاء ابن رشد قصر كلامه على الإلهيات.

وقد عرف ابن رشد الفلسفة فقال (فعل الفلسفة (التفلسف) ليس شيئا أكثر من النظر في الموجودات واعتبارها من جهة دلالتها على الصانع، أعني من جهة ما هي مصنوعات فان الموجودات إنما تدل على الصانع لمعرفة صنعتها وانه كلما كانت المعرفة بصنعتها أتم كانت المعرفة بالصانع أتم). أما الفيلسوف فهو الذي يطلب الحق (يبحث عن الحقيقة) أو يقصد ان يطلب الحقيقة وكذلك العالم بما هو عالم إنما قصده طلب الحق. ويرى ابن رشد ان وجود العقل بذاته والتسليم بأنه يفكر هما الدليل على وجود حقيقة راهنة في العالم الخارجي وللموجودات المحسوسة وجودان: وجود كلي حقيقي ووجود جزئي محسوس هو انعكاس للحقيقي الكلي إذ الكليان لا توجد في عالم مستقل بل هي في تجريد الذهن الذي تتم به غبطة العقل الإنساني وقد جعل ابن رشد كل ما في الكون واجبا.

وفرق ابن رشد بين عالم الشهادة وعالم الغيب مستندا دائما إلى قوله تعالى (ليس كمثله شيء) هذه المقولة التي تبناها عامة المسلمين بتنزيههم الله تعالى عن صفات الحوادث وتفريقهم بينة الله تعالى وبين العالم، سبق ابن طفيل بإقراره هذه التفرقة لكن ابن رشد جعلها عمادا لمذهب كامل في الوجود، فعند ابن رشد لا يجوز تطبيق المعاني الإنسانية على الأمور الإلهية.

ووفق ابن رشد بين الشريعة والحكمة، وهي المسألة التي تناولها كل فلاسفة المسلمين تلميحا أو تفصيلا ورأى ابن رشد أن كلا من الشريعة والحكمة في

حاجة إلى الأخرى، وهما يعبران عن حقيقة واحدة وان كلا منهما ينحو نحوا خاصا في ذلك لكن ذلك لا يوجب وجود خلاف بينهما أو بين روادهما.

ورأى ابن رشد ان الدين أحكام شرعية لا مذاهب نظرية وحمل على المتكلمين إذ على الناس أن يؤمنوا بما جاء في الكتاب كما هو وما في الكتاب هو الحق لذلك أوجب محاربة العلم الكلامي. ويعتقد ابن رشد مثل الفلاسفة المسلمين أن تنظيم جمهورية فاضلة متقدمة أمر ممكن إذا درب الفلاسفة الشعب على الفضيلة ومراعاة المصلحة العامة مشيرا إلى أن أقرب الدول إلى الجمهورية الفاضلة هي حكومة الراشدين لأنها تأسست على الشورى وحكمت بالعدل.

لقد كانت بحوث ابن رشد خلاصة الفلسفة العربية وبداية الفلسفة الغربية استعان بها كل فلاسفة الغرب واقتبسوا منها ودارت حولها نقاشاتهم ومجادلاتهم حتى القرن التاسع عشر- إذ أن الفلسفة العربية اعتمدت على الفكر اليوناني من جهة وعلى معطيات الإسلام من جهة أخرى، فكانت المشادة بين المتكلمين والفلاسفة وقد انتهى ابن رشد إلى القوم بأن الحكمة هي أخت الشريعة، وبين أضاليل الفلاسفة المشائين ورد عنهم تهم الكفر، فكان الغاية التي قصدها الفلسفة الإسلامية بذهن خال من الهوى وتفكير معتدل.

ولابن رشد عدد كبير من الكتب في الطب والفلسفة وعلم الكلام والفلك والفقه والنحو غير ان كتبه التي حملت شهرته إلى اليوم خمسة وهي: كتاب الكليات في الطب، وكتاب بداية المجتهد ونهاية المقتصد، وكتاب تهافت التهافت تناول فيه ابن رشد المسائل العشرين التي رد فيها الغزالي على الفلاسفة ورسالة فصل المقال في ما بين الحكمة والشريعة من الاتصال ورسالة مناهج الأدلة في عقائد الملة.

ابن طفيل (٥٠٠-٥٨١هـ)

هو أبو بكر محمد بن عبد الملك بن محمد بن طفيل القيسي- ولد في سنة ٥٠٠هـ/١١٠٦م في وادي أش إحدى قرى غرناطة أحاط بعلوم عصره فدرس

الحديث والفقه واللغة على يد أبي محمد الرشاطي وعبد الحق عطية كما درس الفلسفة على ابن باجة ولكنه تعمق بكافة العلوم على نفسه مطالعا بتأن وكاتبا بتأمل فأجاد الطب والفلسفة والفلك ونظم الشعر.

عمل ابن طفيل في مراكز سياسية عالية، فكان مقربا من أبي يعقوب يوسف ابن عبد المؤمن ثاني سلاطين الموحدين، وعمل وزيرا له وسفيرا بين السلطان والعلماء يدعوهم إليه ويرشدهم، وكان له فضل تقديم ابن رشد للسلطان لشرح أراء أرسطو له وما توفي أبو يعقوب يوسف استمر ابن طفيل في مناصبه لكنه لم يعش طويلا، فتوفي في مراكش في سنة ٥٨١هـ/١١٨٥م.

وعلى الرغم من أن مؤرخي الأدب والفلسفة قد ذكروا لابن طفيل عددا من الكتب والرسائل، فإنه لم يصل إلينا من أثاره سوى كتاب واحد هو قصة حيّ بن يقظان وهي حكاية فلسفية بل هي حكاية الفلسفة العربية بجملتها، بسط فيها ابن طفيل مسائل هذه الفلسفة بأسلوب تحليلي استقرائي وهي تضم مقدمة موجزة تتعرض للفلاسفة المسلمين بالنقد وهم:

- ابن باجه: أخذ عليه ابن طفيل عكوفه على أمور الدنيا وعدم تخطيه المعرفة النظرية، فهو لم يباشر حقيقة الأشياء عن طريق الذوق والمشاهدة فلم يحصل تلك المعرفة التي يهبها الله لمن يشاء فقال فيه: (لم يكن فيهم (الفلاسفة المتقدمين) أثقب ذهنا ولا أصح نظرا ولا أصدق رؤية من أبي بكر بن الصائغ، غير أن شغلته الدنيا حتى اخترته المنية قبل ظهور خزائن علمه وبث خفايا حكمته).

- الفارابي: اخذ عليه ابن طفيل مأخذين خطيرين: سوء اعتقاده بأمر النفس بعد الموت وسوء ظنه بحقيقة النبوة وينتقده قائلا: فهذا قد أيأس الخلف جميعا من رحمة الله وصير الفاضل والشرير في رتبة واحدة إذ جعل الكل إلى العدم وهذه زلة لا تقال وعثرة ليس بعدها جبر).

- الغزالي: وأخذ عليه ابن طفيل تذبذبه في العقيدة الدينية وتردده بين التحليل والتحريم: فهو بحسب مخاطبته للجمهور يربط في موضع ويحل في آخر ويكفر بأشياء ثم ينتحلها ثم يخفف عنه ويقول بأنه (سعد السعادة القصوى وعرف كل شيء بالمكاشفة وألف كتبا مضمونا بها على غير أهلها لم تصل إلى الأندلس) ويعترف بفضله فيقول (ولم يتخلص لنا نحن الحق الذي انتهينا إليه إلا بتتبع كلامه (الغزالي) وكلام الشيخ أبي علي (ابن سينا) وصرف بعضهما إلى بعض حتى استقام لنا الحق أولا بطريق البحث والنظر ثم وجدنا منه الآن هذا الذوق اليسير بالمشاهدة وحينئذ رأينا أنفسنا أهلا لوضع كلام يؤثر عنا).

- ابن سينا: أخذ عليه ابن طفيل وصفة المقلد لحالة الذوق والمشاهدة فهو لم يختبر ولم يسلك هذا المسلك الذوقي وأخذ عليه كذلك وضعه الكتب على مذهب المشائين لأن من أراد الحق الذي لا جمجمة فيه فعليه بكتاب الفلسفة المشرقية.

وكان مسرح القصة جزيرة مأهولة تمثل المجتمع الإنساني وجزيرة أخرى غير مأهولة، أما الأبطال فهم حيّ بن يقظان وأسال وسلامان وظبية ومراحل القصة تشرح أداء ابن طفيل من كل شيء وقد أشار أولا إلى ولادة حيّ في افتراضين: الأول أنه ابن شرعي لزواج سري، اقتضى من الأم قذف أبنها في اليم فوصل إلى الجزيرة غير المأهولة والافتراض الثاني هو تولده ولادة ذاتية من طينة تخمرت بفعل الشمس فدخلها روح من أمر ربه وحين ولد كان هناك ظبية اعتنت به. أما مراحل القصة فهو كما يلي:

- اكتشاف الروح: تموت الظبية بعد أن عودته الإغتذاء من الشجر وتقليد أصوات الحيوان والاكتساء من جلدها وريشها فيجزع ويفتش عن سبب موتها بالتشريح، فيكتشف انه في التجويف الأيسر الفارغ من القلب ويعلم انه أرتحل ولن يعود ومن اختباره التشريح على حيوانات أخرى تأكد أن الجسم آلة توحدها الروح وتوجهها.

- اكتشاف قانون النسبية وذلك بمراقبته دور المطر فالماء يتبخر فيهطل فتتكون السواقي وتأكد أن الكون خاضع لهذا الناموس.

- اكتشاف وحدة الكون: ومن مراقبة الحيوانات في حركاتها وسكناتها تأكد أن كل الكائنات تحركها نفس واحدة لكن الحيوان يفوق النبات منزلة ويتفرد عنه بالحس والإدراك والتحرك أما الجماد فاصل واحد، ومن صفات الأجسام كلها تأكد أن اصل الكون واحد بكل ما فيه.

- اكتشاف اتصال الموجودات: وفي دراسته لجوهر الأجسام تبين له انه لا يوجد جسم معرى من الثقل والخفة معا إذ هما عرضان لمعنى الجسمية أو صورتان وهكذا توصل إلى انها صورة لا تدرك بالحس بل يضرب من النظر العقلي فاهتدى إلى العالم الروحاني وعرف النفس.

- اكتشاف الفاعل الأول: ولما درس الماء وتحولاته وعلم بالضرورة ان كل حادث لا بد له من محدث لا حق له الضرورة إلى فاعل واحد للكون ما دام نظامه واحد وانه لا يهرب من هذا الافتراض.

- التفكير في العالم: وبعد أن رأى الأجسام السماوية ممتدة في الأقطار الثلاثة الطول والعرض والعمق وتفكر في العالم هل هو محدث بعد أن لم يكن وتشكك ودار سلم بالحاجة إلى كائن مطلق قديم برئ من الجسمية وصفاتها والذي لا يغرب عنه مثقال ذرة لا في السموات ولا في الأرض.

- المكاشفة والتسامي: ولما أدرك وجود الفاعل العظيم مال إلى التجرد من العلم المادي، تصفح حواسه ورأى أنها لا تدرك ففكر في القوى المدركة ورآها بالقوة مرة وبالفعل تارة أخرى فإذا فاتها الإدراك عظم ألمها وما أدركته نفسه شعر بالغبطة فقال أنها إذا طرحت البدن واستمرت لها المشاهدة حارت في لذة لا نهاية لها.

- الاجتماع بأسال وسلامان: آسال رجل يحب العزلة وترك مدينته العامرة ورئيسها المتدين سلامان وفي الجزيرة غير المأهولة يلتقي بحيّ بن يقظان فيتعارفان ويكتشفان انهما في مقام واحد من إدراك الحقائق.

- التوفيق بين الفلسفة والدين: وحين تساوت في نظرهما ما كشف التأويل لا سال من باطن الشريعة وما أوصل التفكير (حيا) إلى معرفته في حال المكاشفة (تطابق عندهما المعقول والمنقول) فأمن حي بأن من جاء بالشريعة في جزيرة آسال رسول من عند الله فاعتنق دين صاحبه وانتقل معه إلى جزيرته.

- ضرورة الشريعة للمجتمع: وحين تصفح الناس رأي حي أنهم منخزبون والشرائع أصلح لهم، فانسحب حي وآسال إلى جزيرتهما.

لقد بسط ابن طفيل الفلسفة كلها في قصته في لغة سهلة قريبة وأهدافه في ذلك عديدة منها: وربما أهمها التوفيق بين الشريعة والفلسفة (فحي) من أرباب الفلسفة و(آسال) من أرباب التأويل و(سلامان) من أرباب الظاهر، واتفاق حي وآسال أي اتفاق أغراض الفلسفة ومقاصد الشريعة، وترك سلامان في جزيرته أي الرضى بما عليه الجمهور من الآخذ بظاهر الشريعة لأنه واثق لإيمانهم وهكذا فقد جاء ابن طفيل بمذهب الجمع بين الإيمان التقليدي والاقتناع العقلي والذوق الصوفي معا.

ويتفرد ابن طفيل بين الفلاسفة بأسلوبه القصصي ـ الممتع وقد ترجم الكتاب إلى الإنجليزية واللاتينية سنة ١٦٧١م والى الألمانية سنة ١٧٢٦م والى الفرنسية سنة ١٩٠٠ وطبع بالعربية مرات في القاهرة وبيروت.

## أبو حنيفة (٨٠-١٥٠هـ)

أبو حنيفة النعمان بن ثابت، إمام الحنفية وأحد الأئمة الأربعة عن أهل السنة، ولد في الكوفة سنة ٨٠ هـ وكان يبيع الخز ويطلب العلم في صباه وكان ابن هبيرة قد أراده على القضاء في الكوفة أيام مروان الجعدي فأبى، وضربه مائة سوط وعشرة أسواط كل يوم عشرة وأصر على الامتناع، فخلى سبيله ويذكر أن المنصور نقله عن الكوفة إلى بغداد ليوليه القضاء فأبى أبو حنيفة فحلف عليه ليفعلن فحلف أن لا يفعل وقال: أمير المؤمنين أقدر مني إلى الكفارة، فأمر به في الحبس وقيل انه ضربه وقيل سقاه سما لقيامة مع إبراهيم الشبه بن عبد الله بن حسن وقيل أنه أقام في القضاء يومين ثم اشتكى ستة أيام ومات وقد توفي في بغداد سنة ١٥٠هـ/٧٦٨م.

كان أبو حنيفة قليل الاعتماد على الحديث لا يأخذ منه إلا بما يشق هو به، كثير الأخذ بالرأي وتحكيم العقل والعادة لاعتقاده أن الأحوال تتبدل بتبدل الأزمان فيجب أن تتبدل الأحكام نفسها أيضا، من أجل ذلك أوجد أبو حنيفة باب الاستحسان. وذلك أن يستحسن (يقبل) أمرا تواضع عليه الناس ولم يرد فيه نص ديني مخالف، فالرأي والقياس والاستحسان إذن من أهم دعائم المذهب الحنفي ولا شك في أن لوجود أبي حنيفة في العراق أثرا في نشوء مذهبه وفي اعتماده على وجوه من التشريع القديم ومن العادات القديمة لم تكن تخالف الإسلام فمن أجل هذه النظرة الصحيحة في التشريع والرأي الصائب والإحاطة بحاجات المجتمع سمي أبو حنيفة (الإمام الأعظم).

ومن تصانيفه: مسند في الحديث (جمعه تلاميذه) كتاب المخارج في الفقه رسالة الفقه الأكبر (تنسب إليه) وهو بيان للعقيدة في عشرة أبواب وكتاب الفقه الأبسط ووصية أبي حنيفة ووصية إلى تلاميذه وكتاب العالم والمتعلم وكتاب معرفة المذاهب ورسالة في الفرائض وكتاب المنبهات على الأمور والواجبات.

## أحمد بن حنبل (١٦٤-٢٤١هـ)

أحمد بن محمد بن حنبل أبو عبد الله الشيباني، احد مشاهير أئمة الإسلام ومؤسس المذهب الرابع عند أهل السنة ولد في بغداد في سنة ١٦٤هـ/٧٨٠م وبها نشأ وكان أبوه جنديا في الجيش العباسي المرابط في خراسان وتوفي في الثلاثين من العمر وكان ولده أحمد ابن ثلاث سنين، فرعته أمه صفية بنت عبد الملك الشيبانية.

اتجه وهو فتى إلى طلب العلم على علماء بغداد، وبدأ في سنة ١٨٢هـ الرحلة في طلب المزيد من علوم الشريعة، ولا سيما الحديث الشريف فقصد الكوفة والبصرة ومكة المكرمة والمدينة المنورة ومدن اليمن والشام والجزيرة وأخذ من علمائها وعاد بعدها إلى بغداد بزاد علمي كبير وبشهرة واسعة فقصده طلبة العلم من كل مكان، وفي الرابعة والخمسين من عمره تعرض لمحنة في عصر المأمون بسبب مسألة خلق القرآن التي هي من أظهر مبادئ المعتزلة فقد كتب المأمون سنة ٢١٨هـ إلى نائبه في بغداد اسحق بن إبراهيم يأمره بدعوة العلماء وامتحانهم ضمن قال منهم بأن القرآن مخلوق تركه وشأنه ومن قال غير ذلك سجنه وأرسل نسخا من ذلك الكتاب إلى ولاة الأقاليم ليقوموا بمثل ذلك.

استجاب العلماء لطلب المأمون خوف بطشه إلا قليل منهم وفي مقدمته هؤلاء أحمد بن حنبل ومحمد بن نوح فحبسا وأرسلا إلى الخليفة مقيدين، وما أن وصلا مدينة الرقة في الجزيرة حتى جاء نعي المأمون وتولية المعتصم بالله سنة ٢١٨هـ فأعيد إلى بغداد وفي الطريق مات محمد بن نوح وانتهى أمر احمد إلى السجن.

ورأى المعتصم أن يجمع بني أحمد بن حنبل ورؤوس المعتزلة للمناظرة في القصر، فأجتمع إليه أحمد بن أبي داود، رأس المعتزلة وقاضي القضاة، ووجوه من العلماء المؤيدين ووقف أحمد يرد عليهم بالحجة ويطالبهم بالنص في البرهان على أقوالهم واستمرت المناظرة ثلاثة أيام وكاد المعتصم يميل إلى قول أحمد والعفو

عنه لولا أن ابن أبي داود صده عن ذلك، فأمر المعتصم بربطه وجلده وحمل إلى منزله بعد ثلاثين شهرا من السجن.

وفي عام ٢٢٧هـ تولى الواثق الخلافة، فسار سير المعتصم والمأمون ونفى أحمد من بغداد ومنعه من الاجتماع بأحد فاختفى منتقلا من موضع إلى آخر غير أنه عاد بعد أشهر إلى بيته، فلم يبرحه إلى أن مات الواثق سنة ٢٣٠هـ وخلفه المتوكل فأبطل القول بخلق القرآن ونكل بالمعتزلة وطلب من أحمد بن حنبل وغيره من العلماء العودة إلى قول السلف، ودعاه المتوكل إلى زيارته في سامراء فاستجاب ورحل إليها مع أهله وأقام فيها ستة أشهر ثم عاد إلى بغداد وظل فيها حتى وفاته سنة ٢٤٠هـ/٧٨٠م.

لقد كان أحمد بن حنبل يعيب على العلماء الذين اختاروا رخصة الإكراه قولهم بخلق القرآن نفية خوفا من بطش الخليفة وكان يرى أنهم لو صبروا في سيبل الله لخافهم المأمون وانتهت المحنة وكان مع ما لقيه من السجن والعذاب يدعو للخليفة بالاستقامة والرشاد ولا يحرض الأمة عليه.

ويرى احمد بن حنبل الإيمان اعتقاده بالقلب، ونطق باللسان وعمل بالأركان، وهو يزيد بالطاعة وينقص بالمعصية وان التوبة تمحو كل ذنب ومن ارتكب كبيرة فهو بمشيئة الله تعالى إن شاء غفر له وعفا وإن شاء عذبه ولكنه لا يخلد بالنار خلافا للخوارج الذين قالوا بتكفيره وخلوده في النار وخلافا للمعتزلة الذين قالوا هو بمنزلة بين المنزلتين الإيمان والكفر.

وكان يرى أن أسماء الله تعالى وصفاته يجب التسليم بها كما جاءت بالنصوص من دون تأويل أو تشبيه أو تعطيل ولذلك كره علم الكلام وقاطع علماءه لأنهم يبحثون أمور العقيدة بأسلوب منطقي جدلي يؤدي بهم إلى تفسير تلك الأسماء والصفات على غير الوجه المأثور الذي جاء عن السلف من الصحابة والتابعين.

وأما إمامته بالحديث فإنه لم يكن في عصره عالم حفظ من الحديث ما حفظ فضلا عن علم واسع بالرواة والجرح والتعديل وبعلل الحديث ونقده وقد أخذ عن كبار علماء عصره، وكتب عمن وثق به وفي مقدمتهم هشيم بن بشير بن أبي خازم الذي أثر فيه، وكذلك سفيان بن عُيينة ووكيع بن الجراح وعبد الرازق بن همام ويحيى القطان ويزيد بن هارون وغيرهم. وتلقى الحديث عن أحمد بن حنبل جمع غفير من العلماء وفدوا عليه من كل مكان منهم ولداه الصالح وعبد الله ومحمد بن اسحق والبخاري ومسلم وأبو داود والنسائي وبقي بن مخلد محدث الأندلس ويحيى ابن معين وأبو القاسم البغوي حتى أن بعض شيوخه أخذ عنه الحديث كالشافعي ووكيع وعبد الرازق.

وأما ما يتصل بإمامته في الفقه فهو صاحب المذهب الحنبلي الذي يؤثر أهل الحديث لانه يلتزم فيه نصوص الكتاب والسنة والآثار المنقولة عن الصحابة والتابعين، وقد أخذ أحمد فقه أبي حنيفة عن صاحبه أبي يوسف كما أخذ فقه الحجاز عن سفيان بن عتيبة وكان الإمام الشافعي أعمق شيوخه أثرا في تكوينه الفقهي فقد التقاه في الحجاز سنة ١٨٧هـ وفي بغداد سنة ١٩٥هـ ولازمة فيها حتى سافر إلى مصر- سنة ١٩٩هـ وتلقى عنه أصول استنباط الفقه من النصوص وقواعد الاجتهاد.

وأما إمامته بالقرآن الكريم، وباللغة فلم يشتهر ذلك عنه شهرته بالعقيدة والحديث والفقه ولكن تكفيه شهادة الشافعي الذي قال (أحمد إمام في السنة، إمام في الحديث، إمام في الفقه، إمام في القرآن، إمام في اللغة).

وكان أحمد بن حنبل يوصى طلابه بكتابة النصوص، والآثار المروية عن الصحابة، وينهاهم عن كتابة أقواله وأقوال أي عالم مهما بلغت منزلته العلمية وذلك لاحتمال خطئه أو رجوعه عما قال، غير أنه لما خاف تحريف كلامه أذن لكبار تلاميذه بتدوين أقواله وفتاويه وجاء بعدهم أبو بكر الخلال (ت ٣١١هـ) فجمع ما

دونوه وطوف في البلاد سعيا وراء العلماء الذين لديهم شيء من فقه الإمام أحمد وكلامه ورتب ما جمعه، فبلغ نحو أربعين مجلدا أشهرها: كتابة السنة في أصول الدين، وكتاب العلل في نقد الحديث وبيان علمه، وكتاب العلم، وكتاب الجامع لعلوم الإمام أحمد، ولم يطبع من هذه الكتب شيء.

غير أن معظم ما تركه الإمام أحمد من أثر علمي هو كتاب المسند الذي صنفه بنفسه وهو اصل كبير ومرجع وثيق لعلماء الحديث ويعد من أجمع الكتب المعروفة للسنة النبوية من الأحاديث التي رواها عن شيوخه الأعلام وكان أحمد رتبها عن كل صحابي على نحو مستقل، وأضاف إليها ما نقل عن ذلك الصحابي من فقه وفتاوي وبلغ عدد الصحابة ٧٠٠ رجل ومائة امرأة وقد توفي قبل إنجازه فقام ولده عبد الله ورتبه على ما هو عليه، وجاء أبو بكر القطيعي فروى المسند عن عبد الله وزاد منها أحاديث متميزة رواها عن شيوخه.

وفي المسند تكرار لبعض الأحاديث فيروى الحديث الواحد بأسانيد متعددة وبألفاظ مختلفة وبعضها مطول وبعضها مختصر ولعل هذا هو الذي حمل العلماء على الاختلاف في أحاديث المسند فمنهم من قال بأنها ثلاثون ألفا ومنهم من قال أربعون ألفا وليس ثمة إحصاء دقيق لأحاديث المسند.

## إخوان الصفا (القرن الرابع الهجري)

نشأ إخوان الصفا في البصرة في مطلع القرن الرابع الهجري ويصف أخوان الصفا أنفسهم بأنهم أخوان أصدقاء أصفياء وادون محبون علماء أخيار فضلاء كرام متعاونون وهم يؤكدون جانب الصداقة ويرون أن صداقتهم قرابة رحم وأن أحدهم يضحي بنفسه في سيبل إخوانه.

ولا ريب في انه كان لأخوان الصفا غاية من تأليف جماعتهم، غير أنهم كتموا هذه الغاية لأنهم ألفوا جماعة سرية، وأخوان الصفا يصرحون بعدد من الغايات العامة، فهم يقولون أن غرضهم صلاح الدين والدنيا والإقتداء بالحكماء

وبالفيثاغوريين من الحكماء على الأخص، وأن مذهبهم النظر في جميع العلوم الطبيعية والرياضية والإلهية، وأنهم لا يعادون علما من العلوم ولا مذهباً من المذاهب.

ويبدون أن أخوان الصفا كانوا جماعة من المتفلسفين والأخلاطيين الذين رأوا النزاع الاجتماعي والسياسي والديني راجعا إلى تعدد الأديان والمذاهب الدينية والقومية في الخلافة العباسية فأحبوا أن يذيبوا جميع تلك الخلافات في مذهب واحد جامع مبني على أشياء مأخوذة من جميع الأديان والمذاهب.

وكانت غاية أخوان الصفا هي الحياة التي وراء هذه الحياة الدنيا والتي هي في عرفهم الحياة الحقيقية للنفس العاقلة الخالدة ثم أنهم في فلسفتهم متخيرون لا يتمسكون بدين واحد ولا بفلسفة واحدة، بل يأخذون من كل دين وعلم وفلسفة ومذهب ما يعتقدون أنه جميل مفيد، ثم هم يرون (أن النفس تبلغ أقصى غاياتها إذا ترقت في المراتب العالية بالنظر في العلوم الإلهية والسلوك في المذاهب الروحانية الربانية والتعبد في الأمور الشريفة من الحكمة على المذاهب السقراطي والتصرف والتزهد والترهب على المنهج المسيحي والتعلق بالدين الحنفي......).

وكان أخوان الصفا يدعون إلى العيش في مدينة روحانية مشتركين في العلم والمال، ومذهبهم فيها الصداقة والنصيحة وحسن المعاملة ثم النظر في جميع الموجودات والبحث عن مبادئها وعلة وجودها وعن مراتب نظامها والكشف عن كيفية ارتباط معلولاتها. ثم أن عبادة الله ليس كلها صلاة وصوما، بل عمارة الدين والدنيا والعبادة الشرعية من الصوم والصلاة والحج ليست مقصودة عندهم لذاتها بل هي إشارات إلى غايات قصوى، والناجي الحقيقي في الآخرة من كان جامعا لفضائل الأمم والأديان كلها، والنجاة لا تكون بالعبادة والأخلاق فقط، بل بالإحاطة بالعلوم والمعارف أيضا.

وتتألف جماعة إخوان الصفا من أربع مراتب، أولاها مرتبة ذوي الصنائع، وتكون من الشبان الذين أتموا الخامسة عشرة، لما هم عليه صفاء النفس وجودة القبول وسرعة التصور ويسمونهم الأخوان الأبرار الرحماء، والثانية مرتبة الرؤساء، ذوي السياسات، وتكون من الذين أتموا الثلاثين وعرفوا بالحكمة والعقل ويسمونهم الأخوان الأخيار والفضلاء، والثالثة مرتبة الملوك ذوي السلطان، وتكون من الذين أتموا الأربعين وعرفوا بالقيام على حفظ الناموس الإلهي، ويسمونهم الأخوان الفضلاء الكرام، والرابعة هي المرتبة العليا التي يدعون إليها إخوانهم كلهم في أي مرتبة كانوا. وتكون من الذين أتموا الخمسين واشتبهوا بالملائكة بقبول التأييد ومشاهدة الحق عيانا، والوقوف على أحوال الآخرة.

وتتألف رسائل أخوان الصفا من أثنين وخمسين رسالة مقسمة على أربعة أقسام - الرسائل الرياضية التعليمية- والرسالة الجسمانية الطبيعية، والرسائل النفسانية العقلية، والرسائل الناموسية الإلهية والشرعية الدينية، ومع أن رسائل أخوان الصفا مقسمة على منهاج يقرب من التقسيم اليوناني للفلسفة، فإن ما ذكره أخوان الصفا في رسائلهم من الفلسفة والعلوم لم يكن مقصودا لذاته ولقد كان أخوان الصفا يريدون أن يثقفوا إخوانهم بتلك المعارف الفلسفية والعلمية، ولكنهم في الحقيقة كانوا يتخذون من تلك المعارف ستاراً يبثون من ورائه آراءهم المتعلقة بدعوتهم.

وكان لإخوان الصفا رسالة تسمى (الرسالة الجامعة) وهي موجز لرسائلهم مقتصرة على الغايات الأساسية من غير ذكر لتفاصيل العلوم والمعارف التي كانوا قد ذكروها مفصلة في الرسائل، ولقد كانت الغاية أن تقرأ الرسالة الجامعية بعد قراءة الرسائل وأن يضن بها على العامة.

## البخاري (١٩٤-٢٥٦هـ)

أبو عبد الله محمد بن إسماعيل بن إبراهيم بن المغيرة بن بردزية. وبردزيه فارسي تعريبه الزارع، الجعفي ولاء البخاري مولدا. والجعفي نسبة إلى اليمان

الجعفي الذي شرف الله جده المغيرة بالإسلام على يده، فانتهى إليه بولاء الإسلام، ولد في بخارى في سنة ١٩٤هـ وكان أبوه إسماعيل عالما تقيا.

لقد درس محمد الكتابة والقراءة والقرآن والحديث النبوي الشريف وما أن بلغ محمد العاشرة من سنه حتى بدت عليه علائم النجابة ومخائل الذكاء بصورة نادرة في هذا العمر المبكر ولما بلغ الحادية عشرة وكان قد نهم من الكتاب منهلا عذبا، ووجد أن نفسه ما زالت ظمأى إلى تحصل الحديث وطلبه، عزم على ورود أئمة الحديث ينهم من نبعهم المترع، وكان في اختلافه إليهم يمتاز بالعقل النافذ والذاكرة الحاضرة والخلق الكريم، وما كان هذا التحصيل المبدع ليشبع رغبه وهمة محمد، فما كان منه إلا أن صون إلى التطواف في بقاع الأرض بحثا عن الحديث وتحصل علومه وإدراك رجاله.

كانت مكة المكرمة أولى محطات رحلته العلمية، فقد أغتنم البخاري موسم الحج سنة ٢١٦هـ فأصطحب أمه الفاضلة وأخاه أحمد وكان أكبر منه سنا ورحل إليها معهما، وفي مكة أختلف البخاري إلى أبي الوليد أحمد بن محمد الأزرقي وإسماعيل بن سالم الصايغ، ثم عدل إلى المدينة المنورة زائرا قبر النبي (صلى الله عليه وسلم) وجامعا الحديث من أهله أحفاد الصحابة الذين حملوا الرسالة الشريفة وتوارثها أولادهم وأحفادهم جيلا بعد جيل وقد بقي بالمدينة سنة يجري وراء الحديث فيأخذه من صدور وعته وعقول حفظته، وفي المدينة وضع كتابين هما (قضايا الصحابة والتابعين) و (التاريخ الكبير). ولما أستنفد الحديث من المدينة المنورة حمل عصا الترحال يجوب الآفاق، فيقول (وأقمت بالبصرة خمس سنين مع كتبي أصنف وأحج وأرجع من مكة إلى البصرة، وأنا أرجو الله أن يبارك للمسلمين في هذه المصنفات ثم يقول (دخلت الشام ومصر والجزيرة مرتين والى البصرة أربع مرات وأقمت بالحجاز ستة أعوام ولا أحصي كم دخلت الكوفة وبغداد مع المحدثين). وبعد هذا الترحال في طلب الحديث مع ما تحمله من الرحلة من أسباب العناء والنصب،

فيقول (كتبت عن ألف وثماني نفسا ليس فيها إلا صاحب الحديث) ويقول (كتبت عن ألف شيخ أو أكثر ما عندي حديث لم أذكر أسناده).

ويذكر أن البخاري لما بلغ الثانية والستين من عمره خرج إلى قريته خرتنك من قرى سمرقند ونزل ضيفا على قريب له يدعى غالب بن جبريل، ولم يمض على إقامته في خرتنك بضعة أيام حتى مرض، وقد توفي في سنة ٢٥٦هـ.

وللبخاري مؤلفات عديدة منها: (كتاب التاريخ الكبير) أستوعب فيه البخاري الرواة من الصحابة ومن بعدهم إلى طبقة الشيوخة وهو في ثمانية أجزاء رتبه على حروف المعجم وبدأه بالمحمدين تكريما لأسم الرسول (صلى الله عليه وسلم). و(كتاب التاريخ الصغير) وهو مختصر عن تاريخ النبي (صلى الله عليه وسلم) والمهاجرين والأنصار وطبقات التابعين لهم ومن بعدهم ووفاتهم وبعض نسبهم وكناهم ومن رعب في حديثه و(كتاب الضعفاء) و (كتاب الكنى) و (كتاب الأدب المفرد) و ( كتاب بر الوالدين) و (كتاب التفسير الكبير للقرآن) و (كتاب الجامع الكبير) و ( كتاب العلل في الحديث) و (كتاب قضايا الصحابة والتابعين) و (كتاب المسند الكبير).

وصنف البخاري جامعه الصحيح متوخيا الدقة والعناية فاستنفذ منه ستة عشر عاما، واتفق العلماء أن الجامع الصحيح هو الكتاب الذي جعل البخاري أمير المؤمنين في الحديث وكتب له به الخلود، وكان الاسم الكامل الذي اسماه به البخاري هو (الجامع الصحيح المسند المختصر من حديث رسول الله (صلى الله عليه وسلم) وسننه وأيامه) ولكنه أشتهر بـ(الجامع الصحيح) اختصارا.

### جعفر الصادق (٨٠-١٤٨هـ)

هو أبو عبد الله جعفر الصادق بن محمد الباقر بن زين العابدين علي بن الحسين بن علي بن أبي طالب (رضي الله عنهم). وأمه أم فروة بن القاسم بن محمد ابن أبي بكر الصديق. ولد في سنة ٨٠هـ/٦٩٩م في المدينة المنورة ونشأ يتلقى

العلم على جده زين العابدين (ت ٩٤هـ/٦١٢م) ثم على أبيه ولما توفي أبوه (١١٣هـ/٧٣١م) ألقى على عاتقه عبء الحفاظ على وجاهة بني هاشم وعلى دمائهم.

واستطاع بمقدرته ولباقته أن يتجنب غضب بني أمية باستغنائه عـن دنيـاهم واعتزالـه في بيته حينا في المدينة وحينا في الكوفة، منصرفا إلى إفادة طلاب العلم من كل ناحيـة، واستمر جعفر الصـادق في عزلته حتى بعد قيام الدولة العباسية، وكانت وفاته في سنة ١٤٨هـ/٧٦٥م ودفن في البقيع.

لقب الإمام جعفر الصادق لصدقه في مقالته، وقيل فيه (هو ذو علم غزير في الدين وأدب كامـل في الحكمة وزهد بالغ في الدنيا وورع تام عن الشهوات ما تعرض للإمامة قط لا نازع أحداً في الخلافة ومـن عرق في بحر المعرفة لم يطمع في شط، ومن تعلى إلى ذروة الحقيقة لم يخف من حط).

وكان جعفر الصادق فقيها جليلا مشهورا وكان معاصرا لمالك بـن أنـس ولأبي حنيفة وكـان بينـه وبينهما مفاوضات ومطارحات، أما تلاميذه فكثيرون جدا، وإليه ينسب المذهب الجعفري، مع الإيقـان بـأن كثيرا من تفاصيل المذهب الجعفري يجب أن يكون قد نشأ في أزمنة متأخرة، كما هـو الشـأن في تطـور كل مذهب، ولكن يبدو أيضا أن جميع أصحاب الفرق الشيعية وخصوصا المتطـرفين مـنهم قـد نسبوا فـرقتهم وأقوالهم وآراءهم إلى جعفر الصادق نسبة لا تصح.

وقد ذكر المؤرخون أن الإمام جعفر الصادق هو ثاني من عمل في الكيمياء مـن العـرب وأن جـابر بن حيان الذي برع في علم الكيمياء كان من تلاميذ الإمام جعفر الصادق.

أما آراء الإمام جعفر وأقواله في علم الكلام وفي الفقه والأخلاق فكثيرة ومعظمها يجب أن يكون صحيح النسبة إليه:

- كان الإمام جعفر لا يأخذ بالقياس لأن القياس من الرأي.
- قال الإمام جعفر : أن الله لم يزل صادقا بنفي الكذب.
- الأصل في التشريع الإباحة حتى يأتي فيها النهي.
- ما من أمر يختلف فيه اثنان إلا له أصل في كتاب الله ولكن لا تبلغه عقول الرجال.
- أن الله تعالى أراد بنا شيئا وأراد منا شيئا فما أراده بنا طواه عنا، وما أراده منا أظهره لنا، فما بالنا نشتغل بما أرداه بنا عما أراده منا.

وينسب إلى جعفر الصادق عدد من الكتب لم يصل إلينا منها شيء ونسبوا إليه: كتاب الجفر، كتاب الرد إلى القدرية كتاب الرد على الخوارج، كتاب الرد على الغلاة من الروافض، وقيل جمع جابر بن حيان خمسمائة رسالة للصادق في ألف ورقة وغير ذلك.

## الشافعي (١٥٠-٢٠٤هـ)

هو محمد بن إدريس بن العباس بن عثمان بن شافع، أما والدة الشافعي فهي حفيدة أخت السيدة فاطمة أم الإمام علي بن أبي طالب كرم الله وجهه، وكان الشافعي يقول (علي بن أبي طالب ابن عمي وابن خالتي). فهو قرشي الأب والأم وخرج والده من مكة يلتمس سعة من العيش في المدينة، ولكنه لم يجد ما خرج لأجله فرحل بأهلة إلى غزة، ومات بها بعد مولد أبنه محمد بنحو عامين.

ولد الشافعي سنة ١٥٠هـ في غزة وهي السنة التي توفي فيها الإمام أبو حنيفة أمام أهل الرأي في العراق، ولم تطق الأم المقام في غزة بعد وفاة زوجها، فحملت محمدا إلى عسقلان وهو ابن سنتين ولكن الحياة في عسقلان لم ترق للوالدة، فحملت أبنها إلى مكة موطنها وموطن آبائه وأجداده ليعيش في كنفهم ولينال نصيبه من المال وهو سهم ذوي القربى.

وعندما شب محمد ألحقته أمه بالكتاب بمكة، ثم وجهته بعد ذلك إلى تلاوة القرآن وتجويده وتفسيره على شيوخ التفسير والترتيل والتجويد في المسجد الحرام وما أن بلغ الثالثة عشرة حتى كان قد أتقن القرآن حفظا وترتيلا وإدراكا، ثم أتجه إلى حفظ الحديث فلزم حلقات شيوخ التفسير يستمع منهم ولما كان يجد مشقة وعناء في الحصول على ما يكتب عليه الحديث فقد اعتمد الحفظ والاستذكار لذلك تكونت له حافظة قوية مكنته من أن يحفظ كل ما يلقى عليه.

وخرج الشافعي إلى البادية لتعلم كلام هذيل وحفظ أشعارها فهذيل أفصح العرب وشعرهم مليء بدرر اللغة وكنوزها، وبعد ذلك قرر الشافعي أن يرحل في طلب الفقه من كل مدارسه كما رحل من قبل يلتمس الفصحى من خير منابعها في هذيل فاستأذن أمه أن يرحل إلى المدينة المنورة ليدرس الفقه على الإمام مالك بن أنس فأذنت له وأقام الشافعي في المدينة حتى توفي مالك بن أنس.

وكذلك التقى الشافعي في المدينة، بمحمـد بـن الحسـن تلميذ أبي حنيفة وشـيخ أهـل الـرأي في العراق، والتقى أيضا ببعض تلامذة الإمام جعفر الصادق وتعلم منهم بعض فقـه الإمام الصادق وأقضية الإمام علي كرم الله وجهه، وتعلم من تلاميذ الإمام الصادق رأي الإمام في حقيقة العلم فالعلم ليس حفظ القـرآن والحـديث والأخبـار والأشعار فقـد ولكن العلم يشمل العلـوم الطبيعية والرياضية التي تفسر ظواهر الكون وتكشف قدرة الخالق، لذلك قرر الشافعي أن ينهل مـن منابـع العلـوم الطبيعيـة فتعلـم في خـلال رحلاته علوم الكيمياء والطب والفيزياء والحساب والفلك والتنجيم والفراسة ومارسها وبـرع فيهـا، وقـد تعرف إلى عدد من فقهاء مصر من تلاميذ الليث بن سعد في أثناء زياراتهم إلى المدينة للحج والاستماع إلى الإمام مالك فنشأت بينه وبينهم صداقة انتفع بها عندما هاجر إلى مصر.

ولم تطب الحياة للشافعي بالمدينة بعد وفاة الإمام مالك، فعاد إلى مكة مودعا المدينة وكان والي اليمن قد أقبل إلى الحجاز في ذلك الوقت، فتوسط بعض أقرباء الشافعي من القرشين عند والي اليمن فصحبه معه إلى اليمن ووكل إليه عملا.

وكان محمد بن الحسن قد أصبح قاضي الدولة وحاول أن يجذب الشافعي إلى صف العباس بدلا من بني علي ولكن الشافعي كان قد أقسم على ألا يخوض في غمرات الصراع السياسي وألا يقبل منصبا اداريا ولن يهب نفسه إلا للعلم والفقه، وأعترف بأنه أخطأ يوم قبل المنصب في اليمن عندما خرج إليها مع واليها يستكمل ما فاته منها وأتخذ لنفسه دارا وبدأ يدرس فقه العراق على يد محمد بن الحسن تلميذ الإمام أبي حنيفة.

ولزم الشافعي حلقة محمد بن الحسن في بغداد وشاهد في الحلقة مخالفة لمالك وهجوما على آرائه وعرف محمد بذلك وأصر على مناظرة الشافعي وأبى الشافعي خجلا ولكن محمد ألح عليه فتناظرا في رأي الإمام مالك في الاكتفاء بشاهد واحد مع اليمين وظهر الشافعي على محمد في المناظرة، وأعجب محمد بالشافعي وأولع بمناظرته كما أعجب الشافعي بعلم محمد وبخلقه العلمي.

وقد أقام الشافعي في بغداد سنوات قليلة ينهل من مناهل علومها الطبيعية والدينية والفقهية ويناظر فقهاءها ويقرأ كتاب مالك (الموطأ) عليهم ويدافع عن أهل الحديث ويفيد من أهل الرأي في العراق، وعرض الخليفة الرشيد عليه أن يوليه القضاء في أي مكان يختاره، ولكن الشافعي أستأذن الخليفة في التفرغ للتعليم فقط، وأن يأذن له بالعودة إلى مكة ليعيش بين أهله فأذن له الرشيد بذلك.

وعاد الشافعي إلى مكة وأتخذ لنفسه مجلسا للفتوى والتدريس وقد أتاح له مقامه في بغداد أن يقترب من مفاهيم أهل الرأي فيها، وأن يقرب أهل السنة من أهل الرأي وكان في ذلك كله مفتونا بالطريق الوسط الذي أختطه الليث بن سعد

المصري، في التوسط بين أهل الرأي وأهل السنة وكان عليه أن ينهل من هـذا الطريـق الوسـط، لـذلك قـرر الشافعي الرحيل إلى مصر.

ورحل الشافعي إلى مصر سنة ١٩٩هـ في أولى خلافة المأمون ولم ينزل الشافعي بمصر- إلى أن ولي السري بن الحكم البلخي سنة ٢٠٠هـ من قوم يقال لهم الزط مصر- واستقامت لـه وكـان يكـرم الشافعي ويقدمه ولا يؤثر أحدا عليه وكان الشافعي محببا إلى الخاص والعام لعلمـه وفقهـه وحسـن كلامـه وأدبـه وحلمه، وكان بمصر رجل من أصحاب مالك بن أنس يقال له فتيان فيه حدة وطيش وكـان يناظـر الشـافعي كثيرا ويجتمع الناس عليهما، واستطاعت جماعـة مـن أتبـاع فتيـان مـن سـفهاء النـاس أن يقصـدوا حلقـة الشافعي، وعندما خلت من أصحابه وبقي وحده هجموا عليه وضربوه بهـراوات أخفوها في ملابسهم وهربوا، وفي سنة ٢٠٤هـ توفي الشافعي وانتقل إلى ربه وله من العمر ٥٤ سنة.

أما مؤلفات الشافعي فقد ألف كتبه في مكة وبغداد ومصر، وكانت مؤلفاته كثيرة يصعب حصرها، بعضها كتبه بنفسه وبعضها أملاه على رواته وحاملي فقهه وعلمه ولعل (كتاب الحجة) كان أول كتاب في الرد على العراقيين بعد أن أطلع الشافعي على كتبهم، ومنه كتبه أيضا المجموعة الكبرى التي تسمى (الأم) وقد ذكر أن عدة كتب الأم مائة ونيف وأربعون كتابا وهذا يدل على أن تسمية هذه المجموعة الفقهية الكبرى بهذا الاسم ليست للشافعي ويقال أن الذي سمى هذا المجموع هو الربيع بن سليمان نفسه أما كتاب (الرسالة) فقد كتبه الشافعي مرتين الأولى بمكة والثانية بمصر.

## الغزالي (٤٥٠-٥٠٥هـ)

هو أبو حامد بن محمد بن أحمد، لقبة حجة الإسلام، ولد في قرية غزالة التابعة لمدينة طـوس في سنة ٤٥٠هـ/١٠٥٨م وكان أبوه يعمل بغزل الصوف ويخدم الفقهاء فرغب في أن يفقـه ابنـه محمـد وأخـاه أحمد، وقبيل وفاته أوصى بهما

إلى صوفي فتعهدهما حتى نضبت ثروة أبيهما فانتقل محمد بعد أن كان قد درس الفقه والأدب إلى جرجان مدينة الفقهاء والمحدثين فتتلمذ لعلمائها ثم عاد إلى طوس ويحمل معه كتبا نسخاها ولم يدرسها، وهي (تعليقة الغزالي) فأكب عليها ثلاث سنوات يدرسها.

ثم انتقل إلى نيسابور والتحق بإمام الحرمين أبي المعالي عبد الملك الجويني مدرس الفقه والمنطق في جامعتها النظامية وحيث ظهر نبوغه عهد إليه بإلقاء الدروس ثم اتصل بالوزير نظام الملك الطوسي وأختلف إلى بلاطه يناظر ويدرس كما ألقى دروسا في جامعة بغداد النظامية، فعظم مركزه، وذاعت شهرته، ثم ترك التدريس وطوف في البلاد الإسلامية وعاد إلى طوس وانقطع إلى العبادة حتى توفي في طوس سنة ٥٠٥هـ/١١١١م ويمكن جعل حياة الغزالي ثلاثة أطوار:

- التقليد: ولقد تأثر الغزالي بأبيه وبمدرسيه، وبالجويني - أستاذ الاشعري- وكان يجمع الكتب ويحفظها فرسخ في الدين واستسلم لأوامره ونواهيه دون عمق نظر، وقد درس الفقه والحديث وبرع فيهما ونال المراكز الرفيعة وصار يقصده طلابه وشيوخه من أقاصي البلاد الإسلامية.

- الشك: ازداد إطلاع الغزالي على كتب الفلاسفة فعاد ينظر فيها بعمق فاغتذى عقله وأثرت معرفته وحين توفي أستاذه الجويني أحس نفسه ضائعا وحيدا، وكان يملك من الذكاء والطموح ما يسر له الاتصال بنظام الملك، ولما دعاه إلى التدريس في جامعة بغداد تفكر في بيئة التدريس (فإذا هي غير صالحة لوجه الله تعالى بل باعتها ومحركها طلب الجاه وانتشار الصيت فتيقنت أني على شفا جرف). ولما أحس بعجزه عن متابعة حياته العادية أوكل أمر التدريس إلى أخيه وترك بغداد، أي فارق الجاه والمنصب وطلب الخلوة في دمشق معتكفا في مسجدها.

- التصوف: ترك الغزالي دمشق بعد عامين إلى القدس وكان يدخل كل يوم الصخرة ويغلق بابها على نفسه ثم قصد مكة وبعدها عاد إلى دمشق واعتكف في المنارة الغربية من الجامع الأموي يعظ ويغني ويجاهد متقشفا ثم بدأ بوضع كتابه (إحياء علوم الدين) وبعد تردد على القدس والحجاز عاد إلى بغداد ليتم مؤلفه السابق ولكن فخر الملك ابن الوزير نظام الملك حملة بأمر من السلطان على التدريس في جامعة نيسابور، ولم يمض الغزالي فيها أكثر من سنتين حتى غادرها نهائيا إلى طوس، وهناك أنشأ (زاوية) صوفية وأنقطع للعبادة ولتدريس الفقه حتى توفي.

كان الغزالي مخلصا في تفكيره صادقا مع نفسه، فحين رضى ترك الجاه، واكتفى بالقليل وتقشف عن إرادة، فاحدث أثرا عظيما في عصره وهو فيلسوف نسيج وحدة واسع المعرفة أدرك بنفسه هذه الهبة فكادت تبلغه العجب والمباهاه، أسلوبه في التأليف واضح وقوي وأسلوبه مخالف لأساليب الفلاسفة فلا تعقيد ولا إبهام يكتب في كل الأوقات حتى في أصعبها فتنهال عليه المعاني دون صعوبة.

وبدأ الغزالي بالتأليف مبكرا، وهو طالب على أستاذه الجويني وهو داوم على التأليف حتى في سنوات عزلته، وقد كان غزير المادة أربت كتبه على المئتين وقد وصلنا منها عدد كبير وان لم يطبع أكثره، وأهم مؤلفاته:

- مقاصد الفلاسفة: ألفه قبل سنة ١٠٩٥م وهو يدرس في جامعة بغداد النظامية، وفيه يبسط أراء الفلاسفة ويفندها عارضا للفارابي وابن سينا وغيرهما موطئا بكتابه هذا لـ(تهافت الفلاسفة).

- تهافت الفلاسفة: وضعه في السنة ١٠٩٥م تقريبا مفندا فيه أراء الفلاسفة مثبتا بطلانها، مؤكدا خلال بحثه عجزهم حتى فيما كان يراه هو صحيحا، مظهرا قصورهم عن إثبات الحقائق نفسها بقوة البرهان وقال متهما الفلاسفة: (حادوا عن الطريق القويم ورفضوا طوائف الإسلام وشعائر الدين متأثرين بغيرهم ممن

لم ينشأ على الدين الإسلامي). وقد حدد مسار انتقاده لهم بالخطوات التالية: هـدم تعـاليم أرسطو، تعيين مواطن الخلاف في تعاليم الفلاسفة، والرد على كل من خالف الدين القويم من الفرق الإسلامية وإظهار حيل الفلاسفة فيهم يتسترون وراء الرياضيات ليوهموا ضعفاء العقول ويخفوا عجزهم وذلك في أسلوب جدلي منطقي يستند إلى الدين أحيانا والى الفلسفة أحيانا أخرى.

- أيها الولد: رسالة خلقية اجتماعية دينية أرسلها إلى تلميذ قديم له سأله عن أفضل السبل إلى النجـارة من الفرق بعد أن حصل دقائق العلوم واستكمل فضائل النفس فدار جواب الغزالي على أن (العلم بلا عمل جنون والعمل بلا علم لا يكون) ثم أكثر من النصائح المستمدة مـن الـدين والسنة وهو بهـذه النصائح إنما يحارب فكرة الفلاسفة القائلين بأن الإنسان الناجي هو المكتفي بالإطلاع على العلـوم دون العمل.

- إحياء علوم الدين: وهو أوسع كتب الغزالي وأدلها على اتجاهه العملي في الحياة وعلى سلوكه الصوفي في العبادة والتفكير والمعاشرة، وقـد جعلـه الغزالي أربعـة أربـاع تطبـع اليوم في أربعـة أجزاء: ربـع العبادات (في العقائد والعبادات) ربع العادات (آداب الأكل، الحلال، الحرام ، الأمر بـالمعروف والنهـي عن المنكر..الخ). ربع المهلكات (شرح عجائب القلب، رياضة النفس، كسر الشهوات آفات اللسـان ذم الدنيا..الخ) وربع المنجيات (التوبة، الصبر، والشكر، الفقر، الزهد، التوحيد، والتوكل وذكر المـوت ومـا بعده).

- المنقذ من الضلال: وقد كتبه في أواخر حياته، ذاكرا فيه أطوار حياتـه في هـدف الوصول إلى الحقيقـة، والكتاب منظم واضح اللغة يستدرج قارئه إلى التصوف بتعليل وعاطفة معا، عارضا لصور من فلسـفة الغزالي ومواقفه ذاكرا ومؤكدا أن منهجه إلى اليقين مر بمرحلة الشك في تفتيشه عن الحقيقة.

قال بعضهم في الغزالي أنه فيلسوف جبار متمرد قوض أركان الفلسفة التوفيقية، طريقة الشك الموصل إلى اليقين، وشكله منهجي فهو فيلسوف في إنكاره الفلسفة أكثر منه في اعتناقها أو التأليف فيها، وهو القائل أن التقليد لا يقود إلى الحقيقة، بل الحدس هو مفتاح أكثر المعارف والغزالي لم يكن بذلك عدوا للعقل، وان استوحى الدين في أدلته فقد سلم بصحة الأقيسة المنطقية أو قال (إن العقل أولى من العين بأن يسمى نورا لرفعة قدره عن نقائصها السبع). لقد وضع للدين حدا كما وضع للعقل حدا وله في السببية نظرية خاصة قادته إلى أن السبب الوحيد الحقيقي هو الله تعالى قدرته مطلقة ويخضع له قانون المسببات وهو في أكثر آرائه مبتكر تأثر به الفلاسفة بعده في الشرق وفي الغرب.

## الفارابي (٢٦٠-٣٣٩هـ)

هو أبو نصر محمد بن محمد بن طرخان بن اوزلغ، ولد في سنة ٢٦٠هـ/٨٧٤م في مدينة فاراب وهي مدينة تقع إلى نهر سيحون في آسيا الوسطى وانتقل الفارابي مع والده إلى بغداد، وفيها تعلم العربية ودرس النحو على أبي بكر محمد بن السري بن سهل النحوي ودرس العلم الحكمي عن الطبيب يوحنا بن حيلان، والمنطق على أبي شر متى بن يونس، كما أنه تعمق في الفلسفة والطب والرياضيات والكيمياء والموسيقى.

غادر الفارابي بغداد إلى دمشق هربا من الفتن والحروب وعمل حارسا في بستان متفرغا للقراءة والتأمل ثم قصد حلب ويقال أنه نال حظوة لدى الأمير الحمداني لكنه كان يرفض أنعامه، وبقي زاهدا متقشفا، ثم رافقه إلى دمشق حيث توفي فيها في سنة ٣٣٩هـ/٩٥٠م ودفن في ظاهر دمشق.

لقد كان الفارابي واسع الثقافة، أتقن لغات كثيرة قيل سبعون لغة وألف كتاب مشهور في الموسيقى وإليه يعزى اكتشاف آلة القانون، وله كتاب مشهور في كتاب (الموسيقى الكبير) وقد بحث الفارابي أيضا في الفلك والهندسة والسياسية والطبيعة

وما بعد الطبيعة إلا أن كتبه الفلسفية هي الأكثر والأشهر وإن كان قسم كبير منها شروح وتعليقات على مؤلفات أرسطو.

وقد أجمع أصحاب الفكر والمعرفة بأن الفارابي أول الفلاسفة الكبار في الإسلام وقيل عنه فيلسوف المسلمين وأقربهم إلى فلسفة أرسطو ولقب بالمعلم الثاني بعد أرسطو المعلم الأول وتتلمذ الفارابي على كتب أرسطو وأعجب بها فشرحها وعلق عليها. وقد شكلت هذه الشروحات حصة كبيرة من مؤلفاته، أهمها: البرهان، العبارة ، الخطابة، الجدل، الأخلاق، السماع الطبيعي، الآثار العلوية، المقولات، السماء والعالم، المغالطة، القياس.

وفضلا عن تأثره بأرسطو كان للدين الإسلامي تأثيره في فلسفة الفارابي فأخرج لنا مؤلفات تعالج المنطق والطبيعة والهندسة والطب، وفي الفلسفة أسس بنيان الفكر الإسلامي الشامخ فما من نظريه أصيلة في الفلسفة الإسلامية إلا وتدين للفارابي بإسهام وقد استقى منه الفلاسفة الذين أتوا بعده جميعا ناقلين أو شارحين أو مضيفين إلى فلسفته ومن أهم كتبه المبتكرة إحصاء العلوم، كتاب أراء أهل المدينة الفاضلة، كتاب الجمع بين رأيي الحكيمين، المسائل الفلسفية والأجوبة عنها، عيون المسائل، التنبيه على سبيل السعادة، تحصيل السعادة، مقالة في معاني العقل.

يقول الفارابي في تعريفه للفلسفة بأنها (العلم بالموجودات بما هي موجودة) ويتابع ( لا يوجد شيء من موجودات العالم إلا وللفلسفة فيه مدخل وعليه غرض ومنه علم بمقدار الطاقة الأنسية). فالفلسفة عنده هي موضوع جميع العلوم، غايتها الحق ولما كان الحق لا يتعدد، فكل البحوث تتوجه نحوه ومن هنا كان سياسة الفارابي (التوفيق) وربما هذه نزعة عند كل فلاسفة الإسلام، فقد حاول الفارابي التوفيق بين أفلاطون وأرسطو من جهة والتوفيق بين الحكمة والشريعة من جهة أخرى.

فقد وفق الفارابي بين الحكيمين أفلاطون وأرسطو واستنتج بعد استعراض فلسفة كل منهما وتفنيدها انهما متفقان في الأصول مختلفان في الفروع، وكذلك وفق بين الحكمة والشريعة وهذا المنحنى لا يوجد له عنده مؤلف خاص بل هو مثبت في مصنفاته وبنى رأيه على أن الشريعة والحكمة ترجعان إلى أصل واحد فمرد الشريعة إلى الوحي، والوحي من الله، ومرد الفلسفة إلى الطبيعة، والطبيعة من صنع الله، والنبي والفيلسوف يستمدان المعرفة من ينبوع العلم الإلهي فيتلقاه النبي من حامل الوحي جبريل ويستمد الفيلسوف، بعد أن يصبح عقله مستفادا من العقل الفعال، وقد وضع الفارابي بعملية التوفيق هذه حجر الأساس للفلسفة الإسلامية كلها وطبعها بطابعه.

أما أهم أراء الفارابي الفلسفية نظرية المعرفة، ويؤكد فيها أنها مبنية على الحس (فمن فقد حسا ما فقد علما ما) و( أدرك الحواس إنما يكون للجزيئات وعنها تحصل الكليات والكليات هي التجارب على الحقيقية). والمعرفة لا تحصل عند الإنسان بمجرد مباشرة حسه للمحسوسات بل بعد تدخل قوى نفسية عديدة.

أما المنطق فلم يصلنا من مؤلفات الفارابي المهتمة به غير كتاب العبارة لأرسطو مع فصول متفرقة في كتب أخرى للفارابي ميزة على الفلاسفة الآخرين في أنه فهم منطق أرسطو جيدا، ويقسم المنطق إلى تصور وتصديق فالتصور يشتمل على المعاني والحدود والتصديق يشتمل على البحث في القضايا وأنواعها وأشكالها والبرهان.

وفي الإلهيات فقد ميز الفارابي بين الذات والوجود ليجعل من الله العلة الأولى التي تمنح الوجود للذات أو نقيض الهوية على الماهية فالماهية والهوية هما شيء واحد في الله لا يختلف أحدهما فيه عن مدلول الآخر ولكنهما يفترقان في نظام الأشياء والله وحدة هو الذي يجمع بينهما في عملية الخلق وقسم الوجود إلى واجب

وممكن، يتخلل الفلسفة الإسلامية كلها، فإذا كان للأشياء ان تخرج إلى حيز الوجود فلا بد ان تتلقى نعمة الوجود من واجب الوجود.

ويقول الفارابي أن وجود هذا العالم أي الكثرة إنما خرج من الواحد البسيط عن طريق الفيض (فمتى وجد للأول الوجود الذي هو له لزم ضرورة أن يوجد عنه سائر الموجودات على ما هي من الودود الذي بعضه مشاهد بالحس وبعضه معلوم بالبرهان ووجود ملا يوجد عنه إنما هو على جهة فيض وجوده لوجود شيء آخر).

ويرى الفارابي أن النفس هي استكمال أول الجسم طبيعي آلي ذي حياة بالقوة وهناك النفس النباتية واستكمالها يكون بالاغتذاء والنمو وتوليد المثل والنفس الحيوانية واستكمالها بالإحساس والحركة الإرادية والنفس الإنسانية واستكمالها بإدراك المعقولات وللسماء نفس كما لكل كوكب.

وكان التصوف عند الفارابي تصوف عقلي وتصوف روحي والتصوف الروحي قوامها التقشف والزهد ومجاهدة النفس أما التصوف العقلي التأمل والتفكير والنظر العقلي المجرد، فالعلم وحده هو الوسيلة لجعل العقل الهيولاني عقلا بالفعل ثم عقلا مستفادا.

واعتنى الفارابي بالسياسة وربما دفعه إليها الواقع الاجتماعي السياسي (الذي عاشه، فقد رآه يتسلل إليه الفساد فبحث في المجتمع الفاضل وكان هذا موضوع القسم الأخير من كتابه (المدينة الفاضلة) فالاجتماع هو التعاون على الأشياء التي تنال بها السعادة الحقيقة والتعاون نوعان: فكري يتدرج به أهل المدينة إلى تفهم القدرة الإلهية وعلمي يتعاونون فيه على ممارسة الفضيلة وصنع الخير، والمدينة الفاضلة تشبه البدن الصحيح الذي تتعاون أعضاؤه معا، والفرق تعاون الأعضاء في الجسم طبيعي في المدينة إرادي، ورئيس المدينة يجب أن يتصف بصفات معينة لأن وظيفته سياسية وتربوية ودينية ومثالية وسعادة الأفراد هي بالتشبه به ومضادات المدينة الفاضلة هي المدينة الجاهلة التي لا يعرف أهلها

السعادة ولا خطرت ببالهم. والمدينة الفاسقة آراؤها مثل المدينة الفاضلة ولكن أعماله مثل أعمال المدينة الجاهلة. المدينة المبدلة كانت آراؤها وأفعالها مثل أراء المدينة الفاضلة وأعمالها ثم غيرت. المدينة الضالة وكانت تقر بالسعادة ثم كفرت بها.

## مالك بن أنس (٩٣-١٧٩هـ)

هو مالك بن أنس بن مالك بن أبي عامر، إليه تنسب المالكية ولد في المدينة في سنة ٩٣هـ (وقيل في سنة ٩١هـ) وأخذ العلم عن علمائها، منهم عبد الرحمن بن هرمز ونافع مولى ابن عمر، وابن شهاب الزهري، أما شيخه في الفقه فهو ربيعه بن عبد الرحمن.

وقد أجمع الناس على أنه إمام في الحديث الموثوق بصدق روايته، ورغم ذلك قال مالك( ما جلست -يقصد لرواية الحديث والإفتاء- حتى شهد لي سبعون شيخا من أهل العلم أني موضع لذلك) ولم يترك مالك المدينة إلا للحج أو العمرة وتوفي في المدينة سنة ١٧٩هـ ودفن فيها.

قال الواقدي: (كان مجلس مالك مجلس وقار وحلم وكان رجلا مهيبا ليس في مجلسه شيء من المراء واللغط ولا رفع صوت إذ سئل عن شيء فأجابه سائله لم يقل له أين رأيت هذا وكان له كاتب قد نسخ كتبه يقال له حبيب يقرأ للجماعة فليس أحد ممن حضر يدنو منه ولا ينظر في كتابه ولا يستفهمه هيبة وجلالا).

ولمالك في مجالسه دوران، فهو محدث وهو مفت ومستنبط وقيل في إفتائه وسعة علمه (لا يفتى ومالك بالمدينة) مجلسه يضم شيوخا أجلاء وعلماء كبار يأخذون عنه ويناقشونه المسائل الشرعية.

أما اعتماد مالك في فتاويه، فكان على القرآن الكريم أولا وهو أساس التشريع عنده كما عند الحنفية يلي ذلك سنة رسول الله ( ص) وعمدتها كبار

المحدثين من علماء الحجاز وهو يعطي أهمية كبرى لما جرى عليه العمل في المدينة ولا سيما عمل الأئمة وهو عند المالكية مصدر من مصادر التشريع وقد أكده الإمام مالك في مجادلته مع فقيه مصر- الليث بن سعد في مسألة (حجية عمل أهل المدينة) ويعتمد المالكية القياس إذا لم يكن هناك نص أو سنة.

وكان الخليفة المنصور قد طلب من الإمام مالك أن يضع كتابا يتضمن أحاديث الرسول (ص) وأقضية الصحابة ليكون قانونا تطبقه الدولة في كل أقطارها بدلا من ترك الأمر لخلافات المجتهدين والقضاة والفقهاء وبعد أن اقتنع مالك برأي الخليفة المنصور عكف على تصنيف الكتاب، فأخذ يكتب وينقح ويحذف إلى أن أسمى كتابه (الموطأ) وقد أستمر في تنقيح كتابه سنين طويلة حتى أنجزه في خلافة هارون الرشيد فأراد أن يعلق كتاب الموطأ في الكعبة ولكن الإمام مالك بن أنس أبى.

إن مرويات مالك وتعليمه إياها وفتاويه في الواقع كل ذلك وما إليه يؤلف مذهبا أو مدرسة فقهية لها في التفكير والتطبيق منهجها الذي يلائم عصرها وتوجه إليه بيئتها الطبيعية والمعنوية ولهذا المذهب في تاريخ الفقه الإسلامي ثم تاريخ الفقه الإنساني مكانة فقد اتصلت مع مدارس الفقه الإسلامي الأخرى المشهورة وغير المشهورة فالشافعي تتلمذ لمالك، ومحمد بن الحسن صاحب ابن حنيفة له رواية خاصة لموطأ مالك وقد تهيأت الأسباب الاجتماعية والسياسية لانتشار المذهب المالكي في أقصى المشرق كما انتشر في مصر وسواها، وبقي إلى هذا اليوم أحد المذاهب الأربعة الكبرى المشهورة.

## مسكويه (٣٢٠-٤٢١هـ)

أحمد بن محمد بن يعقوب، أبو علي الملقب مسكويه، ويطلق عليه اسم أبي علي الخازن، وقد أختلف المؤرخون في تحديد اسم مسكويه، وهل كان لقبا له أم لجده فإذا كان لجده وجب أن يكتب ابن مسكويه وان كان له يكتب مسكويه فقط، وقد

رجح بعض هؤلاء المؤرخين أن يكون مسكويه لقبا له وإن كان البعض الأخر يرى أن مسكوية قد يكون في الأصل مسكويه وهو لقب لجده.

صحب مسكويه أبا الفضل محمد بن العميد وزير ركن الدولة أبي علي الحسن بن بولية الديلمي، وكان تولى له في سنة ٣٣٨هـ إذ يروى مسكويه عن نفسه أنه صاحب ابن العميد سبع سنين لازمه فيها ليلا ونهارا، إذا اتخذه أبو الفضل خازنا لكتبه واستمر مسكويه في خدمة ابن العميد حتى وفاته ببغداد في سنة ٣٦٠هـ ثم خدم بعده ابنه أبا الفتح على بن محمد بن العميد، وقد ظل أبو الفتح وزيرا لركن الدولة الحسن بن بويه والد عضد الدولة ومؤيد الدولة إلى أن توفي سنة ٣٦٦هـ وتولى بعده مؤيد الدولة وقد استوزر أبا الفتح أيضا إلى أن انتهت حياته بتغير مؤيد الدولة عليه، ثم لحق مسكويه بعده بخدمة عضد الدولة بعد وفاة مؤيد الدولة سنة ٣٧٣هـ واستمر مسكويه في خدمة بني بويه وكان على صلة وثيقة بهم خصوصا بهاء الدولة أبي نصر بن عضد الدولة (ت سنة ٤٠٣هـ).

ويظهر أن مسكوية عمر طويلا وتوفي في صفر سنة ٤٢١هـ أو قبل ذلك بقليل على أن المرجح أن يكون تاريخ مولده في سنة ٣٢٠هـ وسبب ذلك أنه صحب الوزير المهلبي وزير معز الدولة وبما أن الوزير المهلبي تولى الوزارة سنة ٣٣٩هـ وتوفي في أواسط سنة ٣٥٢هـ فلا يمكن أن يكون مسكويه قد نادمه وهو دون العشرين، بل من المرجح أن يكون مسكويه آنذاك في العقد الثالث من عمره، ولهذا يستصوب أن يكون تاريخ مولده في حدود سنة ٣٢٠هـ

كان مسكويه طبيبا خبيرا بصناعة الطب جيد الإحاطة بأصولها وفروعها،وكان مؤرخا قديرا، وعالما أخلاقيا بارعا، وقد كان له أيضا مشاركة حسنة في العلوم اللغوية والأدبية والعلوم القديمة غير أن ابن سينا قد نسبه إلى عسر الفهم.

ويرى مسكويه في الله رأي الفلاسفة الإلهيين والمعتزلة بأن الله صانع العالم موجود بالذات وأن العامل موجود بالعرض خلقه الله من لا شيء والله (صانع العالم) يعرف بطريق السلب لا بطريق الإيجاب وهو واحد.

والنفس عند مسكويه كالنفس عند الفلاسفة الإلهيين والمعتزلة ليست بجسم ولا عرض تدرك الموجودات كلها إدراكا عاما غير متصل بعضوا مخصوص في البدن وهي غير الحياة والنفس جوهر حي باق ولها حال من الكمال ينال في الدنيا حتى تنال النفس سعادتها في الآخرة وإذا استكمل الإنسان الحكمة النظرية (المنطق وما بعد الطبيعة) والحكمة العملية (السياسة والأخلاق) لقد استحق أن يسمى حكيما وفيلسوفا وقد سعد السعادة التامة.

ويرى مسكويه أن الإنسان عالم صغير وقواه متصلة، وفيه ونظائر جميع ما في العالم الكبير والحواس الخمس في الإنسان لها بالإضافة إلى قواها المختصة بها حاسة حاسة، حس مشترك جامع يؤلف بينها ومن خصائص الحس المشترك أن يقبل الصور من الحواس دفعة واحدة، بلا زمان ولا تجزئة ولا انقسام ولا تختلط الصور فيه ولا تتزاحم.

وترتقي هذه القوة (الحس المشترك) إلى قوة تسمى المتخيلة في مقدمة الدماغ، وترتقي هذه القوة المتخيلة في إنسان ما حتى تجاوز حدها المألوف في معظم البشر فلا يبقى هذا الإنسان بهذا الرقي إلى هذه الدرجة، أنسانا، بل يصير ملكا كريما، فإذا هو أدام التفكير بعد أن يصل إلى هذه المرتبة يقوى هاجسه ويحتد نظره وتلوح له الأمور الإلهية واضحة جدا.

وجمع مسكويه في كتاب (تهذيب الأخلاق) أقوال الفلاسفة القدماء أمثال بقراط وفيثاغورس وأفلاطون وأرسطو طاليس وفرفوريوس ثم ضم إليها أشياء قليلة من الإسلام ومن الشعر العربي وأراد أن تستخرج منها كلها نظاما أخلاقيا اجتماعيا وعمليا يصح اتخاذه دستورا في الحياة.

ويقول مسكويه إن غاية الأخلاق أن تصدر الأفعال عنا جميلة بلا كلفة ولكن بصناعة وترتيب تعليمي أي يفهم لما نفعل ولأسباب ما نفعل والأخلاق تابعة للنفس لا للجسد ولا يمكن أن تحصل الفضائل فينا إلا بعد إزالة أضدادها (أي الرذائل) من النفس والإنسان يتعلم الفضائل إما من التشبه بالطبيعة إذا كان مدركا، أو من الشريعة التي تقوم الأطفال وتعلمهم الأخلاق المُرضية، أو بالتقليد من الأبوين، والناس متفاوتون في الاستعداد لقبول الآداب كما أن الأخلاق قابلة للتغير.

ومن مؤلفات مسكويه الأخرى هي (كتاب أنس الفريد) ويشتمل على أخبار وأشعار وحكم وأمثال و(كتاب تجارب الأمم) في التاريخ ابتدأ فيه من الطوفان وانتهى به إلى سنة ٣٦٩هـ (كتاب الاشرية) و (كتاب في الأدوية المفردة) و (كتاب الفوز الصغير) (كتاب الفوز الكبير) ويقصد أن يكون تفصيلا وزيادة على ما في كتاب الفوز الصغير و (كتاب الجامع) و (ترتيب العادات) في السياسة والأخلاق.

## المعري (٣٦٣-٤٤٩هـ)

هو أبو علاء احمد بن عبد الله بن سليمان بن محمد المعري ولد في معرة النعمان في شمالي الشام في سنة ٣٦٣هـ/٩٧٣م وقبل أن يتم السادسة فقد بصره، ونشأ المعري في المعرة وأخذ عن أبيه شيئا من اللغة والنحو والأدب ثم أخذ الحديث خاصة عن نفر من أهله منهم أبوه وجده وأخوه وجدته.

ودخل المعري وهو لا يزال حدثا إلى حلب فقرأ الأدب والنحو على عدد من أهل القلم فيها، ثم قرأ على بعض مشاهير المعرة كثيرا من العلوم الدينية والعربية ورجع المعري من حلب إلى المعرة سنة ٣٨٤هـ وانصرف إلى المطالعة والتكسب بالشعر ثم ترك التكسب وقصر شعره على مراسلة اخوانه من الأدباء وعلى رثاء عدد من أقاربه ثم على القوم في أغراض وجدانية بحتة.

ويظهر أن حياة المعري في المعرة لم تكن مترفة برغم وجاهة أهله، وظل عبء الحياه على عاتق المعري خفيفا حتى توفي أبوه سنة ٣٩٥هـ فضاقت الدنيا بالمعري في المعرة ماديا ونفسيا فزار بغداد استزاده للعلم وتكسبا للمال ومع أن المعري لقي في بغداد إكراما كثيرا فقد لقي أيضا ما ساءه، فيذكر بأنه جرى ذكر المتنبي في مجلس الشريف المرتضى أخي الشريف الرضي وكان المعري يتعصب للمتنبي ويزعم أنه أشعر المحدثين فغضب المرتضى وأمر بالمعري فأخرج من المجلس مسحبا برجليه.

ترك المعري بغداد سنة ٤٠٠هـ عائدا إلى المعرة فلما حل بالمعرة عرف بأن أمه قد ماتت فتفجع لموتها واستقر في نفسه بعدها نفور من الدنيا جديد، فاعتزل في بيته وانقطع إلى الدرس والتدريس ثم انقطع عن أكل اللحمان وسائر ما يخرج من الحيوان كاللبن والبيض والعسل، وسمى نفسه كما يذكر أكثر قدماء المؤرخين ومحدثيهم رهين المحبسين (البيت والعمى).

وقضى المعري النصف الثاني من حياته بالمعرة في (تسبيح الله وتحميده) كما يقول هو عن نفسه، وفي التأليف والتدريس ويبدو ان تقشفه لم يكن من فقر فحسب فإن الدنيا أقبلت عليه فيم بعد وتذكر المصادر كلام كثير على أن المعري كان يحبو نفرا من المحتاجين مالا وينفق على الطلاب الذين كانوا يومونه للاستفادة من علمه، وتوفي المعري في سنة ٤٤٩هـ/١٠٥٧م بالمعرة.

كان المعري يأخذ بالتقية الفكرية فهو لا يحب أن يصرح بجميع آرائه لاعتقاده أن ذلك مضربة، فقد يناله من العامة ومن بعض الخاصة والتصريح بكل شيء مضر بالعامة وببعض الخاصة أيضا فان الناس يتعايشون بالوازع الاجتماعي وكثيرا ما كان الوازع الاجتماعي مخالفا للحقيقة الفلسفية، فإذا نحن صرحنا بالحقيقة الفلسفية المناقصة للوازع الاجتماعي أفسدنا ذلك الوازع ولم نستطيع أن نحمل أولئك العامة على أن يدركوا تلك الحقيقة الفلسفية، وهذه التقية كانت دليل التشاؤم في

المعري والتشاؤم ليس عند تحقيق من الفلسفة ولكنه يأس وقنوط من الحياة، ويرى أن لمزاج الإنسان أثر كبير في توجيهه نحو التشاؤم أو التفاؤل.

ويرى المعري أن (ماهيات الأمور) محجوبة عن إدراكنا ونحن لا نفرق إلا مظاهر الأمور الطبيعية ( المادية) أما ما وراء تلك المظاهر الطبيعية كالنفس والخلود والثواب والعقاب فليس لنا عليه دليل يجيز لنا أن نثبت شيئا من ذلك أو أن ننفيه: أن الوصول إلى حقائق الأشياء غير ممكن.

وقصد المعري من مبدأ الشك (الفلسفي) هو الارتياب العام بصحة الأحكام المتعلقة بالأمور التي تقع وراء نطاق الاختبار الإنساني ثم أننا لا نستنتج الأحكام في نطاق الاختبار الإنساني نفسه استنتاجا عقليا ولكننا نعزى عن غير طريق العقل بالاعتقاد بها فإذا كنا نعتقد مثلا أن النار تسخن الأشياء وأن الماء ينعش الكائنات الحية فما ذلك إلا لأن كل اعتقاد مخالف لهذا الاعتقاد الذي تعودناه وألفناه بعوامل مختلفة يكلفنا عناء عظيما من التفكير الشخصي.

ويرى المعري أن حقائق الأمور الماورائية ليس بذي نفع للناس فعلى الناس أن يسلكوا في حياتهم العملية سلوكا نافعا لأنفسهم وللذين يعيشون معهم وعلى الإنسان إلا يتكلف تصنيف الناس تصنيفا عقليا يحمله على أن يقف من صنف منهم موقفا معينا.

ويعتقد المعري أن من أتبع عقله لم يضل، هذا إذا كان له عقل! أما إذا لم يكن له عقل فهو يعمل أعماله بالتقليد، ولم يكتف المعري بأن يحكم العقل في الأمور التي جرت العادة بتحكيمه فيها، بل أراد ان يكون العقل حكما في كل شيء وتبرز هذه الدعوة إلى الاهتداء بنور العقل والفكر في أكثر الأغراض التي تناولها المعري في لزومياته حتى في العبادات.

والمعري وطيد الإيمان بالله مطمئن إلى إيمانه، وهو لا يحاول أن يعرف الله من طريق علماء الكلام (بالجدال) بل بالاقتناع الوجداني القائم على أن وجود هذا العالم المنظم يقتضي وجود صانع حكيم له.

غير أن المعري لا يؤمن بالملائكة والجن والشياطين ولا بالمعجزات ذلك لأنه عمره الطويل لم يشعر بوجود هؤلاء ولأن العقل لا يدل على وجودهم إلا أن المعري لا ينكر أن يكون الله قادرا على أن يخلق أمثال هؤلاء.

ويحمل المعري على أصحاب الأديان والمذاهب والطرق الصوفية من المسلمين ومن غير المسلمين وينسبهم إلى قلة التقوى والى أنهم يموهون على عوام الناس بذلك استغلالا لهم وتكسبا للمال الذي ينفقونه على حاجاتهم وشهواتهم، وبينما نجد أصحاب الأديان يدعون بأفواههم إلى الخير والسلام يجدهم يتنازعون ويتقاتلون.

والأخلاق عند المعري ليست مصانعة الناس ولكنها ذاتية في أعمال البشر، فالمرء يجب أن يفعل الخير لأن فعل الخير نفسه جميل لا لأن المرء يرجو عليه ثوابا أو يخشى من الإضراب عنه عقابا فالمعري من أجل ذلك مثالي النظر إلى الأخلاق ثم هو لا يرى فرقا بين الأخلاق والدين.

وللمعري خمسة أثار أدبية وفكرية هي: سقط الزند: وهو ديوان شعر في المدائح والمراثي وعدد من الأغراض الوجدانية. (ضوء السقط على سقط الزند) وهو مشرح لسقط الزند صنعه المعري بنفسه. (مجموع رسائل في أغراض شتى) هذا المجموع مهم لمعرفة حياته وجلاء عدد من الجوانب في اتجاهه الفكري (رسالة الغفران) وهي رسالة كتبها المعري جوابا على رسالة وردته من صديق له هو أبو الحسن علي بن منصور وهو من أئمة الأدب كان يتحامل على بعض الأدباء والشعراء ومع أن في رسالة الغفران عددا من الجوانب الفكرية فإن الأسلوب الأدبي

والاتجاه اللغوي غالباً عليها. اللزوميات وهو ديوان شعر نظمه المعري في عزلته بعد سنة ٤٠٠هـ وطواه على جميع آرائه الفلسفية الاجتماعية ثم رتبة على القوافي.

## واصل بن عطاء (٧٠-١٣١هـ)

ولد أبو حذيفة واصل بن عطاء في المدينة سنة ٧٠هـ/٦٨٩م ويبدو أنه انتقل إلى البصرة وهو في نحو العشرين من عمره ولازم حلقة الحسن البصري وكان واصل مع هدوئه غزير العلم حاضر البديهة بليغا مقتدرا في الجدل وكان عظيم الإحاطة بمقالات أصحاب الديانات والمذاهب.

وواصل بن عطاء رأس المعتزلة لم يعرف (اسم المعتزلة) بهذا المعنى الفلسفي قبل اعتزاله هو حلقة الحسن البصري نحو سنة ١٠٠هـ ولم تعرف أراء المعتزلة في نسق من الجدل الكلامي قبل ذلك الحين وكان واصل بن عطاء شديد الدفاع عن آرائه نشيطا في نشرها حتى أنه كان يبعث الرسل إلى الأقطار وكانت وفاة واصل في البصرة سنة ١٣١هـ/٧٤٩م.

إن عددا من المتكلمين الأولين، من الخوارج والمرجئة والشيعة ومن المفكرين الآخرين، قد سبقوا واصلا إلى عدد من آرائه ولكن واصلا هو الذي جعل من هذه الآراء مذهبا قائما إلى جانب المذاهب التي تبلورت في مطلع العصر الأموي كمذهب الخوارج والمرجئة والشيعة.

ومن أراء واصل، نفي الصفات، فلم يجز واصل ان نصف الله بصفات فنقول هو عالم أو حي أو قدير أو مريد لأننا لو نسبنا إحدى هذه الصفات إليه لوجب أن تكون فيه قديمة، (منذ الأزل منذ وجوده هو) فيكون عندنا حينئذ قديما (الله وصفته) ولا قديم إلا الله، فاذا نحن أجزنا نسبته الصفات إلى الله فكأننا أجزنا قديمين أو ثلاثة قدماء أو أربعة ... الخ. فكأننا قد عددنا الآلهة.

ويقول واصل أن العبد هو الفاعل الخير والشر والإيمان والكفر والطاعة والمعصية ( أي الإنسان حر مخير) وهو المجازى على فعله (أي المحاسب عليها

يوم القيامة يثاب على ما أحسن ويعاقب على ما أساء) وأن الله قد جعل الإنسان قادرا على جميع الأحوال والإنسان هو الذي يختار ما يفعله خيرا أو شرا بإرادته وقدرته.

لقد كان الخوارج يقولون إن مرتكب الكبيرة كافر يعاقب يوم القيامة بالدخول إلى النار، وقال المرجئة إن المؤمن يظل عندهم مؤمنا مهما ارتكب من الذنوب وان الله تعالى هو الذي سيحكم في أعمال العباد يوم القيامة.

فوقف واصل بين الفريقين بين الخوارج والمرجئة وقال إن مرتكب الذنب الكبير ليس كافرا (كما يقول الخوارج) ولا هو مؤمن (كما يقول المرجئة) ولكنه في منزلة بين المنزلتين (بين الإيمان والكفر) وتعليل ذلك عند واصل أن الإيمان مجموع من صفات الخير، فإذا أرتكب المؤمن ذنبا كبيرا فإنه يكون قد فارق إحدى صفات في الإيمان فنقص إيمانه ولكنه يظل محافظا على عدد من صفات الإيمان فلا يجوز لنا أن نعده كافرا، من أجل ذلك لا يبقى مرتكب الكبيرة مؤمنا مطلقا ولا يصير كافرا مطلقا بل يصبح فاسقا أي في منزلة بين المنزلتين: بين الإيمان المطلق والكفر المطلق.

ويذكر ان لواصل بن عطاء عددا من الكتب منها: كتاب أصناف المرجئة، وكتاب التوبة، كتاب بين المنزلتين، كتاب معاني القرآن، كتاب الخطب في التوحيد والعدل، كتاب ما جرى بينه وبين عمرو بن عبيد، كتاب السبيل إلى معرفة الحق، غير أنه لا يعرف اليوم لواصل بن عطاء كتابا باقيا.

عباقرة
التاريخ والجغرافيا

## الإدريسي (٤٩٣-٥٦٠هـ)

هو محمد بن عبد الله، جغرافي ورحالة عربي ولد في مدينة سبتة بالمغرب الأقصى في سنة ٤٩٣هـ وينتسب إلى شجرة الشرفاء الإدريسية من بني حمود الأندلسيين الذين طالبوا بحقهم في الخلافة، ويمت بنسبه هذا إلى الحسن بن علي بن أبي طالب (رضي الله عنهما) لذلك أشتهر باسم الشريف الإدريسي والمعروف أن جده الأكبر إدريس بن عبد الله بن الحسن هرب من الحجاز إلى المغرب الأقصى حيث أسس دولة الأدارسة هناك عام ١٧٢هـ ولم يستطع بنو حمود أجداده الحفاظ على سلطانهم في مالقة فعادوا إلى سبته في القرن الخامس الهجري، وفيها ولد الأدريسي وتلقى علومه الأولى غير أن الصلات ظلت قائمة بين أسرة الإدريسي والأندلس فانتقل محمد الأدريسي إلى قرطبة صغيرا ونشأ فيها ودرس في جامعتها العلوم والرياضيات وبرز في التاريخ والجغرافية ولمع أسمه في قرطبة حتى دعي بالقرطبي.

أولع الإدريسي بالأسفار منذ أن شب عن الطوق فقام بسلسلة من الرحلات إلى بلدان عدة وطوف بالأندلس ولشبونة وسواحل فرنسا والجزر البريطانية وزار المغرب ومصر والشام والأناضول واليونان فاكتسب في رحلاته تلك الخبرة والمعرفة وتعرف مراكز الطرق التجارية باستماعه أخبار التجار من عرب وروم وغيرهم وشجعه أقرباؤه من آل حمود على زيارة صقلية عام ٥٣٢هـ وقدموه إلى ملكها النورمندي روجار الثاني (٥٠٥-٥٤٩هـ) فحظي عنده بالإكرام ونشأت بين الاثنين مودة وطلب الملك منه وضع كتاب وخريطة للعالم يعرف بهما موقعه منه، فمكث الإدريسي في صقلية نحو عشرين عاما صنع للملك في أثنائها كرة أرضية من صفائح الفضة وألف كتابه المشهور (نزهة المشتاق في اختراق الآفاق) وكتبا أخرى ثم عاد إلى سبتة مسقط رأسه وأقام فيها إلى وفاته في سنة ٥٦٠هـ.

كان الإدريسي يسمى جغرافيا رائدا دقيق الملاحظة واسع المعرفة ويتصف منهجه بمحاولة التقريب بين الجغرافية والوصفية والفلكية، والوصف غالب على مؤلفاته ويبدو ذلك جليا عندما وصف الأرض بأنها معلقة في الفضاء (كالمخ في البيضة) وتصورها على هيئة كرة محيطها اثنان وعشرون ألفا وتسعمائة ميل، واتبع الإدريسي منحنى بطليموس بتقسيمه الأرض إلى سبعة أقاليم وهي أحزمة عريضة فوق خط الاستواء غير أن الجديد عند الإدريسي أنه قسم الأقاليم السبعة إلى أجزاء رأسية عددها سبعون جزءا، وجعل لكل جزء خريطة مسطحة وضعها الواحدة إلى جانب الأخرى مبتدئا من الغرب إلى الشرق وربط بها الأجزاء كلها بعضها إلى بعض فإذا جمعت الخرائط السبعون تكونت خريطة عامة لكل العالم.

وقد أفاد الإدريسي من ملاحظات من سبقه وعاصره مثل بطليموس واليعقوبي وابن حوقل وأفاد منه كثيرون: كابن سعيد المغربي الذي عاش في النصف الثاني من القرن الثالث عشر ونقل عن الإدريسي ما كتبه عن أوربا والبلاد الأخرى وكذلك أبو الفدا (ت ٧٣٢هـ) الذي عاش في بداية القرن الرابع عشر وتولى ميلر طبع القسم الأكبر من خرائط الإدريسي فاستخرج منها خريطته الشهيرة عام ١٩٣١، وقد مر وقت كان الإدريسي فيه سفير الأدب الجغرافي العربي في أوربا ومؤسساتها العلمية حتى أطلق عليه اسم (استرابون العرب) .

أما أهم آثار الإدريسي فهو كتابه الشهير (نزهة المشتاق في اختراق الآفاق) الذي أنجزه عام ٥٤٨هـ في بلاط ملك صقلية روجار الثاني والحق به بخرائط توضيحية للأقاليم السبعة المعروفة آنذاك إضافة إلى خريطة مسطحة للعالم رسمها على هيئة دائرة في مطلع الكتاب وقسمها طولا إلى عشرة أجزاء متساوية تبدأ من القطب الأعلى (الجنوبي في علوم ذلك العصر) وتنتهي عند القطب الأسفل وتقطعها خطوط عريضة فتؤلف ما يشبه المستطيلات (على نحو ما هو منبع اليوم في المرتسمات الحديثة) وقد أهدى الإدريسي كتابه إلى ملك صقلية فعرف بالكتاب

الروجاري أو كتاب روجار. ويعد الكتاب أفضل رسالة جغرافية كتبت في العصور الوسطى وهو من أوسع الكتب الجغرافية باللغة العربية شهرة في أوروبا وقد ترجم إلى الإيطالية واللاتينية والفرنسية والألمانية وغيرها، وطبع طبعات متعددة أقدمها الطبعة العربية التي صدرت في مطبعة آل مدينشي في روما سنة ١٥٩٢م باسم (نزهة المشتاق في ذكر الأمصار والأقطار والبلدان والجزر والمدائن والآفاق).

كذلك ألف الإدريسي وهو في بلاط النور منديين كتاب (روض الأنس ونزهة النفس) الذي أخذ عنه أبو الفداء في تقويم البلدان وذكره باسم (كتاب الشريف الإدريسي في الممالك والمسالك) ويقول الشاعر ابن بشرون الصقلي المعاشر للشريف الإدريسي أن هذا المؤلف الثاني وضعه الادريسي بناء على طلب وليم الأول خليفة روجار الثاني أما الكرة الأرضية فقد صنعها الإدريسي من صفائح الفضة بطلب من روجار الثاني وتمويل منه وبلغ وزنها ٤٠٠ رطل رومي وتعد عملا مبدعا في فن الخرائط إلى اليوم فهي تمثل تجسيما لصورة الأرض بأقاليمها السبعة رسمها أولا على الورق ثم نقشها نقشا غائرا على صفائح الفضة وزينها بالذهب ثم سطحها قليلا فجاءت خطوط العرب متباعدة والمقياس على خط الطول يتزايد بنسبة تزايده على خطوط العرض ويحصل تشويه في المساحة كلما ابتعدت نقاطها خط الاستواء وقد فقدت هذه الكرة منذ قرون ولا يعرف مصيرها.

## الاصطخري (القرن الرابع الهجري)

هو أبو أسحق إبراهيم بن محمد الفارسي المعروف بالكرخي أحيانا، وينسب إلى اصطخر وهي مدينة في فارس، ولم تأت المصادر إطلاقا على ذكر ولادته، ولا كيف عاش طفولته وصباه إلى أن وافاه أجله، فهو لم يتحدث عن نفسه في كتابه وكذلك فان معاصريه لم يكن لهم ذلك في ثنايا تأليفه ويرجح أن وفاته كانت في النصف الثاني من القرن الرابع الهجري.

والاصطخري من الجغرافيين الذين لم يطوفوا في البلدان طوافا طويلا ولا الذين وطئوا الأعمال وعاينوها ولكنه كان بلا ريب زائراً لبعض البلدان التي وصفها في كتابه من مثل ما جاء عن مكة فهو يقول (وليس بمكة ماء جار، إلا شيء بلغني بعد خروجي عنها أنه أجري إليها من عين كان عمل فيها بعض الولاة فاستتم في أيام المقتدر أمير المؤمنين). ويذكر أنه رأى في مدين البئر التي استقى منها موسى عليه السلام لسائمة شعيب وكانت مغطاة قد بني علياه بيت ولم يشر الاصطخري إلى المصادر التي نقل عنها ولا عمن سمع منهم وإنما يكتفي بقول بلغني كذا وكذا، مما جعل البعض يتهمه بأن كتابه المسالك والممالك ليس سوى نسخة حديثة لمصنف أبي زيد البلخي المتوفى سنة ٣٢٢هـ.

ويهتم الاصطخري بالخريطة الجغرافية اهتماما بالغا فهي عنده أساس الدراسة الجغرافية وهذا أساس الجغرافية الحديثة إذ يتخذ للعالم المعروف على زمنه خريطة يفتتح بها الكتاب ليعرف من يطالع عليه موقع الإقليم الذي يصفه، وهذا هو المنهج الجغرافي الصحيح المتبع حديثا، ونجده يقدم عذره عن أنها لم تتسع لما يستحقه كل إقليم من مقدار الطول والعرض والاستدارة والتربيع والتثليث.

ويبدأ الاصطخري كتابه بالمقدمة يشرح فيها الغرض من التأليف والمنهج الذي سار عليه في تأليفه ثم الأقسام التي قسم بلاد الإسلام على أساسها ثم يدرس الخريطة السياسية للعالم المعروف آنذاك أي صورة الأرض عامرها والخراب مقسمة على الممالك وهو يرى أن ممالك الأرض أربع هي:

١- مملكة الصين: ويدخل فيها سائر بلدان الأتراك وبعض التبت ومن دان بدين أهل الأوثان منهم.

٢- مملكة الهند: ويدخل فيها السند وكشمير وجزء من التبت ومن دان بدينهم.

٣- مملكة الروم وفيها الصقالبة وسائر الأمم ممن دان بالنصرانية إلى بلاد الروم.

٤- مملكة الإسلام.

بالإضافة إلى الخريطة السياسية لا يغفل الاصطخري الناحية الطبيعية من الجغرافية فقد ذكر في كتابه أن العالم قسمان جنوبي وشمالي والخط الفاصل بينهما هو الخط الممتد من الخليج الـذي يأخـذ مـن هذا المحيط بأرض المغرب والأندلس أو بعبارة أخرى الخط الذي يمتد من طرف شبه جزيرة كوريا حتى مضيق طارق أي خط عرض ٣٥ شمالا على وجه التقريب والأقاليم التي تقع في شمالي هذا الخط أميل إلى البرودة وهو تقسيم فيه من الصحة الكثير في حدود العالم الذي كان معروفا في زمنه.

## ابن الأثير (٥٥٥-٦٣٠هـ)

علي بن محمد بن محمد بن عبد الكريم الشيباني الجزري، عز الدين المؤرخ ولـد في جزيـرة ابن عمر سنة ٥٥٥هـ وكان أبوه محمد متولي ديوان المدينة من قبـل قطب الـدين محمـود بـن زنكي صاحب الموصل، ثم تولى الخزانة فيها أيضا ولما استولى نور الدين محمود بن زنكي علـى الموصل بعد وفاة قطب الدين سنة ٥٦٥هـ لا يعلم ان كان محمد قد بقي متوليا ديوان المدينة والخزانة لنور الدين محمود وهكذا نشأ عز الدين في بيت جاه وثراء.

وانتقل عز الدين مع والده وأخويه إلى الموصل وفي الموصل التي كانت مـوئلا للعلم وملتقـى للعلماء والأدباء أتصل عز الدين بالشيخ أبي الحرم مكي بن ريان بن شبه النحوي المقرئ ولازمه، وفي الموصل أيضا أخذ عن خطيبها أبي الفضل عبد الله بن أحمد الطوسي وخطيبها عبد المحسـن بـن عبـد الله الطـوسي ويحيى ابن محمود الثقفي ومسلم بن علي السخي.

ولما شهر عز الدين في العلم ونبه ذكره اتصل بحكام الموصل فأرسله بدر الدين رسولا إلى خليفـة بغداد والظاهر أن عز الدين وجد في بغداد آفاقا جديدة فقد اتصل بالكثير من علمائها وأخذ عـنهم مثـل عبد المنعم بن كليب وعبد الوهاب بن

سكينة وأبي حفص عمر بن محمد بن طبرزد البغدادي المحدث ويعيش بن صدقة وأبي محمد عبد الله بن علي بن عبد الله بن سويدة التكريتي المحدث.

وفي الموصل التي استوطنها كان منزله محجة أهل الفضل والواردين عليه وكان هو يتردد إلى صاحب الموصل نور الدين يقرأ له التواريخ في شهر رمضان في حين كان أخوه مجد الدين يكتب لأمرائها ثم رحل عز الدين من الموصل إلى حلب ونزل ضيفا عند الطواشي شهاب الدين طغربل الخادم وكان أتابك الملك العزيز ابن الملك الظاهر صاحب حلب ثم انه سافر إلى دمشق سنة ٦٢٧هـ وكان صاحبها الملك الأشرف وفي دمشق سمع عز الدين الحديث من أبي القاسم بن صصرى وزين الأمناء ابن عساكر، ثم عاد إلى حلب سنة ٦٢٨هـ وفي أثناء مقامه فيها تردد إليه أن خلكان فأكرمه ابن الأثير بالغ الإكرام واجتمع هناك أيضا بياقوت الحموي ابن هذا الأخير إلى الوزير القفطي. وفي آخر سنة ٦٢٨هـ ترك عز الدين حلب عائدا إلى الموصل وبقي فيها يهب العلم لمن تردد إلى داره إلى أن توفي في سنة ٦٣٠هـ وكان له من العمر خمس وسبعون سنة ودفن في الموصل.

إن مصنفات أبن الأثير دارت وظهرت في علمين جليلين علم الحديث وعلم التاريخ على أن شهرته علت في مؤلفاته التاريخية وذلك أن تواليفه التي أثرت عنه هي في التاريخ بمفهومه الإسلامي وما يلحق به، أما مصنفات ابن الأثير فهي: الكامل في التاريخ، اللباب في تهذيب الأنساب، أسد الغابة في معرفة الصحابة، ألفه في الشام بطلب من جماعة من أعيان المحدثين فيها، تاريخ الدولة الاتابكية ألفه عن الموصل واتابكتها والباهر من أخبار الدولة الزنكية لم تذكره المصادر وذكره في الكامل في التاريخ. وصنف ابن الأثير كتابه الكامل في التاريخ فابتدأ فيه من أول الزمان إلى آخر سنة ٦٢٨هـ أي قبل وفاته بسنتين ولا يذكر عز الدين مصادر مادة كتابة في الكامل سوى الطبري في تاريخه الكبير ولما كان الطبري قد توفي سنة ٣١١هـ وأحداث الكامل تصل إلى نهاية سنة ٦٢٨هـ فمعنى هذا أنه اعتمد

مصادر أخرى ككتاب البرق الشامي في تاريخ الدولة الصلاحية للعماد الكاتب وكتاب مسارب التجارب للبيهقي وكذلك نقل عن البلاذري والمسعودي وغيرهم وهكذا بالكامل خلاصة انتقاها عز الدين لكتب التاريخ التي وضعت قبل زمنه وفي عصره.

وقد أصبح الكامل مصدرا أساسيا للمؤرخين الذين تلوا ابن الأثير فقد أثر من أرخ بعد ذلك كأبي الفدا في تاريخه والذهبي في التاريخ الكبير وأخذ عنه أبن كثير في كتابة البداية و النهاية وقد نقله نجم الدين الطارمي إلى اللغة الفارسية في القرن التاسع الهجري.

## ابن بطوطة (٧٠٤-٧٧٩هـ)

شمس الدين أبو عبد الله محمد بن عبد الله بن محمد بن إبراهيم اللواتي نسبة إلى لواته احدى قبائل البربر، المعروف بابن بطوطة، ولد في طنجة سنة ٧٠٤هـ فقيل له الطنجي ومكث فيها إلى أن بلغ الثانية والعشرين، ومن ثم اندفع بدافع الإيمان والتقوى وكان رجلا تقيا ورعا إلى أداء فريضة الحج سنة ٧٢٥هـ ومن هناك ساقته محبته للأسفار إلى حمل عصا الترحال إلى التجوال في أصقاع العالم المعروف في عصره، فطاف في سوريا ومصر وجزيرة العرب وأفريقية الشرقية وآسيا الصغرى وروسيا الجنوبية فالهند والصين ثم الأندلس والسودان وتوفي ابن بطوطة في مراكش سنة ٧٧٩هـ وقد أطلق عليه الغربيون لقب أمير الرحالين المسلمين.

قام ابن بطوطة بثلاث رحلات وقد استغرقت في مجموعها نحو تسع وعشرين سنة، وكان أطولها الرحلة الأولى التي لم يترك في خلالها ناحية من نواحي المغرب والمشرق إلا زارها وكانت أطول إقامة له في بلاد الهند حيث تولى القضاء سنتين ثم في الصين حيث تولى القضاء سنة ونصف السنة وفي هذه الفترة وصف كل ما شاهدة وعاينه فيهما وذكر كل من عرفه من سلاطين ورجال ونساء

ووصف ملابسهم وعاداتهم وأخلاقهم وضيافتهم وما حدث في أثناء إقامته من حوادث وحروب وغزو وفتك بالسلاطين والأمراء ورجال الدين وكان ابن بطوطة في خلال إقامته هذه مندفعا بعاطفته الدينية إلى لزوم المساجد والزوايا فلم يدع زاوية إلا وزارها ونزل ضيفا عليها.

ولم يكن ابن بطوطة في أثناء تدوين رحلاته عالما لغويا ولا منشئا بديعا ولكنه كان رحالة يطوف البلاد والأصقاع، وعلى الرغم من ما آتى به في رحلاته من عجيب الخلق وغريب العادات فان قصص رحلاته كانت أطرف القصص وأجزلها نفعا من حيث تسجيل عادات الأقوام وتقاليدهم ولباسهم ومأكلهم ومشاربهم كما أن هذه الرحلة الطويلة امتازت بفوائد تاريخية وجغرافية لما ذكره فيها من وصف البلاد وجوها وتربتها وجبالها وبحارها ومن ضبط دقيق لأسماء الرجال والنساء والأماكن والمدن والزوايا وغيرها.

## ابن جبير (٥٤٠-٦١٤هـ)

محمد بن أحمد بن جبير بن سعيد بن جبير بن محمد بن عبد السلام الكناني الشذوني، اختلف المؤرخون في سنة مولده فقد جعلها لسان الدين بن الخطيب في سنة ٥٣٩هـ بينما جعلها المقري في سنة ٥٤٠هـ ثم وافق معظم المؤرخين المقري في ذلك على أن المؤرخين اتفقا على أن ولادته كانت ببلنسية على مصب نهر الوادي الكبير في البحر المتوسط ولكن بعض المؤرخين قالوا انه ولد بشاطبه وكان أبوه أحمد من كتاب شاطبه ورؤسائها ولا تذكر المصادر كيفية انتقال هذه الأسرة من شذونه إلى شاطبه في شرقي اسبانيا.

وعنى الوالد بابنه وأراد أن يصوغه على مثاله، فكان أول أستاذ له، ثم دفع به إلى المعلمين المحترفين فشغف الولد بالعلم مشغفا ولم يفارقه طيلة حياته، فكان يسعى إلى رجاله في كل مكان حط به فكان في قائمة أساتذته من لقيه بسبته ومكة وبغداد وحران ودمشق غيرها بالإضافة إلى علماء الأندلس وكانت العلوم التي عني

بها علوم الدين من فقه وحديث وقراءات وما اتصل بها من علوم اللغة والنحو الأدب.

ولما بلغ محمد السن التي تمكنه من الاستقلال بحياته، احترف مهنة الكتابة فعمل لبعض الأمراء من الموحدين الذين كانوا يسيطرون على المغرب والأندلس في ذلك الوقت وكان أشهر من اتصل به أبو سعيد عثمان بن عبد المؤمن الذي عقد له أبوه على ولاية سبته وطنجة في سنة ٥٤٩هـ.

ولم يشتغل محمد بالكتابة فقط بل درس أيضا وخاصة بعد رحلته الثانية إلى الشرق، ويظهر من خلال رحلاته حرصه على زيارة أضرحة أعلام الدين ولقاء المشهورين من رجاله الذين عرفوا بالتقوى، كل ذلك جعله يميل إلى الزهد وأخذ هذا الميل يزداد إلى ان جعله ينبذ الدنيا العريضة التي نالها بالأدب كما يقول المقري ويخلد إلى التصوف، وتوفي محمد بن جبير بالإسكندرية في أثناء رحلته الثانية إلى المشرق وكان ذلك في سنة ٦١٤هـ.

لم يقم محمد بن جبير برحلة واحدة بل قام بثلاث رحلات قصد فيها جميعا أداء فريضة الحج الذي كان مقصد جل الراحلين من المغرب إلى المشرق، والذي وهب الأدب العربي مجموعته من أجمل ما عرف من رحلات وخاصة إذا أضفنا إليه طلب العلم ولم يدون محمد أخبار هذه الرحلات الثلاث في كتابه بل قصره علي الرحلة الأولى وحدها.

وقد صرح محمد في صدر رحلته أنه لم يكن وحيدا فيها إذ كان احمد بن حسان القضاعي رفيقا له وبرغم هذا لم يشر إليه محمد في الرحلة غير ثلاث مرات وشرع محمد بن جبير ورفيقة في الرحلة بمغادرة غرناطة يوم الخميس المصادف شوال ٥٧٨هـ وانهياها بالعودة إليها يوم الخميس ٢٢ محرم سنة ٥٨١هـ فكانت مدتها عامين وثلاثة أشهر ونصفا، قضيا منها في الأندلس ١٨ يوما وفي المغرب ثلاثة أيام وعلى البحر الأبيض المتوسط شهرا، وفي العودة ثلاثة أشهر وفي مصر

نحو أربعة أشهر وفي البحر الأحمر تسعة أيام وفي شبة الجزيرة العربية نحو عشرة أشهر وفي العراق نحو شهر ونصف وفي الشام نحو ثلاثة أشهر ونصف وفي صقلية نحو ثلاثة أشهر ونصف.

وقد اهتم المؤرخون بهذه الرحلة فأكثروا من الرجوع إليها والاقتباس منها فاقتبس منها العبدري وخالد بن عيسى البلوي وابن بطوطة والمقريزي والفاسي والمقري، وأهتم بها أيضا المستشرقون (الإيطاليون خاصة).

## ابن الجوزي (٥١٠-٥٩٧هـ)

عبد الرحمن بن علي بن محمد بن علي بن عبيد الله بن عبد الله بن حمادي ابن أحمد بن محمد بن جعفر الجوزي، كنيته أبو الفرج ولقبه جمال الدين ويذكر أن جده الأكبر جعفر الجوزي منسوب إلى محلة بالبصرة تسمى محلة الجوزة أو إلى فرضة فيها يقال جوزة. ولد ابن الجوزي في بغداد سنة ٥١٠هـ وكانت بغداد آنذاك قد فقدت نفوذها السياسي في العالم الإسلامي، وأمست مركزا لخلافة دينية لبني العباس يسيطر عليها السلاطين من الأتراك والسلاجقة وقد تعرضت في زمن ابن الجوزي لمحن عظيمة فقد صادفت سنة ولادته حريقها الشهير سنة ٥١٠هـ ثم حدث سنة رضاعته ٥١١هـ زلزال عظيم يوم عرفة، وفي سنة ٥١٥هـ احترقت دار السلطنة كلها ببغداد ثم وقع زلزال آخر سنة ٥٣٨هـ ثم زلزلة سنة ٥٤٤هـ ثم كان الطوفان العظيم سنة ٥٥٤هـ فغرق قسم كبير من بغداد تحت الماء، ورغم هذا كله ظلت بغداد مدينة العلم والأدب ومحجة للعلماء وقد عاصر ابن الجوزي في مدى السنين السبع والثمانين التي عاشها أشهر أربعة وعشرين وزيرا.

ولقد قام ابن الجوزي بدراسة العلوم الدينية وبلغ عدد الشيوخ الذين أخذ عنهم أكثر من ثمانين شيخا ماعدا ثلاث سيدات عالمات هن فاطمة بنت الحسين الرازي وفاطمة بنت عبد الله الخيري، وفخر النساء الشهدة بنت احمد الأثري، وكان من شيوخه ابن الزاغوني وقد أخذ عنه الفقه والوعظ، وأبو بكر الدينوري الحنبلي،

وإبراهيم بن دينار النهروالي وعبد الوهاب بن المبارك الأنماطي وحاول ابن الجوزي أن يلم بعلوم أخرى بحيث كتب بعد ذلك في الأدب واللغة والتاريخ والطب.

وفي سنة ٥٤١هـ قام ابن الجوزي بحجة إلى مكة ثم قام ثانية بعد اثنتي عشرة سنة زار في أثنائها المدينتين وكانت شهرته قد ذاعت وعرف الناس مكانته فألقى عظة في كل من الجامعين الكبيرين فيهما وفي آخر خلافة المتقي (٥٣٠-٥٥٥هه) كان ابن الجوزي قد صنف وكتب كتبا كثيرة، ولكنها غرقت بسبب الطوفان الذي اجتاح بغداد سنة ٥٥٤هـ ودمر الضاحية التي كانت داره فيها، بحيث لما عاد ابن الجوزي بعد يومين لم يجد حائطا قائما في ضاحيته، ولم يستطع ان يعرف أين كانت داره.

وكان من حظ ابن الجوزي أن تولى الوزارة في خلافة المستنجد يحيى بن محمد بن هبيرة، وكان عالما شاعرا فكان ابن الجوزي يعظ في بيت الوزير نفسه، ولم يقتصر أثر ابن الجوزي في هذه الفترة على الوعظ في بيت الوزير ابن هبيرة، بل كانت له مجالس في الجامع الكبير، ومجالس في المدارس المختلفة التي تولى شيوخة التعليم فيها. وهكذا بلغ ابن الجوزي في هذه الحقبة شهرة ومكانة رفيعة، وفي سنة ٥٧٠هـ أقام حفلة كبرى حين أنهى تفسير القرآن الذي كان يمليه من على المنبر في الجامع لسنين عديدة، وكان بين الحاضرين جملة من الأعيان وكبار القوم فمنحه الخليفة المستضيء آنذاك جائزة وخلع عليه خلعة نفيسة، وفي سنة ٥٧٤هـ أكمل ابن الجوزي أكبر مؤلفاته وهو مصنفه الموسوم بـ(المنتظم في أخبار الملوك والأمم) ولم ينقطع طيلة هذه السنين عن الوعظ والتعليم والتصنيف في مواضيع شتى بحيث اصبح من أشهر الوعاظ ومن أعظم المؤلفين في الإسلام وأوفرهم تأليفا.

ولم تصف له الأقدار في آخر عمره، فقد تسلم الوزارة ابن القصاب سنة ٥٩٠هـ فأمر بنفي ابن الجوزي إلى واسط بسبب دعوى أقامها عليه بعض خصومه وأخذ في سفينة إلى واسط فحبس بها في بيت، ودام على ذلك خمس سنين

وفي السنة الأخيرة من سني منفاه قصد ابنه الأصغر يوسف، أم الخليفة الناصر والخليفة الناصر نفسه أيضا واسترحمهما فلبيا طلبه وأمرا بالإخراج عن أبيه وهكذا غادر ابن الجوزي منفاه شيخا في الخامسة والثمانين ولم يلبث أن توفي بعد سنتين وكان ذلك في سنة ٥٩٧هـ

وقد ألف ابن الجوزي كتب كثيرة وقيل إن عدد الكتب التي ألفها بلغت ثلاثمائة وأربعة وثمانين منها (٦٤) في التاريخ والجغرافية ومن هذه الكتب: أخبار النساء، تاريخ عمر بن الخطاب، التاريخ والمواعظ، الذهب المسبوك في سير الملوك، القرامطة، مناقب بغداد، سيرة عمر بن عبد العزيز، المنتظم في تاريخ الملوك والأمم، مولد النبي (صلى الله عليه وسلم)، الوفا بأحوال المصطفى.

## ابن خلدون (٧٣٢-٨٠٨هـ)

هو عبد الرحمن بن محمد بن خلدون يكنى بأبي زيد اكتسب كنيته هذه من اسم ابنه الأكبر (زيد) حسب ما جرت علية عادة العرب في الكنية، يلقب بأبي ولي الدين لقب به، حينما تولى منصب قاضي قضاة المالكية في مصر، فقد جرت العادة حينئذ ان يلقب من يتولى وظيفة قاضي القضاة بلقب رسمي خاص يمنحه السلطان إياه، يعرف بابن خلدون. وخلدون هذا كان اسمه خالد بن عثمان، أول من دخل الأندلس من أجداده الذي اشتهر فيما بعد باسم خلدون وفقا للطريقة التي جرى عليها حينئذ أهل الأندلس إذ كانوا يضيفون واوا ونونا إلى أعلام الدولة على تعظيمهم لأصحابها يوصف بالحضرمي، والحضرمي أصل ابن خلدون من عائلة حضرمية من عرب اليمن. يتصل نسبها بالصحابي وائل بن حجر ودخل خالد بن عثمان الأندلس مع جامعة من قومه بعد الفتح واستوطن بنو خلدون مدينة قرمونه ثم نزحوا بعد ذلك إلى إشبيلية وأقاموا فيها حتى قرب سقوط هذه المدينة في أيدي الإسبان فانتقلت تلك الأسرة إلى تونس واستقرت بها. وفي تونس ولد ابن خلدون في غرة رمضان سنة ٧٣٢هـ وتربى تحت إشراف أبيه حتى بلغ سن التعليم وقرأ القرآن

وعلوم اللغة العربية والفقه على أستاذه أبي عبد الله محمد بن نزال الأنصاري، ولازم شيوخ عصره منهم شمس الدين أبو عبد الله محمد بن جابر، وأبو عبد الله محمد بن إبراهيم وغيرهم من مشاهير علماء تونس لعهده، فدرس عليهم العلوم الشرعية والعربية والطبيعية والرياضية وعلم المنطق والفلسفة.

وجاء الطاعون الجارف فذهب بوالديه ومعظم المشايخ الذين كان ابن خلدون يأخذ عليهم العلم وهجر الكثير من المشايخ الآخرين الذين أفلتوا من هذا الوباء من تونس إلى المغرب الأقصى. ولكن ابن خلدون استمر على تحصيل العلم ملازما من بقي من المشايخ على قيد الحياة.

وهكذا كانت المرحلة الأولى من حياة ابن خلدون، تربى تربية عربية دينية إسلامية تعلم العلوم الشرعية وعلوم اللسان والفلسفة والعلوم العقلية وكانت مرحلة نشأه وتكوين قضاها كلها في تونس وكانت مدتها (٢٤) سنة.

إن أول وظيفة تولاها كانت وظيفة (كتابة العلامة) للوزير محمد بن تافراكين الذي كان حينئذ وصيا على صاحب عرش تونس الصغير، ولما زالت دولة ابن تافراكين ترك ابن خلدون تونس ونزل في بسكرة (في الجزائر) وتزوج هناك حوالي سنة ٧٥٤هـ ثم رحل بعد ذلك هو وأهلة إلى قسنطينة (في الجزائر) وهاجر فيما بعد إلى فاس تاركا أهلة في قسنطينة وتولى وظيفة (الكتابة والتوقيع) في بلاط السلطان أبي عنان سلطان المغرب الأقصى حينئذ وتولى وظيفة المظالم بالإضافة إلى وظيفته في عهد السلطان أبي سالم وهي وظيفة ممتزجة من سطوة السلطنة ونصفه القضاء وتحتاج إلى علو يد وعظيم رهبة نقنع الظالم من الخصمين وتزجر المعتدي وكأنه يمضي ما عجز القضاة أو غيرهم عن إمضائه وتأخير الحكم إلى استجلاء الحق، وحمل الخصمين على الصلح واستخلاف الشهود وذلك أوسع من نظر القاضي.

وكان ابن خلدون يذهب إلى مكتبات فاس التي كانت حينئذ من أغنى المكتبات الإسلامية وكذلك كان يتصل بالعلماء والأدباء الذين كانوا قد نزحوا إلى فاس من الأندلس وتونس وغيرها من بلاد المغرب فارتقت بذلك معارفه واتسع إطلاعه.

وفي سنة ٧٦٥هـ طلب منه سلطان غرناطة محمد بن يوسف بن إسماعيل بن الأحمر (من ملوك بني الأحمر) وكان وزيره الأديب لسان الدين بن الخطيب، صديق ابن خلدون سابقا القيام بالسفارة بينه وبين ملك قشتالة بطرس القاسي لإبرام ما كانا يزمعان إبرامه، ولتنظيم العلائق السياسية بينهما، فأدى ابن خلدون مهمته بنجاح كبير وكافأه السلطان بأن أقطعه إقطاعا كبيرا من الأرض فزاد رزقه واستأذن السلطان في استقدام أسرته من قسنطينة بعد أن ظلت نائية عنه زهاء عشر سنين، فبعث السلطان من جاء بها ويسر لها شؤون سفرها وانتقالها.

ثم تكدر صفو العلاقات بينه وبين السلطان ووزيره فذهب ابن خلدون إلى بجاية (في الجزائر) حيث تولى منصب الحجابة لسلطانها أبي عبد الله محمد الحفصي وكان منصب الحجابة يشبه منصب رئيس الوزراء في الوقت الحاضر، وهذا منصب يمنح صاحبه الاستقلال في الدولة والوساطة بين السلطان وأهل دولته لا يشاركه في ذلك أحد وقدمه السلطان كذلك للخطابة في جامع (القصبة) فجمع ابن خلدون في هذه الفترة بين أرقى مناصب الدولة والعلم.

ولما زالت دولة أبي عبد الله وسقطت بجاية سنة ٧٦٧هـ في يد ابن عمه أبي العباس أحمد بن أبي عبد الله محمد صاحب قسنطينة أقرأ أبو العباس ابن خلدون في منصب الجباية حينا ثم أقاله في السنة نفسها، وبعد ذلك قضى ابن خلدون مع أسرته نحو سبع سنين بسكره بعيدا عن وظائف الدولة عاكفا على خوض مغامرات سياسية فاتصل بسلاطين المغرب الأوسط والأقصى والأندلس وتنقل بينهم يرفعه غمار السياسة وكيد المؤامرات حتى يجعلاه وزيره أو حاجبا ويخفضاه حينا حتى

يدفعانه إلى أعماق السجن كره أخرى.فسئم السياسة وصروفها فأعتزلها سنة ٧٧٦هـ ونزل عند أولاد بين عريق في قلعة ابن سلامة (في الجزائر) ولحقت به أسرته هناك قضى هو وأسرته في ذلك المقر المنزل النائي زهاء أربعة أعوام نعم في أثنائها بالاستقرار والهدوء وتفرغ فيها لمشروعه العلمي (كتاب العبر، وديوان المبتدأ والخبر في أيام العرب والعجم والبربر ومن عاصرهم من ذوي السلطان الأكبر).

ثم ذهب ابن خلدون وأسرته إلى تونس حيث وجد فيها ما يحتاج إليه من مراجع فعكف على البحث والتدريس لطلبة العلم حتى أتم مؤلفه ونقحه وهذبه ورفع نسخة من إلى سلطان تونس أبي العباس أحمد ثم بدرت من أبي العباس بوادر الرغبة في الاستعانة بابن خلدون في شؤون السياسة والحرب في أواخر سنة ٧٨٤هـ فاعتزم ابن خلدون مغادرة تونس وخطرت له فكرة الحج يتوسل بها عذرا إلى السلطان ومازال به حتى أذن له فترك أهله بتونس وأبحر إلى الإسكندرية بمصر.

وهكذا كانت المرحلة الثانية من حياة ابن خلدون تنتقل من وظائف كثيرة نال مناصب عالية في السياسة والقضاء عاصر مؤامرات كبيرة وشاهد حروبا عديدة وشارك في المكايد السياسية، تولى سفارات بين إمارات ودول وقام برحلات واسعة وتعرف على حياة البدو والحضر التي عاشها وتنقل فيما بينها وكانت مدة المرحلة الثانية (٢٦) سنة.

ثم قصد القاهرة واستوطن هناك فتصدر للإقراء بالجامع الأزهر وأقبل عليه طلاب العلم من كل حدب وصوب، فدرس الفقه المالكي في مدرسة قمحية (التي بناها صلاح الدين الأيوبي وسميت بالقمحية لأن وقفها من الأراضي التي تغل القمح) ثم تولى منصب قاضي قضاة المالكية واشتغل وأفاد وشعر باستقرار حاله في مصر فطلب من السلطان الظاهر أن يشفع له لدى سلطان تونس في تخليه سبيل

أسرته ففعل وأطلق سراحها فركبت مركبا من تونس وما كادت تصل مرسى الإسكندرية حتى هبت عاصفة أهلكت جميع الركاب فغرقت أسرته مع الغارقين.

وهكذا كانت المرحلة الثالثة من حياة ابن خلدون مرحلة هدوء نسبي زار خلالها الحجاز والقدس ودمشق اشتغل بالتدريس والتأليف والقضاء وكانت مدتها ٢٤ سنة وتوفي ابن خلدون في القاهرة في رمضان سنة ٨٠٨هـ ودفن بمقابر الصوفية خارج باب النصر.

إن التجارب التي مرت بابن خلدون ومطالعاته المتواصلة أطلعته على السياسة وتقلباتها وعلى العالم الإسلامي من عرب وعجم وبربر وبدو وحضر جعلته يرى بثاقب نظره أن كتابة التاريخ لا تستقيم إلا إذا سبق ذلك دراسة للبيئة والحضارة والظروف الاجتماعية التي انبثقت فيها حوادث التاريخ. وحين اقتنع بذلك شرع في كتابة (المقدمة) لمؤلفة الكبيرة المسمى (كتاب العبر وديوان المبتدأ والخبر في أيام العرب العجم والبربر ومن عاصرهم من ذوي السلطان الأكبر) فكتب هذه المقدمة في مدة خمسة أشهر آخرها منتصف عام ٧٧٩هـ ثم نقحها وبدأ بكتابة تاريخه وأصبحت هذه المقدمة فيما بعد أشهر ما كتب ابن خلدون لأنها وضعت أسس علم العمران وعلم الاجتماع كما نسميه اليوم.

والمقدمة تحتوي على مقدمة في فضل علم التاريخ وما يعرض للمؤرخين من المغالط ثم ستة فصول رئيسية تبحث على التوالي:

١- الفصل الأول في العمران البشري على الجملة (علم الاجتماع العام) ويشتمل على ستة فصول فرعية.

٢- الفصل الثاني في العمران البدوي والقبائل والأمم المتوحشة (علم الاجتماع الريفي) ويشتمل على ٢٩ فصلا فرعيا.

٣- الفصل الثالث في الدول والملك والخلافة والمراتب السلطانية (علم الاجتماع السياسي) ويشتمل على ٣٤ فصلا فرعيا.

٤- الفصل الرابع في العمران الحضري والبلدان والأمصار (علم الاجتماع الحضري) ويشتمل على ٣٢ فصلا فرعيا.

٥- الفصل الخامس في المعاش ووجوه الكسب والصنائع (علم الاجتماع الصناعي) ويشتمل على ٣٣ فصلا فرعيا.

٦- الفصل السادس في العلوم وأصنافها والتعليم وطرقه (علم الاجتماع التربوي) ويشتمل على ٦١ فصلا فرعيا.

فالمقدمة إذن تضم ستة فصول رئيسية و (١٨٥) فصلا فرعيا وهو الجزء الأول من كتابه الكبير المسمى كتاب المعبر. أما الجزء الثاني من كتاب المعبر يبحث في تاريخ العرب وغيرهم من الشعوب ويبدأ من أول الخليقة إلى القرن الثامن الهجري أي إلى زمان ابن خلدون. أما الجزء الثالث من كتاب العبر فيتناول تاريخ البربر وينتهي بكتاب مستقل كتبه ابن خلدون ضمنه تاريخ حياته وعنونه بـ (التعريف بابن خلدون ورحلته شرقا وغربا).

لقد رأى ابن خلدون أن التاريخ علم، له موضوع ومنهج خاص وتحكمه قوانين ثابتة ونظر ابن خلدون في موضوع التاريخ نظرة شاملة متوسعة وأنها لنظرة من النظرات الخاصة بما يسمى (تاريخ الحضارة) واستند على منهج يعتمد تمحيص الأخبار وتعليل الوقائع وانه لمنهج علمي في البحث واستنبط أن العالم والأمم والأشخاص والأمصار تتبدل من حال إلى حال وفق قوانين ثابتة وأنه لإدراك عظيم لمفهوم التطور التدريجي في الحياة الاجتماعية.

ورفض ابن خلدون مقولات علماء سبقوه، لكنه كان أمينا في بثه في مؤلفه أراء لهم، علمية أو دينية وصريحا واضحا في نقده لتلك الآراء وعزوها أحيانا لجلهم طبائع العمران وسنة التحول وعادات الأمم وقواعد السياسة وأصول المقايسة.

لقد اثبت ابن خلدون انه فيلسوف اجتماعي بل هو واضع علم الاجتماع سابقا بذلك علماء الغرب بعده وقد كان فريدا نسيج وحده بين علماء التاريخ وفلسفته ويعتبر بحق أنه أول من وضع أسس فلسفة التاريخ ولا يضير ابن خلدون أن يقول البعض عنه أنه أقتصر ـ في تاريخه ـ على دراسة النواحي الاجتماعية والتاريخية في منطقة محددة وحقبة محددة ذلك لأن القوانين الخاصة التي استنتجها لم تعد خاصة فقد انطلقت لتعم العالم وهي لم تزل مطبقة على بيئات عديدة وأزمنة عديدة.

ابن خلكان (٦٠٨-٦٨١هـ)

بعد أن أسس الملك المظفر كوكبوري دويلة جعل عاصمتها إربل وأصبحت هذه المدينة في مطلع القرن السابع الهجري مقصد الناس من كل صوب وكان هذا الملك محبا للعلم فأسس مدرسة سميت (المظفرية) لتدريس علوم الحديث وكان من بين مدرسيها عالم اسمه محمد بن إبراهيم بن أبي بكر بن خلكان قيل بأنه ينسب إلى البرامكة وكان محمد يقطن المدرسة في ظل بيئة عليمة وفي سنة ٦٠٨هـ رزق محمد هذا طفلا اسماه أحمد ولما بلغ هذا الطفل السنتين من عمره توفي أبوه وكعادة الأبناء في انتهاج مسلك الآباء فقد وجه أحمد في سبيل العلم والدراسة.

عكف أحمد على التحصيل في المدرسة المظفرية وكان يتولى رعايته هو وأخوه أصدقاء أبيه محمد من الشيوخ الأجلاء وكان الملك المظفر يشملهما بعطفه أيضا ولما بلغ الثالثة عشر ـ من عمره سمع صحيح البخاري على الشيخ محمد بن هبة الله الصوفي وفي السابعة عشرة قرأ الخلافة على المفضل الأبهري وكان إضافة إلى هذا يلتقي الأدباء والشعراء والعلماء الوافدين إلى إربل

ترك احمد إربل والمدرسة المظفرية سنة ٦٢٦هـ قاصدا عالمين من علماء حلب وكانا صديقين لأبيه أولهما قاضي حلب الشهباء أبو المحاسن بن شداد وثانيهما المؤرخ الشهير ابن الأثير وكان في سفره حاملا كتابا من الملك المظفر إلى ابن شداد القاضي فانصرف ينهل من العلم ويلتقي كبار العلماء وسمع الحديث عن القاضي ابن شداد وكان يتردد إليه في داره وقد أثر ابن شداد في تلميذه أثرا كبيرا أما اتصاله بابن الأثير فيبدو انه كان قليلا.

بالإضافة إلى هذين العالمين الجليلين كان احمد يتردد إلى علماء آخرين في حلب، فقد قرأ هو وأخوه على الشيخ جمال الدين الماهاني، ثم تردد إلى الشيخ نجم الدين بن الخباز الموصلي وكان يدرس في المدرسة السيفية وقرأ عليه أول كتاب الوجيز للإمام الغزالي وبقي ابن خلكان في حلب إلى سنة ٦٣٢هـ. وفي السنة التي توفي فيها شيخه القاضي ابن شداد وكان ابن الأثير قد سافر إلى دمشق، لذلك توجه احمد إلى دمشق في أواخر سنة ٦٣٢هـ حيث قصد عالمها ابن الصلاح وكان يدرس في دار الحديث الأشرفية فقرأ عليه وانتفع به ثم من دمشق عاد إلى حلب ومنها تطلع إلى مزيد من التحصيل والقراءة.

وترك ابن خلكان حلب قاصدا مصر في جمادى الآخرة سنة ٦٣٥هـ وفي القاهرة سكن وطاب له السكن فتزوج واستقر والتقى علماء مصر آنذاك ولم يأت ابن خلكان على ذكر شيوخه في مصر ـ كعادته ولكنه لقي هناك الموفق البغدادي وأخذ عنه ثم تولى نيابة القضاء بعد ذلك ولم تذكر المصادر سنة توليه نيابة القضاء والمرجح أن يكون ذلك قبل سنة ٦٤٦هـ.

وفي سنة ٦٥٩هـ رافق الملك الظاهر بيبرس إلى دمشق فقلده بيبرس القضاء بالبلاد الشامية بدل نجم الدين بن سني الدولة وفي يوم عرفة جرى تقليده في الشباك الكمالي بجامع دمشق وباشر عمله. وفي دمشق إضافة إلى توليه القضاء فقد درس ابن خلكان في سبع مدارس هي العادلية، الناصرية، العذراوية، الفلكية،

الركنية، الإقبالية، والبهنسية، ثم تولى نظر الأوقاف والجامع الأموي وبيمارستان نور الدين واستمر في توليه القضاء إلى سنة ٦٦٩هـ حيث قام بهاء الدين بن حنا وزير الملك الظاهر بعزله وولى مكانه العز بن الصايغ بن طولون وهكذا لم يطل المقام به في دمشق بعد عزله فقد تركها متوجها إلى القاهرة بعد غياب عشر سنين كاملات.

وفي سنة ٦٧٩هـ أمر الملك الكامل (سنقر) بأن تضاف البلاد الحلبية إلى قضاء ابن خلكان ثم تولى تدريس المدرسة الأمينية مكان نجم الدين بن سني الدولة بعد أن عزله سنقر لكن قلاوون سلطان مصر استطاع أن يطرد سنقر من دمشق وعزل أبن خلكان وعين نجم الدين بن سني الدولة في القضاء وطلب من ابن خلكان أن يترك السكن في المدرسة العادلية ليسكنها ابن سني الدولة ثم جاء كتاب السلطان من مصر يحمل العفو عنه ويعيده إلى القضاء وفي نهاية السنة ورد من مصر كتاب بتقليد ابن خلكان قضاء البلاد الحلبية مرة أخرى.

وفي سنة ٦٨٠هـ قدم السلطان قلاوون لغزو التتر في حمص فعزل بان خلكان وأعاد ابن الصايغ إلى القضاء وعندها انصرف ابن خلكان إلى التدريس في المدرسة الأمينية وحدها إلى أن توفي في المدرسة النجيبية في رجب سنة ٦٨١هـ ودفن بسفح جبل قاسيون وكان عمره ثلاثا وسبعين سنة.

أما كتابه (وفيات الأعيان وأنباء أبناء الزمان مما ثبت بالنقل أو السماع أو أثبته العيان) فهو معجم مرتب على الحروف ترجم لطائفة من الأقدمين والمعاصرين لابن خلكان وقد تميز هذا المعجم بأن مؤلفه لم يذكر فيه إلا من وقف على تاريخ وفاته وقد كانت المصادر التي رجع إليها ابن خلكان كثيرة ومن هنا كان لمعجمه قيمة علمية وتاريخية لأن هذه المصادر التي استقى منها أضحت مفقودة اليوم ونقله عنها جعل كتابه ذا شأن كبير من الناحية التوثيقية والتاريخية.

وقد نهج ابن خلكان في مصنفه نهجا بينا فهو لم يذكر من الصحابة والتابعين إلا جماعة قليلة دعت الضرورة إلى ذكر ترجمتهم لمعرفة حالهم وأحوالهم ثم هو لم يذكر أحدا من الخلفاء لعلمه بكثير من المؤلفات التي تناولت حياتهم وأخلاقهم وهو يذكر أيضا النخبة من المتقدمين الذين اشتهروا بين الناس فكان يأتي على ترجمة العلماء والأدباء والشعراء والفقهاء والملوك والوزراء وهو يترجم لجماعة من الذين عرفهم وشاهدهم ونقل عنهم ثم الذين كانوا معاصرين ولم يشاهدهم أبدا.

ابن خياط (ت ٢٤٠هـ)

هو أبو عمرو خليفة بن خياط بن أبي هبيرة خليفة بن خياط الليثي العصفري، ولد بالبصرة وفيها تلقى ثقافته ومارس التدريس ويبدو انه لم يرحل في طلب العلم إلى مدى أخرى كما كانت العادة جارية في ذلك الوقت حتى أنه لم يدخل بغداد وهذا ما أشير له في ضوء حقيقة أن الخطيب البغدادي لم يذكره في تاريخه عن بغداد كما لا يشير أي مؤرخ أو كاتب سير إلى أية رحلة قام بها فضلا عن كون أغلب أساتذته من أصل بصري أو ممن سكنوا البصرة.

والبصرة في القرن الثالث الهجري كانت أحد أهم مراكز الثقافة العربية الإسلامية ولا سيما في ميادين اللغة والحديث والسيرة والتاريخ لذا كان لهذا الوسط الثقافي أثر كبير في تنمية معارف خليفة حيث عاش وتعلم فضلا عن كونه سليل أسرة علم فجده الذي يحمل الاسم نفسه وكذلك والده كان من رجال الحديث الثقات.

اخذ الخليفة العلم عن عدد من كبار الشيوخ في البصرة حيث درس علوم القرآن والحديث والأنساب والأخبار وكان من بين شيوخه عدد من كبار رجال الحديث مثل يزيد بن زريع وإسماعيل بن سنان أبو عبيدة البصرة وبكار بن عبد الله البصري وشعيب بن حيان ومعاذ بن هاني البصري وغيرهم، وقد تتلمذ على يد خليفة الكثير ممن روى عنه وأصبح فيما بعد من كبار الشيوخ المحدثين منهم، محمد

ابن إسماعيل البخاري في مؤلفيه (الصحيح، والتاريخ الكبير) وعبد الله بـن أحمـد بـن حنبـل، وأبـو يعلـى الموصلي والحسن بن سفيان النسري وأبو بكر من أبي عاصم، ويعقوب بـن شـيبة والصنعاني، وابـن مخلـد القرطبي وهو راوية تاريخ الخليفة حيث وصلنا التاريخ من روايته كما أنه روى عـن خليفـة كتابـه الآخر (الطبقات) إلا أنه لم يصلنا من طريقه بل من رواية موسى بن زكريا بن يحيى التستري عن خليفة وقد نقل هذا عن خليفة تاريخه أيضا لكن روايته للتاريخ لم تصلنا وقد اعتمـد ابـن عسـاكر فيمـا نقلـه مـن تـاريخ خليفة.

ولقد اختلف المؤرخون في تحديد سنة وفاة ابن خياط ويرى كل من الذهبي وابن عساكر وابـن كثير أن سنة ٢٤٠هـ هي تاريخ وفاته وأيد ذلك عدد من المؤرخين المحدثين.

ويعد كتاب التاريخ لابن خياط من أقدم كتب الحوليات في التاريخ الإسلامي حيث يستهل المؤلف كتابه بتعريف كلمة تاريخ ثم يتناول الأحداث التاريخية من السنة الأولى للهجرة والى سنة ٢٣٢هـ أي خلافة الواثق بالله العباسي وطريقة ابن خياط في السرد التاريخي متصلة بصفته كمحدث فهم يتهم بالإسناد لا سيما حين يتعلق الأمر بالأحداث المتعلقة بالخلافة وفي حديثه عن الفترة الأموية وبخاصة فترة خلافة عبد الملك بن مروان ينقل ابن خليفة عن رواة عدة بينهم عوانة بن الحكم وأبو اليقظان وابن الكلبي وأبو عبيده والمدائني والأصمعي وابن عياش وكذلك جده خليفة وقد وصفت بعض رواياته الخاصة بهذه الفترة كونها أموية إلا أنه على الرغم من هذا الشعور الأموي المعتدل فهو مصدر ثمين يكشف فيه ابن خياط عن اهتمامات تاريخية لا نجدها لدى آخرين. ومما يمتاز به ابن خياط في كتابه هذا انه يختار الموضوعات ويركز على الروايات المهمة تاركا الروايات الأخرى ويولي اهتماما كبيرا بالأحداث الحاسمة مثل مقتل الخليفة عثمان بن عفان (رضي الله عنه ) والحرب ابن علي (رضي الله عنه ) ومعاوية وموقعة الحرة وحركات الخوارج.

ويعد هذا الكتاب مصدرا مهما لدارسة الإدارة العربية الإسلامية، فقد أورد في نهاية كل خليفة قوائم بأسماء العمال والولاة والقضاة وأصحاب الشرطة وبيت المال والخزائن وغيرها وقد أضاف هذا الكتاب معلومات جديدة عن الدعوة العباسية حيث أوضح أن المصالح الجديدة التي ظهرت بعد استقرار القبائل العربية في خراسان أدت إلى وجود تكتلات جديدة بين العرب أنفسهم اعتمدت على المصالح الجديدة التي حتمتها بيئة خراسان الجديدة وظروف العرب فيها. أما (كتاب الطبقات) فهو أقدم كتاب كامل في علم الرجال وصلنا حيث ان كتاب ابن سعد الذي يتقدم عليه غير كامل، ويكشف فيه ابن خياط عن علم واسع بالأنساب مع إضافة الأخبار إليها ويتضمن تراجم نحو (٣٣٧٥) رجلا وامرأة ممن يقتبس منهم كثقات في السيرة الإسلامية خلال ٢٣٦ سنة من بدء العصر الإسلامي ويقسم الكتاب على قسمين غير متساويين فالقسم الأكبر مكرس للرجال والقسم الأصغر للنساء.

وقد رتب ابن خياط كتابه على ثلاثة أسس هي التنظيم على النسب وعلى الطبقات وعلى المدن واقتصر في تراجمه على ذكر نسب الرجل لأبيه وأمه ووصل بالأنساب إلى عصر ما قبل الإسلام وبذلك يقدم مادة غزيرة في النسب كانت موضع اعتماد الآخرين على أن تأكيده الأنساب إنما هو في الصحابة والتابعين وكلما تأخرت الطبقة قل ذكر الأنساب حتى يتلاشى في الطبقات المتأخرة وتبرز عنده النسبة إلى المدن والمهن وذلك لارتباط العرب بالمدن بعد أن استقروا فيها.

وبدأ ابن الخياط بإدراج الرجال الذين كانوا من الثقات في السيرة وعاشوا في المدينة المنورة ثم تناول من سكن الكوفة ثم البصرة وبعد ذلك بقية المدن الإسلامية الأخرى وفيما يخص البصرة -بلده- فقد قدم معلومات دقيقة عن خططها عند تحديد موضع دار الرجل فيها ويذكر ابن خياط في تراجمة نسب الرجل وكنيته ويحدد المكان الذي عاش فيه سواء بصورة دائمة أو مؤقتة وتنطوي أهمية الكتاب في تكامله واهتمامه الدقيق بالأنساب، فهو يدرج كل قبيلة عربية أو مجموعة أو

أسرة هاجرت خلال العهود الإسلامية الأولى مع ذكر مواقع استيطانها وبذلك يقدم معلومات ذات قيمة كبيرة لدراسة الوضع الاجتماعي العربي الإسلامي والهجرة العربية الكبرى في القرن الأول الهجري وتاريخ الخلافة الأموية وذلك للدور الجوهري الذي لعبته القبائل العربية في ظل الحكم الأموي ومما تجدر الإشارة إليه أن هذا الكتاب (أي كتاب الطبقات) هو بمستوى كتاب التاريخ لدارسة الأحكام الإسلامية والثقافة والمجتمع.

لقد مثل ابن خياط في كتابه (التاريخ) قفزة نوعية في منهج الكتابة التاريخية العربية ومحتواها فكان من أهم مبادئه التحري عن الروايات أولا والتروي في قبولها ثانيا وتدوين مجموعة من الروايات المتباينة أحيانا وذلك لمساعدة القارئ المتعرف على الرواية أو الخبر الأكثر صحة كما وان تقسيم الأحداث حوليا يعد بحد ذاته إشارة إلى تشددهم في تعين زمن الحادثة موضوعة البحث.

والذي يلاحظ في كتابات ابن خياط التاريخية اقتصارها واهتمامها بالتاريخ العربي الإسلامي فقط فهو ليس كالطبري أو اليعقوبي مثلا يبدأ من الخليفة أو بدء التاريخ البشري على وجه الأرض وإنما يبدأ بميلاد الرسول (ص) ثم يسرد الأحداث التاريخية بعد ذلك وفقا لتسلسلها الزمني وهنا نقطة لا بد من التأكيد عليها وهي أن فلسفة التاريخ لدى ابن خياط قد جعلته يبدأ بتاريخ العرب الإسلامي أي أن التاريخ العربي عنده يبدأ بالإسلام وليس قبله على الرغم مما عرف عنه من علم بأخبار العرب وأيامهم قبل الإسلام.

إن من بين السمات المهمة في فلسفة ابن خياط التاريخية هي عدة التاريخ معادلا للوقت حيث يقول في بداية كتابة ما نصه (هذا كتاب التاريخ وبالتاريخ عرف الناس أمر حجهم وصومهم وانقضاء عدد نسائهم ومحل ديونهم) ثم استند إلى آيات قرآنية عديدة تشير إلى مواقيت الحج والأهلة وتعاقب الليل والنهار منها قوله تعالى "هُوَ الَّذِي جَعَلَ الشَّمْسَ ضِيَاءً وَالْقَمَرَ نُوراً وَقَدَّرَهُ مَنَازِلَ لِتَعْلَمُوا عَدَدَ السِّنِينَ وَالْحِسَابَ مَا خَلَقَ اللَّهُ ذَلِكَ إِلَّا بِالْحَقِّ

يُفَصِّلُ الْآيَاتِ لِقَوْمٍ يَعْلَمُونَ" (يونس:٥)، ثم يستطرد ابن خياط فيقول (لم ينزل للناس تاريخ كانوا يؤرخون في الدهر الأول من هبوط آدم من الجنة فلم يزل ذلك حتى بعث الله نوحا فأرخوا من دعاء نوح قومه ثم أرخوا من الطوفان فلم يزل كذلك حتى حرق إبراهيم فأرخوا من تحريق إبراهيم وأرخت بنو إسماعيل من بنيان الكعبة وظل هكذا إلى موت كعب بن لؤي فأرخوا من تاريخ وفاته واستمر الحال إلى عام الفيل ثم أرخ العرب المسلمون بالهجرة).

ويبدو من هذا التقسيم الذي سار عليه ابن خياط انه فضلا عن اهتمامه بالزمن الذي وقعت فيه الحادثة فانه قسم التاريخ على حقب متتابعة استنادا إلى هذه الأحداث المهمة التي وقعت كما يلاحظ من النص السابق، وقد استمر ابن خياط في هذا التقسيم في تاريخه للفترة الإسلامية التالية هذا من جهة ومن جهة أخرى يلاحظ مدى دقة ابن خياط وأمانته في تحريه التواريخ الصحيحة لوقت حدوث الواقعة أو الحدث التاريخي وبخاصة في كتابة المتعلق بحياة الرسول (ص) وسيرته وهي فترة لم يتساهل فيها لا بالنسبة إلى سلسلة السند ولا بالنسبة إلى المتن والوقت (تأريخ الحدث) ورغم أن ابن خياط خفف من تشدده في فترات التاريخ الأموي والعباسي إلا أن هذه الميزة -التشدد- تظهر حتى في رواياته المتأخرة أحيانا ليست قليلة.

لقد استطاع ابن خياط أن يحتل مكانة كبيرة ومنزلة رفيعة بين مؤرخي عصره ثم المؤرخين الذين جاءوا من بعده وعلى الرغم من المعاناة التي عاناها من الحساد وأشباه الكتاب الذين لا يمكنهم مجاراته في علمه وخلقه وراحوا يبحثون عن ما يشوه سمعة الرجل وعلمه الغزير لكن ابن خياط رغم ذلك بقي باعتراف العديد ممن كتب التراجم علما من أعلام التاريخ الإسلامي وإماما من أئمة التاريخ بوجه عام، ان كان ذلك في منهجه أو في تفسيره.

## ابن عبد الحكم (١٨٧-٢٥٧هـ)

عبد الرحمن بن عبد الله بن عبد الحكم، أبو القاسم مؤرخ من أهل العلم

بالحديث مصري المولد والوفاة ولد سنة ١٨٧هـ وكان والده يشغل منصب صاحب المسائل وهي وظيفة لا ينالها إلا العلماء الأمناء وأسرة ابن عبد الحكم إحدى الأسر العربية التي جاءت إلى مصر في القرن الأول الهجري ونزلت في بلدة الحقل بالقرب من العقبة (إيلة) وفي القرن الثاني الهجري انتقل أفراد الأسرة إلى الفسطاط التي أصبحت لمصر بعد الفتح الإسلامي عاصمة البلاد وقلبها النابض.

ولما بلغ عبد الرحمن الثانية عشرة من عمره حضر وصول الإمام الشافعي مصر سنة ١٩٩هـ ونزل ضيفا على والده وكان أن هيأت هذه المناسبة سبيلا أمام عبد الرحمن لينتفع من الحركة الفكرية الدينية التي أحدثها الإمام في ربوع مصر ولم تلبث الأحداث أن فتحت أمام الصبي سبلا أخرى نحو المعرفة وذلك حين تولى والده عبد الله رئاسة جماعة المالكية وهي أعظم الطوائف في مصر وكذلك في المغرب وقد وجد عبد الرحمن في أخوته الكبار وكانوا ثلاثة من أفضل علماء مصر وفقهائها شيوخا وأساتذة ونال على أيديهم قدرا عظيما من الثقابة والدربة.

وعندما أراد الخليفة المأمون تعيين أخيه المعتصم حاكما على مصر أعترض جماعة من العلماء من أهل مصر وكتبوا إليه بذلك ولما دخل المعتصم مصر ألقى القبض على نفر من كبار أهل مصر وكان من بينهم عبد الله بن الحكم فسيق عبد الله إلى السجن وبقي فيه إلى حين وفاته سنة ٢١٤هـ وقد أثرت هذه الفاجعة في نفس عبد الرحمن أثرا شديدا جعلته يكره العمل بالسياسة ويعكف إلى مجال التاريخ.

ثم أن المآسي تتالت على ابن عبد الحكم فعندما تولى المعتصم الخلافة بعد المأمون بعث الخليفة الجديد إلى قاضي مصر محمد بن أبي الليث في امتحان الناس في القول بخلق القرآن ولما كان أخوه عبد الرحمن على المذهب المالكي فقد نالهم نصيب من الأذى وشهر بهم وبعد ذلك أرسلت الخلافة عمالها إلى مصر للتحري عن أموال أحد الثائرين عليها ويعرف بابن الجروي وكانت الشائعات تقول بأنه

أخفى قسما كبيرا من أمواله في حرز ابن عبد الحكم، لذلك أمر الخليفة بالقبض على أفراد الأسرة ومن بينهم المؤرخ عبد الرحمن وعقدت بعد ذلك محكمة لتتولى النظر فيها ترأسها القاضي ابن أبي الليث وقد عرفت هذه الدعوى باسم (قضية بني عبد الحكم) بسبب الأحكام القاسية التي نزلت لهم وزج بهم في السجن وقد اتضحت براءة أفراد الأسرة بعد ثلاثة أشهر من تلك المحاكمة التعسفية لذلك أمرت الخلافة بإلقاء القبض على القاضي ابن أبي الليث ومحاكمته لأنه لم يتحر الحقيقة في حكمه ثم أمر بالإفراج عن أبناء عبد الحكم وإعادة ممتلكاتهم إليهم وآثرت الأسرة بعد توالي هذه النكبات العزلة عن الحياة العامة حتى لا تصاب بنكبات ثانية.

كان هدف ابن عبد الحكم تجريد الأخبار المتعلقة بمصر وأفرادها بالتأليف حتى يكون كتابه الحجة التي يرجع إليها المعاصرون له. ومن يأتي بعدهم من الباحثين في تاريخ مصر وقام بالعمل لدراسة تاريخ مصر قبل الإسلام والفتح الإسلامي لها ثم حلها مع جيرانها في ظل الحكم الإسلامي وقد انتهى في سرد بعض الحقائق التاريخية إلى سنة ٢٤٦هـ أي قبل وفاته بعشر سنين.

وانفرد ابن الحكم من بين مؤرخي القرن الثالث الهجري بتجنيب المطلع الغوص في بحر الصفحات العديدة فجمع الروايات المتعلقة بتاريخ مصر في كتاب اسماه فتوح مصر وكان هدفه بيان الدور الذي لعبه المسلمون في نشر دينهم في تلك البلاد وما جاورها مع ذلك سنة الرواية المتعلقة بالأحداث كافة التي حدثت في تلك السنة وقد أبتكر أيضا طريقة جديدة في معالجة المادة التاريخية وهو الأمر الذي كان له عظيم أثر في تدوين التاريخ الإسلامي في مصر وغير مصر من البلاد بعد نشره فتوحاته.

## ابن عساكر (٤٤٩-٥٧١هـ)

علي بن الحسن بن هبة الله بن عبد الله الشافعي المعروف بابن عساكر، ولد بدمشق سنة ٤٩٩هـ وكان أبوه الحسن بن هبة الله شيخا صالحا عدلا، ولذلك أقبل

علي على تلقي العلم وهو صغير وما كاد علي يبلغ السادسة من عمره حتى أقبل على التحصيل يرعاه أبوه ويسمعه الصائن أخوه (عبد الله بن الحسن) وكان فقيها ثقة قرأ القرآن بالروايات وسمع كبار رجال عصره ثم يمضي على فيتردد إلى كبار الشيوخ يومئذ يقرأ سبيع بن قيراط ويستمع إلى أبي القاسم النسيب وأبي الفرج الصوري وأبي طاهر الحنائي فيأخذ عنهم الحديث وأخذ عن جده النحو والعربية.

وكان ابن عساكر يختلف إلى مسجد بني أمية بدمشق وكان مركز العلم تعقد فيه حلقات الإقراء والتدريس والحديث والوعظ يتلقى فيه العلم مرة ويستمع إلى الوعظ مرة وعندما تم بناء المدرسة الأمينية التي بناها أمين الدولة سنة ٥١٤هـ بدأ جمال الإسلام السلمي يدرس بها وكان الصائن أخو الحافظ يعيذ للشيخ السلمي ابن عساكر يتردد إلى السلمي ليأخذ عنه ويتفقه عليه ثم أن الحافظ كان يختلف إلى الزاوية الغزالية وكان فيها نصر المقدسي وكان من شيوخها المدرسين السلمي والصائن (أخوه) فكان يستمع فيها إليهم ويأخذ عنهم وقد استمر ابن عساكر على هذه الحال حتى سنة ٥١٩هـ عندما توفي أبوه وكان قد بلغ العشرين من عمره.

وفي سنة ٥٢٠هـ وبعد وفاة أبيه لم يطب للحافظ البقاء بدمشق فعزم على السفر في طلب الحديث فيمم وجهه شطر العراق وقد كانت بغداد يومئذ مركزا علميا للحديث والفقه، وأقام الحافظ في بغداد سنة واحدة ثم عاد إلى دمشق ولكنه لم يلبث أن عاد إليها يريد الحج عن طريقها ومنها يمضي الحافظ إلى مكة فيحج ثم يسمع ممن لقي من العلماء بمكة والمدينة ومنى ثم يعود بعد أن حدث بمكة وفي العراق مكث ابن عساكر خمس سنوات وكان يطوف في مدن العراق وما حوله وفي الكوفة والموصل والجزيرة وماردين مستمعاً فيها إلى شيوخها.

وفي سنة ٥٢٥هـ عاد إلى دمشق ليأخذ فيها عن شيوخ غير هؤلاء ويبقى فيها حتى سنة ٥٢٩هـ وفيها ولد ابنه القاسم واستعد بعد ذلك لطلب الحديث في رحلة أخرى وكانت خراسان هذه المرة وجهته وطاف ابن عساكر في بلاد خراسان

يلقى علماءها وفقهاءها ومحدثيها وأدباءها فغنم الكثير من الحديث وقد طاف ابن عساكر في أربعين مدينة وقرية من بلاد خراسان وقد دامت رحلته فيها أربع سنوات أي إلى سنة ٥٣٣هـ عندها عاد إلى بغداد ثم إلى دمشق.

وفي دمشق عزم الحافظ على التحديث وفي هذه الإقامة بدأ الحافظ أيضا مرحلة التأليف والرواية والتسميع والمطالعة وقد امتدت هذه الحقبة قرابة أربعين عاما (٥٣٣-٥٧١هـ) ثم انتهت إليه الرياسة في الحفظ والإتقان والمعرفة الكلية بالحديث ويصبح أمام المحدثين في زمنه وكان لدخول نور الدين دمشق سنة ٥٤٩هـ أثر كبير في حياة الحافظ فقد تم بعد هذا الدخول أمران جليلان الأول إنجاز تاريخ دمشق والثاني بناء دار الحديث النورية. وكانت وفاة ابن عساكر في أوائل عهد صلاح الدين سنة ٥٧١هـ فقد خرج صلاح الدين يشيع جنازته وصلى عليه القطب النيسابوري في ميدان الحصا، ودفن بمقبرة الباب الصغير.

أما تصانيفه فيذكر أنه ألف أكثر من ستين كتابا وكان ابن عساكر قد سمى تاريخه (تاريخ مدينة دمشق وذكر فضلها وتسمية من حلها من الأماثل أو اجتاز بنواحيها من وارديها وأهلها) وقد اتبع فيه نهج المحدثين فهو يبدأ بذكر السند ثم يورد الخبر أما التراجم فقد رتبت على حروف الهجاء وقد ذلك في المقدمة أنه يورد ما يعرف عن المترجم لهم ويذكر ما لهم من ثناء ومدح وما فيهم من هجاء وقدح وما ذكر فيهم من تعديل وجرح، وحكاية وما نقل عنهم من جد ومزح وبعض ما وقع له من رواياتهم وتعريف ما عرفه من موالدهم ووفياتهم.

## ابن قتيبة (٢١٣-٢٧٦هـ)

عبد الله بن مسلم بن قتيبة الدينوري المروزي، أبو محمد وقتيبة هي تصغير قتبه وهي واحدة الاقتاب والاقتاب الأمعاء وبها سمي الرجل والنسبة إليه قتبي والدينوري نسبة إلى دينور وهي بلدة من بلاد الجبل عند قرميسين قيل أن أباه مروزي وأما هو فمولده ببغداد وقيل بالكوفة سنة ٢١٣هـ وأقام بالدينور مدة قاضيا

فنسب إليها كان فاضلا ثقة سكن بغداد وحدث بها عن اسحق بـن راهويـة وأبي اسـحق بـن إبراهيم وأبي حاتم السجستاني وروى عنه ابنه أحمد وابن درستويه الفارسي وكان ولده أحمـد بـن عبـد الله أبـو جعفـر المذكور فقيها. كانت وفاته فجأة وقيل في ذي القعدة سـنة ٢٧١هـ وقيل أول ليلـة رجب وقيل منتصف رجب سنة ٢٧٦هـ وقال الخطيب كان ثقة دينا فاضلا مات في رجب سنة ٢٧٦هـ

كان ابن قتيبه معاصرا لإبراهيم الحربي ومحمد بن نصر المروزي وكان أهـل المغـرب يعظمونـه ويقولون: من استجاز والوقيعة في ابن قتيبة يتهم بالزندقة ومن تصانيفه في التاريخ: كتاب المعارف، عيـون الأخبار، طبقات الشعراء، وله أيضا كتاب مشكل الحديث، كتاب مشكل القرآن، كتاب غريب القرآن الكريم، كتاب المسائل والجوابات، كتاب غريب الحديث، كتاب التقفية، كتاب إعراب القرآن.

## ابن ماجد (٨٣٨-٩١٠هـ)

شهاب الدين أحمد بن ماجد بـن عمر بن فضل بن دويك بن يوسف بـن حسـين بـن أبي معلـق السعدي بن أبي الركائب النجدي، ويتحدر ابن ماجد من أسـره ربابنه فقـد كان أبـوه ربانا يلقب بربان البرين (بر العرب وبر العجم) كما أن جده كان أيضا ملاحا مشهورا.

ولم تشر كتب التراجم إلى سنة ولادة ابن ماجد أو إلى سنة وفاته بالتمام وقد عمـل عـلى تحديـد سنة ولادته وسنة وفاته. الأستاذ الدكتور أنور عبد العليم أستاذ ورئيس قسم علـوم البحـار في كليـة العلـوم بجامعة الإسكندرية واستطاع في بحث لـه حول ذلك أن يثبت أن سنة ولادة ابن ماجد هي سنة ٨٣٨هـ أمـا سنة وفاته فجعلها عام ٩١٠هـ على التقريب.

نشأ ابن ماجد في عُمان وتيسر لـه هناك الإطلاع على مؤلفات قديمة في كافة العلوم وجرب هنـاك قرض الشعر كما عمل على خوض البحار صغيرا وانشغل فترة في القياسات الفلكيـة وعلـم النجـوم، وتـدل كتاباته على أنه كان مطلعا على علوم

عصره في الآداب والجغرافيا الفلكية والجغرافيا الرياضية ثم لابد وأنه كان ملما بلغات منطقته كالسنسكريتيه ولغة جاوة والزنج والفارسية، تدل على ذلك كتاباته وما استخدم من مصطلحات وما ذكر من معلومات تؤكد اختلاطه بشعوب المناطق المجاورة.

كان ابن ماجد يرغب بتعليم الآخرين ما يتقنه من علوم البحار بغية تعميم فوائد هذا الفن ويقول عن سبب تأليفه كتاب الفوائد (وهو مشتمل على فوائد كثيرة وغوامض وظواهر) ويضيف انه (يخاف أن يدركه الموت ونوادر الحكم في القلوب) فإذا تعمل أحدهم هذا العلم صار ربانا ماهرا وكان ابن ماجد مؤمنا ورعا لا يشعل باله عرض الدنيا يوصي في كتاباته من يقرأها باتباع الهدى والإيمان بالله.

وفي خضم معلوماته التي أفادها في كتبه وأراجيزه أورد الكثير من المصطلحات البحرية وأحيانا أوردها بلغات أهلها فصعب على من قرأها فيما بعد أن يفهمها كلها وأن يترجم معانيها إلى اللغات الأخرى وقد أشار مستشرقون إلى صعوبة ابن ماجد أحيانا وغموض مصطلحاته مما لا ييسر لكثيرين دراسته خاصة وأن في طيات كتاباته أسماء أماكن وبلدان تغيرت وأسماء آلات كانت مستعملة وأسماء نجوم وأفلاك رصدها وعرفها مع أهل زمانه ثم أن نقل مخطوطات ابن ماجد عرض لغتها للتصحيف أحيانا فزادت صعوبة فهم النصوص إلا على العارف بعلم الملاحة والدارس البنية من الباحثين.

يذكر أن أبن ماجد كتب بحدود الثلاثين كتابا: منها كتاب الفوائد في أصول علم البحر والقواعد، كتاب حاوية الاختصار في أصول علم البحار، والأرجوزة المعربة، أرجوزة قبلة الإسلام في جميع الدنيا، أرجوزة بر العرب في خليج فارس، قصيدة في علم البحار، فصل في معرفة ديرة القطب من روس بر العرب وغيرها.

## البلاذري (ت ٢٧٩هـ)

أحمد بن يحيى بن جابر بن داود، رجح بعض الذين ترجموا لحياته انه ولد في أواخر القرن الثاني للهجرة نشأ البلاذري في بغداد وفيها أخذ من علمائها في النصف الأول من القرن الثالث الهجري وكان يجلس في حلقاتهم فيستمع إلى الحديث والأدب والتاريخ والسير وكان من أساتذته الحسين بن علي الأسود والقاسم ابن سلام وعلي بن محمد المدائني ومحمد بن سعد الواقدي وبعد أن شذا طرفا قيما من علوم أساتذته في بغداد حمل عصا الترحال وانتقل إلى الشام وهناك لزم حلقة هشام بن عمار وأبي حفص الدمشقي ثم انتقل في بلاد الشام فزار حمص وسمع فيها محمد بن مصفى ثم حلب ومنبج وإنطاكية وثغور الروم والجزيرة والرقة وتكرين.

ولا تذكر المصادر تاريخ رحلته هذه إلى الشام، وهو نفسه لم يأت على ذكر تاريخ طوافه في هذه البلاد ولكن من المرجح أن يكون أحمد قد قام بهذه الرحلة بعد وفاة الخليفة المتوكل سنة ٢١٨هـ فقد كان يحضر مجالسه قبل ذلك ولعله قام بها في خلافة المعتصم حيث لم يرد له ذكر في خلال هذه الفترة كما أن أستاذ احمد بن يحيى أبا حفص الدمشقي الذي أخذ عنه توفي سنة ٢٢٥هـ والمؤكد انه سمع منه قبل تاريخ وفاته هذا.

إذا من بغداد بعد سماعه من أساتذته أفذاذ تم رحيله وسماعه من علماء دمشق وطوافه في رحلة طويلة اكتسب البلاذري ثقافة حديثة كان لها الأثر الكبير في كتابه فتوح البلدان فقد كان في خلال تطوافه على أهل دمشق وحمص وحلب ومنبج وثغور الروم والجزيرة والرقة وغيرها يسمع أخبار الفتوح ويثبتها إلى جانب الروايات العراقية في بغداد وروايات أهل الشام في دمشق فكانت الرحلة هذه ذخيرا أثمرت تاريخا مجيدا في كتابه. هذه الثقافة المتنوعة أهلته أن يكون عالما مؤلفا نديما للخلفاء وأن يكون أستاذا فذا أخذ عنه الكثيرون ويكفي أن نذكر من هؤلاء التلاميذ وكيع القاضي وجعفر بن قدامه صاحب الخراج وقد توفي أحمد بن يحيى في آخر

خلافة المعتمد سنة ٢٧٩هـ بعد أن شرب حب البلاذري في آخر أيامه ومن هنا على الأرجح سمي بعد وفاته بالبلاذري.

ومن أشهر كتب البلاذري (كتاب أنساب الأشراف) فقد استهل البلاذري كتابه بسيرة النبي (صلى الله عليه وسلم) وسيرة أصحابه الأجلاء ثم ذكر العباسيين بعد ذكر العلويين وبني عبد شمس بعد بني هاشم وذكر الأمويين في بني عبد شمس ثم ذكر بعد ذلك بقية قريش وبطون أخرى من مضر وخص الجزء الأخير من الكتاب عن قيس وخاصة منهم ثقيف وأفاض في سيرة الحجاج بن يوسف الثقفي.

أما كتاب فتوح البلدان فقد وجد البلاذري مادة خصبة من الفتوح التي وجدها قبل أن يؤلفه من قبل فتوح اسحق بن بشر والواقدي ومعمر بن المثنى والمدائني فقد بدأ فيه مؤلفه بالجزيرة العربية ثم بلاد الشام وقبرص والجزيرة وثغور الروم وأرمينية ثم تناول مصر والمغرب وأفريقية والأندلس ثم جزائر البحر وعاد بعد ذلك إلى السواد والعراق ثم آتى على ذكر فتوح فارس والجبال وسجستان وكرمان وكابل وخراسان والسند.

ويبقى فتوح البلدان للبلاذري مصدرا من أهم المصادر التاريخية دقة وأكثرها صحة وتنقيبا عن الفتوح العربية الإسلامية باعتبار أن الواقدي لم يثبت وقائع الفتوح كما فعل البلاذري ولم تصل إلينا كتب المدائني هذه ويكون فتوح البلدان كما ذكر عنه: خاتمة تاريخ الفتح العربي.

## الطبري (٢٢٤-٣١٠هـ)

هو أبو جعفر محمد بن جرير بن يزيد بن كثير بن غالب الطبري ولد في أواخر سنة ٢٢٤هـ وكانت ولادته بآمل من أعمال طبرستان لذا لقب بالآملي نسبة إلى مسقط رأسه (آمل) أو بالطبري نسبة إلى طبرستان وهي النسبة التي اشتهر بها.

أدرك الطبري العلم صبيا ورحل في سبيله يافعا لم يبلغ مبلغ الرجال فلم يكد يبلغ السن التي تؤهله للتعلم حتى عهد به والده إلى علماء آمل وسرعان ما تفتح عقله وبدت عليه مخايل النبوغ وهو حدث فقد ذكر الطبري نفسه (حفظت القرآن ولي سبع سنين وصليت بالناس وأنا ابن ثماني سنين وكتبت الحديث وأنا أبن تسع سنين).

وكان هذا النبوغ حافزا لأبيه على الجد في إكمال تعليمه وحثه على الرحيل في طلب العلم وخاصة أنه رأى حلما تفاءل من تأويله والواقع أن حب الطبري الابن البحث والعلم كان الدافع القوي في مواصلة الطريق وإلا فإن مجرد رؤياه وتفسيرها على الوجه الذي رآه الأب لا تكفي لدفع الابن إلى البحث العلمي وطلب ما لم تتوفر الرغبة في نفس الطبري الابن ولم يحبس الأب هذه الرؤيا في نفسه بل أخبر بها ابنه فكانت هذه البشارة عاملا نفسيا تشجيعيا لابنه في سبيل الاجتهاد في طلب العلم وشد الرحال والسفر من أجله.

وكانت الري آنذاك من المدن التي ازدهرت في ظل الإسلام ووجود العرب حاملي مبادئ الإسلام لذلك رحل إليها الطبري وتلقى على شيوخها بعض العلوم الإسلامية منهم أحمد بن الدولابي ويذكر أنه أخذ عنه التاريخ ومحمد بن حميد الرازي الذي كان صاحب شهرة واسعة في علم الحديث والسيرة والمغازي ويقال أن الطبري كتب عن ابن حميد فوق مائة ألف حديث وكذلك المثنى بن إبراهيم الآملي.

وحينما ترامت إلى الناس أنباء أحمد بن حنبل وشاع ذكره في منتديات العلم ومجالي العلماء، عزم الطبري على الرحلة إليه في بغداد ليأخذ عن الإمام المحدث الفقيه لكن الأقدار لم تحقق له ما كان يصبو إليه لوفاة ابن حنبل قبيل دخول الطبري إلى بغداد لهذا أقام بها وكتب عن شيوخها منهم الحسن بن محمد بن الصباح

الزعفراني الذي كان راويا للإمام الشافعي وتلقى الطبري فقه الشافعي عنه وعن أبي سعيد الأصطخري.

وفي البصرة أخذ الطبري من شيوخها وعلمائها في مختلف الفنون والمعارف ومن شيوخها أبو الأشعث الكندي الراوي وبشر بن معاذ الذي نقل عنه الطبري اخبارا عن العرب قبل الإسلام، ومحمد بن بشار بندار وكان الطبري من الذين أخذ أخبار الإمام علي بن أبي طالب (رضي الله عنه) في أثناء زيارته البصرة حيث اشتهر بالحديث بين رجال أهل البصرة ومحمد بن على الأعلى الصنعاني الذي أخذ عنه الطبري لعصر ما قبل الإسلام وفجر الإسلام حتى سنة ٦هـ ومحمد ابن المثنى الذي ورد أسمه اكثر من اثنين وثلاثين موضعا من تاريخ الطبري وتتعلق هذه المواضع بأخبار ما قبل الإسلام وقد أخذ أكثرها من كتب التفسير وفي الكوفة المدينة الثانية في العراق التي اشتهرت بعلومها الكثيرة التقى الطبري بعد من شيوخها منهم أبي بن كريب وهناد بين السري.

وعندما عزم الطبري على الرحيل إلى مصر عرج على أجناد الشام وسواحلها وثغورها، وأطال أيامه في بيروت حيث لقي العباس بن الوليد البيروني المقرئ قضى منها سبع ليال بالمسجد الجامع إلى أن أتم ختم القرآن برواية الشاميين تلاوة عليه. وتابع مسيره إلى الفسطاط فبلغها سنة ٢٥٣هـ وكان أول من لقيه بها أبو الحسن السراج المصري وكان أديبا يتلقى ويتعرض كل من دخل الفسطاط فلما التقى بأبي جعفر ساءله عن فنون من الفقه والحديث واللغة والنحو الشعر فوجده عالما في كل ما سأل آخذا من كل علم بنصيب وافر.

وطال مكثه في مصر سنوات ذهب في أثنائها إلى الشام ثم عاد فأخذ من فقه الشافعي عن الربيع بن سليمان وأبناء عبد الحكم، وفي مصر أيضا لقي يونس ابن عبد الأعلى الصدفي وأخذ عنه القراءة وفقه مالك ثم عاد إلى بغداد بعد أن عاوده الشوق والحنين إلى موطنه، وأستقر بها وقرأ الكثير وكتب وشاهد وصحب

إعلام عصره وأخذ عنهم وفي بغداد أنقطع الطبري للدرس والتأليف وامتنع عن كل ما يصرفه عنهما.

وتوفي الطبري في ٢٦ شوال سنة ٣١٠هـ ودفن في مسجده إزاء داره برحبة يعقوب في الجانب الشرقي من بغداد في عصر الخليفة العباسي المقتدر بالله وقال الخطيب البغدادي: واجتمع عل جنازته من لا يحصى عددهم إلا الله وصلى على قبره عدة شهور ليلا ونهارا، ورثاه خلق كثيرة من أهل الدين والأدب.

برز الطبري في نواحي كل فن لكن شهرته طارت في الفقه والتفسير والحديث والقراءات والتاريخ ففي الفقه وضع الطبري كتابه (لطيف القول) وجعله في ثلاثة وثمانين باباً وكتاب البسيط تحدث فيه عن علماء الأمصار ومراتبهم وكتاب اختلاف الفقهاء عرض فيه لأقوال العلماء وأما التفسير فقد صنف فيه كتابه الكبير جامع القرآن في تفسير القرآن جعله ثلاثين جزءا بعدد أجزاء القرآن وأما الحديث فقد صنف فيه كتاب تهذيب الآثار وأما القراءة فقد وضع فيها كتابه الموسوم الفصل بين القراءات ذكر فيه اختلاف القراء في حروف القرآن وفصل أسماء القراء في حروف القرآن ثم بين سبب اختياره قراءة له من بينها جميعا.

وفي التاريخ يعد كتابه (تاريخ الرسل والملوك) أو تاريخ الأمم والملوك أوفى عمل تاريخي بين مصنفات العرب إقامة الطبري على منهج عليم وساقه في نهج استقرائي بلغت فيه الرواية مبلغها من الثقة والأمانة والإتقان فاق ما قام به المؤرخون قبله كمحمد بن اسحق والواقدي وابن هشام وابن سعد والبلاذري وغيرهم ومهد الطريق لمن أعقبه في هذا العلم كالمسعودي والخطيب البغدادي وابن الأثير وغيرهم.

لقد بدأ الطبري تاريخه بعد المقدمة بذكر الدلالة على حدوث الزمان ثم ذكر آدم وما كان بعد من أخبار الأنبياء والرسل وصولا إلى ظهور الرسول محمد (صلى الله عليه وسلم) وبعثه وذكر الخلفاء الراشدين والدولة العربية في العهد

الأموي والدولة العربية في العهد العباسي لذلك فالكتاب ينقسم إلى قسمين كبيرين هـما: القسم الأول مـا قبل الإسلام منذ الخليفة ثم الرسل والملوك والأمم القديمة إلى البعثة النبوية الشريفة أما القسم الثاني الإسلام والمسلمون منذ عهد الرسول (صلى الله عليه وسلم) حتى سنة ٣٠٢هـ/٩١٤م.

## المسعودي (ت ٣٤٥هـ)

أبو الحسين علي بن الحسين بن علي المعتزلي الشافعي من ذرية عبد الله ابن مسعود ولد ببغداد وفيها نشأ وترعرع مال منذ حداثته إلى الترحال والسفر فجاب فلسطين وبلاد فارس وطوف في أرجاء أرمينية وضواحي بلاد القاف والهند وبحر الصين ومدغشقر وزنجبار وعُمان ومر في أثناء طوافه بإنطاكية سنة ٣٣٢هـ ودمشق بعد ذلك بسنتين ثم صرف سنواته العشر الأخيرة متنقلا بين سورية ومصر وتوفي في الفسطاط سنة ٣٤٥هـ (وقيل في بعض المصادر سنة ٣٤٦هـ).

ولم يصل إلينا من آثار المسعودي إلا النذر اليسير على كثرة مؤلفاته التاريخية والأدبية ومع ذلك فان في هذا النذر الكبير المثمر والذي يدل على سعة إطلاع وتنوع المعلومات وهي معلومات جليلة جمعها من الكتب التي أمكنه الاطلاع عليها ومن ثم أضاف إلى محصلته وفرة المعلومات التي وعاها نتيجة الأسفار والرحلات التي قام بها إلى مختلف أصقاع آسيا وقسم من أفريقية الشرقية وبحارها وأنهارها. وكما ذكرنا أنه قضى سنواته العشر الأخيرة متنقلا بين سورية ومصر إذ لم يكن له دار إقامة خاصة به ولذلك قضى أيامه في تصنيف مؤلفاته التاريخية.

أطلق عليه المحدثون لقب (هيرودوت العرب) وهو تشبيه صحيح ومحاكاة جيدة، فان كلا منهما أفاض في تدوين التاريخ وجمع المادة بصبر وتأن وكذلك جمع بينهما جلد على تسجيل الوقائع وتدوين الخوارق والعجائب التي أخذت بلبيها فإن العمل الـذي قـام به المسـعودي هو تسجيل التاريخ، تـاريخ الإنسانية العام منذ بدء

الخليفة إلى زمنه سنة ٣٣٦هـ فان الموضوعات التي دونها وكذلك الاستطرادات التي كلف بها وغاض في البحث فيها ميزت كتبه بالتطويل والاستطراد.

ومن مؤلفات المسعودي (أخبار الزمان ومن اباده الحدثان) وهو كتاب يقع في نحو ثلاثين مجلدا لم يبق منه سوى جزء واحد موجود في خزانة فينا الأهلية وقد اختصر المسعودي وسمى المختصر- الكتـاب الأوسط ثم أجمل ما بسطه وأختار من مطولاته ما وسعه الاختيار في كتاب (مروج الذهب) الذي انتهى من كتابته في جمادى الأولى سنة ٣٣٢هـ (مروج الذهب ومعادن الجوهر) (كتاب القضايا والتجارب) (كتاب التاريخ في أخبار الأمم من العرب والعجم) (كتاب الثنية والأشراف) (كتاب المسائل والعلل في المذاهب والملل) (كتاب مزاهر الأخبار وطرائف الآثار) (كتاب تقلب الدول وتغير الآراء والملل). وغيرها.

وكتاب مروج الذهب عبارة عن دراسة تاريخية وجغرافية معا، فالكتاب ليس تاريخيا متصل الحلقات بعضه ببعض ولكنه مجموعة من الحوادث والأخبار كان أساسه ما رآه المؤلف عيانا في البلاد التي طاف فيها في أثناء رحلته الطويلة وكان قد وصل في سرد هـذه الحوادث التاريخية إلى سنة ٣٣٢هـ وفي السنة التي ألف فيها كتاب مروج الذهب.

<h2 style="text-align:center">المقدسي (٣٣٥-٣٨١هـ)</h2>

هو أبو عبد الله محمد بن أحمد بن أبي بكر ولد في بيت المقدس (القدس) ونسب إليها ومـن المرجح أنه ولد في حدود سنة ٣٣٥هـ ودرس الأدب والفقه وأطلع على أخبار الأقدمين مـن كتبهم أقام في الشام وفي العراق فخالط العلماء والأدباء والقراء والمحدثين والزهاد وقام بـرحلات عديـدة فطاف المملكـة الإسلامية من أقصاها إلى أقصاها ومن المرجح أن تكون وفاة المقدسي بين سنة ٣٧٥هـ وسنة ٣٨١هـ

كان المقدسي قوي الملاحظة غني المحافظة وصاحب مهارات متنوعة يلقى الناس على اختلاف طبقاتهم وأجناسهم ومذاهبهم وأعمالهم، فيسجل ما يلاحظه ويشاهده وقد أتيح له أن يزور القصور ويخدم ملوكها ليطلع على خزائن كتبهم تولى الحسبة وجلد الكتب وخطب على المنابر وأقام في المساجد وزار المدارس.

كانت حياة المقدسي قاسية وغنية معا، ورأى أن يبلغ هدفه الأخير بأن يضع كتابا عن الأقاليم الإسلامية (يحيى به ذكره وينفع الخلف ويرضي الرب) ورأى أن يقصد من علوم الأقدمين (ما قد أغفلوه وهو ذكر الأقاليم الإسلامية وما فيها من المغاوز والبحار والبحيرات والأنهار ووصف أمصارها المشهورة ومدنها المذكورة ومنازلها المسلوكة وطرقها المستعملة...) وكان موقنا أن طرافة ما يكتبه سيجد الخلود إذ ان مضمونه (لا غنى عنه للصالحين والأخيار وتطلبه القضاة والفقهاء وتحبه العامة والرؤساء ينتفع به كل مسافر ويحظى به كل تاجر).

أما منهجه في ما كتب فأساسه الملاحظات والمشاهدات الشخصية ثم النقل عن الكتب القديمة ودعائمه (سؤال ذوي العقول من الناس، ذكر الأسانيد لما يقوله أو يعانيه نقل ما في خزائن الملوك مع اجتهاده ألا ينقل إلا الضروري مع ذكر المرجع) وقد عاب عليه البلخي والجاحظ اختصاره وأخذ عليه ابن الفقيه إدخاله في الكتاب علوما لا تليق (مرة يزهد في الدنيا وتارة يرغب فيها..).

أما الاختصار فقال المقدسي انه منهجه خاصة في إطلاق الأحكام واستطراده كان للفائدة ولكي تزيد الفائدة فقد صور الأقاليم (مثلناها ورسمنا حدودها وخططها وحررنا طرقها المعروفة بالحمرة وجعلنا رمالها الذهبية بالصفرة وبحارها المالحة بالخضرة وأنهارها المعروفة بالزرقة وجبالها المعروفة بالغبرة ليقرب الوصف إلى الإفهام ويقف عليه الخاص والعام).

وفي كتابه (أحسن التقاسيم) أبحاث في المملكة الإسلامية، بخارى، دمشق، أرجان، جرجان، نيسابور، أريحا، مصر، القسطنطينية، ومنه:

- القسطنطينية: تكون في العظم مثل البصرة أو أصغر، بناؤها حجر وهي محصنة كسائر البلدان منيعة بحصن واحد لا غير والبحر من جانب على حافته الميدان ودار البلاط ودار الملك على صف والميدان بين الدارين أبوابها مقفلة في وسط الميدان دكة بدرج لهم أوقات يجتمعون فيها للعب فإذا أرادوا أن يتفاءلوا في لعبهم صاروا حزبين وأرسلوا الخيل حول الدكة... وللبلد أسواق حسنة والأسعار بها رخيصة والفواكه كثيرة).

- دمشق: هي مصر الشام ودار الملك أيام بني أمية وثم قصورهم وآثارهم بنيانهم خشب وطين وعليها حصن أحدث وأنابه من طين أكثر أسواقها مغطاة ولهم سوق على طول البلد مكشوف حسن وهو بلد خرقته الأنهار وأحدقت به الأشجار وكثرت به الثمار مع رخص أسعار لا ترى من حماماتها ولا أعجب من فواراتها ولا أحزم من أهلها هي طيبة جدا غير أن في هوائها يبوسة.

- الفسطاط: هو مصر في كل قول لأنه قد جمع الدواوين وحوى أمير المؤمنين وفصل بين الغرب وديار العرب واتسعت بقعته وكثر ناسه وتنضر إقليمه واشتهر اسمه فهو مصر وناسخ بغداد ومفخر الإسلام ليس في الإسلام أكبر مجالس من جامعه ولا أحسن تجملا من أهله ولا أكثر مراكب من ساحله، أهل من نيسابور وأجل من البصرة وأكبر من دمشق به أطعمه لطيفة وادامات نظيفة وحلاوات رخيصة كثيرة الموز والرطب غزير البقول والحطب خفيف الماء صحيح الهواء معدن العلماء طيب الشتا أهله أهل سلامة وعافية ومعروف كثير وصدقة نغمتهم بالقرآن حسنه وقد استراحوا من أذى الأمطار وأمنوا من غائمة الأشرار قاضيهم خطير والمحتسب كالأمير.

- القيروان: مصر الإقليم بهي عظيم حسن الأخباز جيد اللحوم قد جمع أضداد الفواكه والسهل والجبل والبحر والنعم مع علم كثير ورخص عجيب اللحم خمسة أمناء بدرهم والتين عشرة ولا تسأل عن الزبيب والتمر والأعناب والزيت هي

فرصة المغربيين ومتجر البحرين لا ترى أكثر من مدنها ولا أرفق من أهلها ليس فيها غير حنفي ومالكي مع ألفه عجيبة لا شغب بينهم ولا عصبية ارفق من نيسابور وأكبر من دمشق وأجل من اصبهان إلا أن ماءهم ضعيف وأدبهم طفيف ولا فيهم ظريف الماء مخزون.

إن كتاب (أحسن التقاسيم) مرجع جغرافي مهم للقرن الرابع الهجري -الحادي عشر الميلادي- لأنه تفرد بملاحظات عن الحياة الاجتماعية والاقتصادية والفكرية لا تجدها في مرجع آخر.

## ياقوت الحموي (٥٧٥-٦٢٦هـ)

ياقوت بن عبد الله المستعصمي، جمال الدين من موالي المستعصم كان مولده سنة ٥٧٥هـ في بلاد الروم ولا تذكر المصادر شيئا عن أسرته الرومية الأصل أو بلده أو أبيه، كل الذي ذكر أنه وقع أسيرا وهو صغير وبعد أسره سيق إلى بغداد حيث اشتراه تاجر حموي يدعى عسكر فسمي ياقوت وهو اسم كانت العرب تطلقه على الرقيق ولما كان مجهول اسم الأب الرومي فقد جعلوه عبدا من عبيد الله ومنذ ذلك أصبح اسمه ياقوت بن عبد الله ثم ألحق به لقب الحموي للدلالة على اسم مولاه الذي اشتراه.

ولما كان مولاه عسكر تاجرا ليس له معرفة بالكتابة والقراءة فقد دفع الصبي الصغير إلى الكتاب ليتعلم الكتابة والقراءة هناك ولما أتقنهما استعان به في أعمال تجارته ثم لما شب وكبر أندفع ياقوت إلى تعلم النحو واللغة، وعندما أصبح ياقوت مساعدا لعسكر في أعمال التجارة كان لابد منه الأسفار وقد كان غلاما حين كان يتردد إلى كيش (جزيرة وسط البحر الهندي) ثم إلى عُمان في جزيرة العرب ثم كان يعود إلى الشام وهي تحت حكم بني أيوب.

وفي سنة ٥٩٦هـ وكان ياقوت فقد بلغ الحادية والعشرين من عمره جرت بينه وبين مولاه عسكر جفوه فأعتقه وأبعده عنه وربما كانت هذه الجفوة في صالح

ياقوت إذا اندفع هذا الشاب إلى المطالعة والقراءة والتحصيل واشتغل في النسخ فكانت الإفادة من كل هذا عظيمة فحصل له من هذه العلوم فائدة كبيرة وبعد بضع سنيين وبسبب ما حصله ياقوت من العلم فقد جعله مولاه شريكا له فأعطاه من ماله وسفره إلى كيش التي كان يقصدها صغيرا ولما عاد ياقوت من سفرته هذه وجد أن مولاه عسكر قد توفي سنة ٦٠٦هـ فأعطى زوجة مولاة وأولاده مارضوا به وأبقى معه ما تبقى من المال ليتاجر به وكان أن اختار لتجاره تجارة الكتب فكانت مربحة فكسب منها.

كانت هذه التجارة تتطلب منه أن يحمل الكتب إلى البلاد ثم يعود حاملا الكتب منها أيضا، وكان هذا الرحيل والعودة بعد ذلك يدفعانه إلى مزيد من الاطلاع والبحث في موارد ومصادر الثقافة الإسلامية الوفيرة ومن ثم معرفة أسماء العلماء الذين يودون شراء كتب العلم واللغة وفي واحد من سفراته كان محط رحالة في حلب سنة ٦٠٩هـ وكان وزير حلب آنذاك القفطي المعروف وكان هذا الوزير ميالا إلى جمع الكتب حريصا على اقتنائها وكان له وسيط لشراء الكتب يدعى أبو علي القيلوي فأدخل ياقوتا عليه يحمل إليه ما جمعه من الكتب ومن حلب رحل ياقوت إلى الموصل فإربل ثم توجه نحو خراسان.

وفي خراسان قام ياقوت بالتأليف والمطالعة والنسخ، وكان مع هذا يتاجر بالكتب ويحملها وينتقل بها بين خراسان ومرو ونسا وخوارزم على أن أكثر إقامته كانت في مرو، وكان هذه الإقامة من أنضب أيام عمره حيث أفاد منها الكثير، ومن مرو انتقل إلى نسا، ثم منها إلى خوارزم ولم يطل مقامه في خوارزم بعد أن هاجمها التتر ففر منها سنة ٦١٦هـ تاركا كل ما لديه واتجه منها إلى الغرب مقاسيا في رحيله التعب والخوف إلى ان وصل إربل سنة ٦١٧هـ ولكن المقام بها لم يطب له فتركها إلى الموصل وبعد وصوله إليها كتب رسالته الشهيرة إلى وزير حلب القفطي وهي رسالة طويلة قص فيها قصة حياته وتعبه وجهده وسعيه وراء الرزق وحرمانه

وما عاناه في خراسان ومرو من علم وراحة وكان قد تمنى في آخر رسالته المثول بحضرة الوزير بعد ذلك أقام ياقوت بالموصل مدة ثم تركها إلى سنجار ومن ثم إلى حلب وفي حلب لجأ إلى الوزير القفطي فرحب به الوزير وسمح له بالاطلاع على الكتب قدر ما يريد.

وفي حلب هذه المرة استطاع ياقوت أن يجد في كنف الوزير القفطي ما نشده من راحة فأخذ يجتمع بالعلماء والكتاب ويقرأ الكتب وينسخ حتى تمكن من تجميع مال وفير فسافر ببضاعة من الخام إلى مصر وعاد من مصر ببضاعة ربح فيها.

وفي حلب أيضا فرغ ياقوت الحموي من مسودة كتابه (معجم البلدان) سنة ٦٢١هـ وكان أن أهداه بخطه إلى خزانة القفطي الوزير ثم عمد بعد ذلك إلى تبيض الكتاب سنة ٦٢٥هـ وبقي ياقوت في حلب إلى ان توفي سنة ٦٢٦هـ وأوصى إلى العز بن الأثير وهو المؤرخ المشهور بأوراقه ومجموعاته ليسيرها إلى بغداد.

بدأ ياقوت في معجم البلدان مؤرخا يذكر الفتوح وأحكام الأراضي ويذكر تاريخها وأخبارها ووصف أقاليمها ويعمد إلى ذكر اشتقاق أسمائها لغويا ويذكر أيضا أسماء الرجال الذين نسبوا إليها عظماء وأدباء وشعراء ورجال دين وزهد وكان يحاول في كل ذلك ذكر سني ولادتهم ووفياتهم وما أثر عنهم.

إضافة إلى معجم البلدان ألف ياقوت أيضا معجم الأدباء وهو معجم جمع فيه أخبار النحويين واللغويين والقراء والنسابين والأخبار بين المؤرخين والوراقين والكتاب وكل من صنف في الأدب تصنيفا وأختصر ياقوت جمهرة النسب لابن الكلبي وجرد من معجم البلدان المختلف صقعا والمثقف وضعا ثم صنف كتبا ضاع أكثرها منها معجم الشعراء، كتاب المبدأ والمآل في التاريخ، كتاب أخبار المتنبي، كتاب أوزان الأسماء والأفعال الحاصرة لكلام العرب، ويذكر أن الفرنسي كارادفو قال ان معجم البلدان من المؤلفات التي يحق للإسلام أن يفخر بها كل الفخر.

## اليعقوبي (ت ٢٨٤هـ)

هو أبو العباس أحمد بن أبي يعقوب اسحق بن جعفر بن وهب بن واضح الأخباري العباسي الكاتب الشهير باليعقوبي ولد في مدينة بغداد في القرن الثالث للهجرة حيث كانت مركزا للحضارة الإنسانية وهو من عائلة لها مكانتها في المنصب والجاه لدى الخلافة العباسية وعاش في أقطار الوطن العربي مدة تفوق المدة التي عاشها خارجه وخاصة في مصر والمغرب حيث أمضى أكثر من نصف عمره وانه تنقل في الأمصار الإسلامية الأخرى إلى الدرجة التي يمكن القول بأنه قد غطاها كلها على الرغم من سعة امتدادها.

كان اليعقوبي رائدا في عالم الرحلات التي اشتهر فيها إذ تنقل في العالم المعروف وقتذاك شرقا وغربا داخل العراق وأرمينية التي دخلها مبكرا عام ٢٦٠هـ وخراسان والهند وبلاد الشام وفلسطين وتركستان ومصر والمغرب والأندلس ولا يعرف السبب الذي دفعه إلى رحلته المبكرة من حياته إلى أرمينية إلا أن تكونت لديه في وقت مبكر فأرتحل من أجلها.

وذكر ياقوت الحموي في كتابه (معجم البلدان) أن وفاة اليعقوبي كانت في سنة ٢٨٤هـ معتمدا في ذلك على قول أبي عمر محمد بن يوسف بن يعقوب المصري الكندي وأن هذه الرواية في تحديد تاريخ وفاة اليعقوبي قد اتخذت أساسا لأغلب من كتب عن اليعقوبي بعد عصر ياقوت الحموي بما في ذلك الدراسات الحديثة.

وفي رحلة حياته الغنية تلك تمكن اليعقوبي من أن يقدم عطاء رائداً مركزاً في الحقول التي تناولها ممثلا بكتاب (البلدان) وكتاب (التاريخ) تاريخ اليعقوبي وكتاب مشاكلة الناس لزمانهم وهي التي وصلت إلينا ولم نتمكن من الإطلاع على نتاجات أخرى من كتاب في أخبار الأمم السابقة وكتاب المسالك والممالك الذي أشار إليه أبو الفداء وكتاب فتوح المغرب وكتاب عن الطاهريين وكتاب فتح أفريقيا.

واهتم اليعقوبي بوضع أهداف بحوثه في مقدمة كتبه مع الإشارة إلى أي اقتباس مما يجعله من أوائل من أبتدع طريقة وضع الخطة أو الإطار النظري للبحث الأطار الذي اتخذه منهجا له وأكثر من ذلك كان اليعقوبي يحدد الطريقة التي تمكن من خلالها جمع المعلومات التي لا يثبتها إلا بعد التأكد من صحتها فكان ينفي أية رواية لم يتأكد من صحة ما جاء بها.

ولكي يفاد مما جاء في كتبه، اعتمد على طريقة تبويب المادة والالتزام بما جاء بذلك وقد اتبع اليعقوبي التبويب في كتبه حسب الموضوعات وليس السنين مما يشكل زيادة على منهج البحث العلمي كما جاء في كتاب البلدان مقارنه مع اعتماده على البعد الزماني وعلى تسلسل السنيين في تاريخه مما أعطى للبيانات الجغرافية بعدها التاريخي وهو ما يحدث في دراسات معاصرة جادة.

وكان اليعقوبي واقعيا وعمليا وعلميا في منهجه وذلك من خلال المقارنة والتحليل والاستنتاج مثال ذلك مقارنته بين أقاليم الدولة العربية الإسلامية المختلفة ومما دعم هذا التوجه هو اعتماده على استخلاص معلوماته من أرض الواقع موظفا رحلاته المتكررة لتحقيق ذلك مما مكنه من ذكر حقائق جديدة مما يشكل في طريقة عرضها إضافة علمية لم يسبقه إليها أحد، وأكثر من ذلك كان يدعم ما توفر له من بيانات باستجواب لشرائح من الناس للتأكد من علمية ما يؤلف ومما ساعد اليعقوبي ومعاصريه ومن تبعه من رواد الجغرافية والتاريخ هو شمولية نظرتهم المرافقة لحبهم واندفاعهم للرحلات العلمية مما ساعد على اكتمال أكثر من علم ومنها الجغرافيا والتاريخ.

وفي دراساته تمكن من أن يميز بين المراحل التاريخية من خلال المنظور الحضاري مثال ذلك ما فعله في كتابه (التاريخ) إذ خصص الجزء الأول لمعالجة المدة التي سبقت الإسلام في حين جاء الجزء الثاني لمناقشة المرحلة بعد ظهور

الإسلام ومما سهل عملية متابعة التطور رأسيا وبقدر تكاملها مع المكان أفقيا مما مكنه لأن يكون شموليا بمنهجيه دون المساس بجانبي الدقة والعلمية.

جاء المجلد الأول من تاريخ اليعقوبي شاملا المرحلة الممتدة من آدم إلى ظهور الإسلام حيث ذكر فيه أخبارا عن السريان والهنود واليونان والرومان والفرس والنوبة والبجة والزنج والحميرين والغساسنة والمناذرة وغيرهم مقارنة مع المجلد الثاني الذي خصصه للمرحلة الإسلامية إلى عام ٢٥٩هـ حيث زمن الخليفة العباسي المعتمد على الله.

وتمكن اليعقوبي ببراعة من توظيف نتائج رحلاته المتكررة والواسعة من خبرات متراكمة جمعها ووثقها مستفيدا من المشاهدة والفحص المباشرين للظواهر الجغرافية المختلفة عن البلدان أو لموقعها معززا لذلك باستجواب السكان (أهل الأمصار) إذا كان يستجوب شرائح منهم عن مختلف جوانب البلد أو المدينة، وفي بعض الأحيان يكرر السؤال نفسه لأكثر من شخص لإثراء معلوماته وضمان دقتها قبل تدوينها وفي ذلك كان يهتم باستقصاء المعلومات عن التباعد بين الأمصار والبلدان ومراتبها والبنيان الاقتصادي والاجتماعي والإداري لتلك البلدان مما جعل كتابه البلدان مصدرا علميا موثوقا به.

وكانت المصادر التي اعتمد عليها اليعقوبي هي الكتب المترجمة من مختلف اللغات المعاصرة والأقدم ومن كتب الذين سبقوه من الرواة والرحالة والفلكين ونصوص الرسائل والخطب والأشعار والنقوش الأثرية فضلا عن الدراسة الميدانية مشاهدة واستجوابا ولقد نوع اليعقوبي مصادره فمنها الأصلية كالكتاب المقدس ومنها المصادر المترجمة كما أشير زيادة ما تم الإجماع عليه من الروايات والمقالات.

لقد عرفت لدى اليعقوبي صفة تواضع العالم ذلك انه لم يكن محبا للشهرة وكان يبتعد قدر استطاعته عن الأضواء والأعلام بدليل تجرده من ذكر اسمه في مقدمات كتبه كما انه لم يكن مبالغا في علميته حيث لم يذكر انه كان كاملا في أي

من نتاجاته العلمية وقد أكد ذلك في كتابه البلدان حيث قال أثناء حمده لله بأنه (العالم بما خلـق، قبـل، كونه والمدير لما حدث على غير مثال من غيره أحاط بكل شيء علما وأحصاه عددا!).

عباقرة
النحو واللغة والأدب

## الأخفش الأوسط (ت ٢١٥هـ)

أبو الحسن سعيد بن مسعدة البصري، أصله من بلخ، كان مولى لبني مجاشع بن دارم مـن تمـيم أقام في البصرة وكانت تزخر في تلك الحقبة بالعلماء والأعلام من النحويين واللغويين فأخذ عـن طائفـة مـن علمائها منهم سيبويه وهو أعلم من أخذ عنه وحماد بن الزبرقان، وأبو مالك النميري، كـما صحب الخليـل بن أحمد وأطلع على مؤلفات أبي عبيده معمر بن المثنى والحسن البصري وغيرهم.

عد أحد الأئمة النحاة البصريين ولقي من لقيه سيبويه من العلماء لانه كان أسن منه، وقد أصبح الأخفش الطريق إلى كتاب سيبويه بعد وفاته وكان قد خالفه في كثير من آرائه في حياته ولكنـه بعد رحيل سيبويه إلى الأهواز آثر المناظرة التي جرت بينه وبين الكسائي توجه الأخفش إلى بغداد وانتصر ـ لشيخه فسأل الأخفش الكسائي عن مائة مسألة نحوية فأجابه الكسائي إجابات أخطأ فيها الأخفش فاعترف لـه الكسائي بعدها بالفضل وأحب أن يتأدب أولاده على يديه، وقرأ على الأخفش كتاب سيبويه سرا فأعطاه الكسائي سبعين دينارا.

كان الأخفش من علماء الكلام المبرزين في الجدل وقد عده العلماء ثقـة صـادقا فيما يرويـه ولم يكن يقول مالا يعلم ولا يأنف أن يقول لا أدري واتصف بالتواضع مع شيوخه.

صنف كتبا كثيرة في اللغة والنحو والعروض والقوافي منها معاني القرآن والأوسط في النحو وقد رجع في مسائله إلى مذهب سيبويه والمقاييس في النحو وكتاب المسائل الكبير وكان تأليفه جوابا عن مسائل سأله عنها هشام الضرير النحوي وقد اعتمد على هذا الكتاب بعض الكوفيين وله كتاب وفق التمام وكتـاب الاشتقاق وكتاب العروض وكانت له مشاركة في علم العروض وهو الذي أضاف البحر المتـدارك إلى الخمسـة عشر بحرا التي أحصاها الخليل.

أما أبرز كتبه فهو كتاب معاني القرآن وفيه يفسر الأخفش معاني كلام الله لغويا وقد سبقه إلى تفسير القرآن لغويا معمر بن المثنى وقطرب. تناول الأخفش السور القرآنية كما وردت مرتبة في المصحف، واستعان بالآيات القرآنية في تفاسير أخرى كما تناول القراءات المختلفة وأقام حولها الدراسات الصرفية أو النحوية أو الدلالية أو الصوفية، وبين آثر اختلاف القراءات في المعنى مفضلا منها ما كان أجود في العربية.

وتقوم دراسة الأخفش على السماع وقد عرف لهذا (بالأخفش الراوية) وقد اتبع فيه منهج المدرسة البصرية وفي الكتاب اهتمام ظاهر بالشعر الذي يستشهد به على صحة ما يذهب إليه وقد وضع تفسير غريب لكل بيت شعر تحته واستفاد من أقوال العربي في القياسات اللغوية والدراسات الصوتية وذهب في تفسيره معاني القرآن مذهب المعتزلة وابتعد عن الاستشهاد بالأحاديث النبوية لجواز نقلها بمعانيها كما ابتعد عن الاستعانة بالأخبار والقصص في عمله التفسيري.

ويبدو في كتابه واضح المنهج والعبارة منطقيا في التنسيق متمكنا مما يعرضه من علوم قادرا على نقل العلم وتقريب علوم العربية إلى أذهان تلاميذه بحيث يمكن أن يعد كتاب (معاني القرآن) كتابا تعليميا واضحا في بسط القضايا اللغوية في القرآن الكريم.

أخذ عن الأخفش عدد كبير من الرجال الذين تمتعوا بشهرة واسعة في ميادين اللغة والنحو، من هؤلاء أبو عثمان بكر بن محمد المازني البصري وأبو عمر صالح بن اسحق الجرمني، وسهل بن محمد السجستاني والعباس بن فرج الرياشي وآخرون وأفاد منه عدد كبير من شيوخ المدرسة الكوفية يمكن أن يعد الكسائي على رأسهم.وقد استفاد الكثير من العلماء من كتبه كالثعالبي الذي استفاد من كتابه غريب القرآن كما أخذ عبد القادر البغدادي من كتابه أبيات المعاني وعدت الأشعار التي أوردها من الشواهد التي يستشهد بها.

## الأصفهاني (٢٨٤-٣٥٦هـ)

علي بن الحسين من أحفاد مروان بن محمد الخليفة الأموي، ولد بأصفهان ونشأ ببغداد والتي كانت مركز العلم والعلماء في عصره ثقف معارفه وعلومه عن طائفة من الأعلام منهم يحيى بن علي المنجم والفضل بن الحباب الجمحي ومحمد ابن جرير الطبري الذي قرأ عليه كتابه (تاريخ الأمم والملوك) والأخفش الأصغر وابن دريد وابن الأنباري وغيرهم.

وكذلك أخذ أبو الفرج عن الأسفار القديمة فقد حكي انه كان يدخل سوق الوراقين وهي عامرة بالتصانيف فيشتري شيئا كثيرا من الصحف ويحملها إلى بيته ثم تكون رواياته كلها منها، والناظر في كتبه تهوله تلك الأسانيد المطولة وهذا يتعارض مع ما ذكره ابن النديم من أن أبا الفرج كان له رواية يسيره، وأكثر تعويله في تصنيفه كان على الكتب المنسوبة الخطوط أو غيرها من الأصول الجياد، أتهمه ابن الجوزي وغيره بأنه صرح في كتبه بما يوجب عليه الفسق، والظاهر أنه ثقة صدوق كما يقول ابن حجر العسقلاني.

وصف أبو الفرج بأنه كان رسخا زريا لا ينضو عنه ثوبه إلا إذا أبلته الأيام ومع ذلك كان يجالس أعيان السياسة في عصره كسيف الدولة الحمداني والصاحب ابن عباد وركن الدولة بن بويه الذي أدنى مجلسه والحسن بن محمد المهلبي الذي اصفاه ورده وأغدق عليه أنعامه سنين عدة وكان أبو الفرج في مجالسهم يقص ويروي وينتقد ويثير من أدبه ما يتحف ويطرب.

ولأبي الفرج شعر قليل، جيده في الهجاء، فقد كان هجاء خبيث اللسان يتقيه الناس وروى عنه الدار قطني، وابو اسحق الطبري وأبو الحسن علي بن محمد بن دينار وابن بشران النحوي وطائفة وقد أصيب أبو الفرج بالفالج آخر حياته وكان قد خلط قبل وفاته في بغداد.

ترك أبو الفرج مصنفات جليلة منها: الأغاني، ومقاتل الطالبيين، وهما من آجل آثاره، وأخبار القيان، وأيام العرب، ألف وسبعمائة يوم، والإماء الشواعر، وأدب الغرباء، وأدب السماع، ونسب بني عبد شمس، ونسب بني شيبان وغيرها.

كما جمع بعض دواوين الشعراء ورتبها، إلا أن العوادي عدت على أكثر من تلك المصنفات على أن شهرة أبي الفرج قامت على كتاب الأغاني وهو دائرة معارف حافلة بأخبار العرب وأشعارهم وأنسابهم وأيامهم ودولهم وأودعه من الشعر والتاريخ والغناء وسائر أحوال العرب ما يشهد بعبقرية فذه.

والباعث على تصنيفه كما يقول أبو الفرج أن رئيسا من رؤسائه كلفه جمعه له وعرفه انه بلغه أن الكتاب المنسوب إلى اسحق الموصلي مدفوع ان يكون من تأليفه وهو مع ذلك قليل الفائدة، فتصدى أبو الفرج لهذه المهمة يجمع ويروي وينتقد حتى كان ذلك الكتاب، ويحكى أن أبا الفرج جمع كتاب الأغاني في خمسين سنة وكتبه مرة واحدة في عمره ثم أهدى النسخة إلى سيف الدولة الحمداني فأعطاه ألف دينار.

يعد كتاب الأغاني في جملة المصادر المهمة للحضارة العربية فهو سجل حافل للحياة الأدبية والاجتماعية والتاريخية من العصر الجاهلي حتى القرن الثالث الهجري وأسلوب صاحبه موجز متين لغته سهلة دقيقة يخلع على كل شخص من شخوصه لغته التي تجري في زمنه وقد احتفى العلماء والقدماء والمحدثون بهذا السفر العظيم احتفاءً بالغا فأثنوا عليه ونهلوا منه في دراماتهم واختصروه وممن اختصره محمد بن عبد الله الحراني وابن باقيا وابن واصل الحموي وسماه تجريد الأغاني من المثالث والمثاني وابن منظور وسماه مختار الأغاني في الأخبار والتهاني مرتبا على الحروف الهجائية وغيرهم.

## الأصمعي (١٢٣-٢١٦هـ)

أبو سعيد عبد الملك بن قريب بن عبد الملك بن علي بن أصمع واليه نسبته

من قبيلة باهله القيسية، نشأ في البصرة موئل العربية ومحفل علمائها في عصره وفيها توفي، تعلم القراءة والكتابة ثم أتقن تجويد القرآن على أبي عمرو ابن العلاء أحد القراء السبعة، وهو أستاذه في سائر علوم اللغة العربية والأدب، وأكثر من لازمه من شيوخه، وممن ثقف عنهم علومه عيسى- بن عمر الثقفي والخليل بن أحمد الفراهيدي وسمع مسعر بن كدام وشعبه بن الحجاج وحماد بن سلمة وحماد بن زيد.

ومما أسهم في ثقافة الأصمعي روايته عن فحول الشعراء كرؤبه وابن ميادة والحسين بن مطير الأسدي وابن هرمة وابن الدمينة وغيرهم وذلك لاعتقاده أن العلم لا يصح إلا بالرواية والأخذ عن أفواه الرجال.

أحب الأصمعي اللغة حبا ملك عليه شغاف قلبه فارتحل إلى أعماق البوادي يشافه أرباب الفصاحة والبيان من الإعراب الاقحاح حتى انه قلما يقع المرء على كتاب في التراث يخلو من خبر للأصمعي مع الإعراب.

ومما أغنى علمه خزانة كتبه الواسعة التي جمع فيها أصول علمه ومروياته، يتبين من هذا أن علم الأصمعي لم يكن علم سماع من الإعراب ورواية فحسب بل انه كان مع ذلك علم درس ودراية وقد قيل للأصمعي كيف حفظت ونسي أصحابك قال: درست وتركوا.

استقدمه الرشيد إلى بغداد لما بلغه من علمه وفضله واتساع درايته للغة، وروايته لأنساب العرب وأيامها واتخذ سميره ومؤدب نجله الأمين وكان خفيف الروح ظريف النادرة إلى مزك يحرك الرصين ويضحك الحزين.

كان الصدق لسان حال الأصمعي لغة ورأيا ومحبة للعربية شهد له بذلك الشافعي (ما عبر أحد عن العرب بأحسن من عبارة الأصمعي) وقال اسحق

الموصلي وكان عدوه، والفضل ما شهدت به الأعداء (لم أر الأصمعي يدعى شيئا من العلم فيكون أحد أعلم به منه) وقال المبرد (كان الأصمعي بحرا في اللغة ولا يعرف مثله فيها وفي كثرة الرواية) وقال أبو داود (صدوق، وكان يتقي أن يفسر القرآن) ولم يكن أولئك الأئمة إلى غلو في مغالاتهم هذه فقد عرف عنه انه كان ضابطا محققا يتحرى اللفظ الصحيح ويتلمس أسرار اللغة ودقائقها ولا يفتي إلا فيما أجمع عليه علماء اللغة ولا يجيز إلا أفصح اللغات يسعفه في ذلك حافظة وقادة وصبر أهل العلم وجلدهم وعنه انه قال (حفظت ستة عشر ألف أرجوزة) فكثر لذلك خصومه كأبي عبيده معمر بن المثنى واسحق الموصلي وإضرابهم والمعاصرة كما قيل حجاب واختلاف الهوى عدوان وشر عداوة الناس عداوة الصناعة وهذا يفسر العداوة بين الأصمعي ومعاصره أبي عبيده فقد كان الأصمعي اتباعياً يمجد السلف وآثاره ويروى هائما مفتونا أشعاره وأخباره وقد عرف عن أبي عبيده أنه كان شعوبيا يبغض العرب وصنف كتابا في مثالبهم.

وروى عن الأصمعي ابن أخيه عبد الرحمن ابن عبد الله وأبو عبيد القاسم ابن سلام وأبو حاتم السجستاني وأبو الفضل الرياشي واليزيدي وطائفة ولعل في أولئك التلاميذ العلماء أنصع دلالة على جلالة قدر شيخهم.

ترك الأصمعي تراثا جما من التصانيف الجياد، عدتها تزيد على الثلاثين منها: خلق الإنسان، الأجناس، الأنواء،الخيل، اشتقاق الأسماء، الأضداد، اللغات، القلب والإبدال فحوله الشعراء وقد رواه عنه تلميذه السجستاني وفيه نظرات لطيفه في تقويم الشعر والشعراء ولعل آجل آثاره (الأصمعيات) وهو اختيارات شعرية انتخبها من عيون الشعر العربي تصور الحياة الأدبية أدق تصوير في عاداتها وأفكارها وتقاليدها على أن قيمته اللغوية أعلى من قيمته الفنية إذ حفظ لنا تراثا لغويا قلما تخلو منه كتب اللغة والأدب وما يزال الأصمعي مضرب المثل في الفصاحة وسعة الرواية حتى يومنا.

## الأنباري (٢٧١-٣٢٨هـ)

أبو بكر محمد بن القاسم بن محمد بن بشار الأنباري ولد في الأنبار وقصد بغداد وهو صغير ونشأ في بيت علم إذ كان والده من كبار علماء الكوفة في عصره لم يكن يميل إلى اللهو ومتع الحياة بل كان زاهدا ورعا معروفا بتواضعه منصرفا إلى العلم، اتصل بالخليفة الراضي وكان مؤدبا لأولاده.

اتصل بعلماء عصره وتلقى عنهم الأدب والشعر واللغة والقرآن والتفسير والحديث والرواية، وكان في مقدمتهم أبوه القاسم بن محمد الأنباري، وبلغ عدد شيوخه نحوا من أربعين شيخا منهم أبو العباس ثعلب وإسماعيل بن اسحق القاضي والحكيم الترمذي وابن دريد الأزدي، وكان له حلقة علمية في المسجد إلى جانب حلقة أبيه، وتلقى العلم عنه كثيرون من أبرزهم أبو علي القالي والزجاجي وأبو جعفر النحاس وأبو الفرج الأصفهاني كما أخذ القراءة عنه محمد بن عباس الخزاز وأبو الحسين البواب وابن المأمون.

كان من أعلم الناس بنحو الكوفيين وأكثرهم حفظا للغة، وكان مع هذا متواضعا يجهر بالخطأ إن وقع منه ويرشد إلى الصواب وكان عف اللسان لا يقبل أن يذكر أحد في مجلسه بسوء وقد أحبه تلاميذه ومعارفه، وكان يملي كتبه المصنفة ومجالسه المشتملة على الحديث والتفسير والأخبار والأشعار من حفظه وقد رويت أخبار وغرائب من حفظه وسرعة جوابه.

وقد أعتمد في الرواية على علماء العربية كما أخذ عن الإعراب ومع أنه كوفي المذهب فانه لم يكن متعصبا له إلا في مسائل معينه وقد اتصلت ثقافة ابن الانباري في علوم العربية بثقافته في علوم القرآن والحديث حتى لا يمكن الفصل بين هذه العلوم في مؤلفاته كما أثرت شروط المحدثين في الحديث المروي في منهجه في البحث اللغوي فاتصف بالتوثيق والأمانة العلمية.

ترك ابن الأنباري إرثا وافرا من كتب اللغة وعلوم القرآن والحديث والأمثال وقد عد له في المراجع القديمة ما لا يقل عن أربعة وأربعين مؤلفا ورسالة ومن أثاره الأضداد ولم يؤلف في الأضداد كتاب أكبر منه وشرح القصائد السبع الطوال الجاهليات وإيضاح الوقف والابتداء في كتاب الله عز وجل وفيه يتحدث عن ظاهرة الوقف والابتداء التي يتبعها القارئ لأي قرآن كريم بما يتفق مع وجوه التفسير واستقامة المعنى وصحة اللغة وما تقتضيه علومها من نحو وصرف وكتاب شرح الألفات المبتدئات في الأسماء والأفعال، ومسالة في التعجب، والهاءات في كتاب الله، وشرح غاية المقصود في المقصور والممدود لابن دريد.

أما كتاب المذكر والمؤنث فهو من أضخم الكتب في التذكير والتأنيث نقله أبو بكر بن الأنباري عن نحاه ولغويين بصريين وكوفيين وعرض فيه لكل ما يتصل بالتذكير والتأنيث من مسائل النحو والتصريف واللغة، وقد عني بإيراد الشواهد الكثيرة من القرآن الكريم والشعر والحديث والأقوال والأمثال لإيضاح الفكرة وأفاد فيه من مصادر كثيرة لم يذكرها وإن كان دقيقا فيما نقل وبين في الكتاب الأسماء والنعوت المذكر منها والمؤنث مع شرح المشترك بينها وفيه عناية واضحة بالنحو ومناقشة آراء النحاة مع التعليل والمحاكمة ورد ما لا يجده صوابا إلى مذهبه الكوفي مع عرض لاختلاف المذاهب في تفسير بعض المصطلحات والعبارات وقد كان لكتابه هذا أثر في كتب اللغة التي ألفت بعده ونجد ذلك في مخصص أبن سيده وفي معجم ما استعجم للبكري وله كتاب الكافي في النحو وقد توفي الانباري في بغداد ودفن في داره.

## ابن جني (ت ٣٩٢هـ)

أبو الفتح بن جني تلقى مبادئ علوم العربية في مسجد الموصل ولم يكد يبلغ الخامسة عشرة من عمره حتى شوهد يتصدر حلقة في مسجد الموصل الجامع

يختلف إليه فيها صغار طلبة العلم وهو يلقي محاضراته كما يلقي الشيوخ محاضراتهم والصغار يصغون إليه ويكتبون عنه.

وكان أبو علي الفارسي من أوائل اللغويين الذين شاركوا في تنمية البحث اللغوي في العربية وكان لأبي اسحق الزجاج انبه تلاميذ أبي العباس المبرد تأثير خاص في تكوين شخصيته العلمية لذلك اتجه في دراسته اتجاها بصريا وقد أخذ عن أبي علي تلاميذ نابهون كأبي الفتح بن جني وعلي بن عيسى الربعي وأبي الحسن الزعفراني وعضد الدولة البويهي ولا يعتقد أن ابن جني تلمذ لغير أبي علي بعد اتصاله به فلم يفرق بينهما إلا الأجل الذي حم على أبي علي في عام ٣٧٧هـ بعد صحبة طويلة أمدها أربعون عاما.

وبعد خلو المجلس الذي كان أبو علي يتصدره في بغداد بوفاته اتجهت الأنظار إلى أنبه تلاميذه، وأعرفهم بمنهجه فإذا بطلبة العلم يختلفون إلى مجلس يتصدره أبو الفتح وإذا بهم يقبلون عليه إقبالا وإذا بمجلسه يضيق برواده وبالأقلام تتشابك تسجل مجالسه وقد تلمذ له الثمانيني أبو القاسم عمر بن ثابت الضرير النحوي والبصري عبد الحسين اللغوي والسمسمي أبو الحسن علي بن عبد الله وأولاده.

ويذكر أن لابن جني بأبي الطيب المتنبي صلة ومحبة وإعجابا اجتمع به في حلب عن سيف الدولة وأجتمع به في شيراز عند عضد الدولة وكان المتنبي إذا سئل عن معنى بيت أحال السائل على ابن جني لأنه كما كان يرى لم يقول ما أراد وما لم يرد.

وجره إلى صحبة أبي الطيب فيما يبدو اتصاله بسيف الدولة الحمداني وعضد الدولة ثم دراسات في الشعر والأراجيز والعروض والقافية فلابن جني عناية بالحماسة وله إعراب لأشعاره ويذكر أن له كتاب يسمى بإعراب الحماسة وله كتاب سماه مختصر العروض وآخر سماه مختصر القوافي وآخر سماه تفسير العلويات

وهي أربع قصائد للشريف الرضي وله كتاب الأراجيز وكتاب آخر في تفسير أرجوزة أبي نواس.

وكان أبو الفتح لا يدع فرصة إلا استغلها في طلب العلم والإطلاع على جديد فكان إن احتل بين طلبة العلم في بغداد وغيرها مركزا مرموقا وقدم للدرس العربي مددا جديدا ولمجالس الدرس مواد جديدة وخاض مجالات للدرس غزيرة على غيره من الدارسين منذ أن توفي الخليل والفراء فكان أبو الفتح متمما لما بدأه الخليل من بحوث في اللغة تتعلق بدارسة الصوت وبنية الكلمة وما كان يسمى بفقه اللغة.

وكان في مقدمة أعماله الفخمة كتابان ما يزالان مرجع الدارسين في فهم أراء الخليل بن أحمد وأعماله في المجالات اللغوية وهما: كتاب سر صناعة الإعراب ويتناول الحروف من حيث مخارجها وصفاتها وتآلف بعضها مع بعض في البناء وحروف المعاني من حيث بساطتها وتركيبها ومن حيث ما تدل عليه من معان ومن حيث وظائفها في الاستعمال.

وكتاب الخصائص ويتناول أصول الدراسة النحوية وخطوط منهجها وما يتعلق بذلك من بحوث في القياس والعلل والاجتهاد والإجماع وغير ذلك.

إن تلمذة أبي الفتح لأبي علي حملته على أن يكون من الذين يذهبون مذهب أهل البصرة يعنى بالقياس ويعنى بالتعليلات والتخريجات والتأويلات وهو بالإضافة إلى ذلك يعنى بالرواية عن أستاذه وعن شيوخ بصريين كثيرين وعن كثير من رواة الأدب واللغة كابن مقسم راوية ثعلب وأبي الفرج الأصفهاني وأبي حاتم السجستاني ومحمد بن سلمة عن أبي العباس المبرد.

ثم هو إلى ذلك أيضا يعنى بالسماع من إعراب لم تفسد لغتهم ولا تزال مفرداتهم بعيدة عن التأثر بلغة العامة وممن يثق بلغتهم كأبي عبد الله محمد بن

العساف العقيلي التميمي الذي ورد ذكره في غير موضع من الخصائص فكان يسألهم حتى يصل إلى ما يريد أن يصل إليه منهم.

وبعد جهود مضنية وتلمذه مجهدة وتدريس متواصل طوى تاريخ الدرس اللغوي صفحة لامعة من صفحات اللامعات وأضاف التاريخ الإسلامي إلى أعلامه الخالدين علما خالدا جديدا وما زال يشير في كثير من الاعتزاز إلى آثار قيمة خالدة مرونة باسم أبي الفتح عثمان بن جني.

## ابن الرومي (٢٢٢-٢٨٣هـ)

العباس بن جريح كنيته أبو الحسن، لقب بالرومي نسبة لأبيه ولد في بغداد وتوفي فيها، كان مسلما مواليا للعباسيين ورث عن أبيه أملاكا أضاع قسما منها بإسرافه، وكأن القدر لم يكفه مصائب ماله وإرثه، فقد أرسل الموت يتخطف عائلته واحدا اثر الآخر، فبعد وفاة والده وهو حدث ماتت أمه ثم أخوه الأكبر ثم خالته التي أعنت به بعد أمه وحين تزوج كان الموت له بالمرصاد إذ فجعه بزوجته الأولى وأولاده الثلاثة واحداً بعد الآخر.

نقم ابن الرومي على مجتمعه فهجاه وكان عصره عصر اختلال في كل شيء فصاحب الجدارة يبعد ويرتفع المحتال المتملق مجالس الأنس عامره وفي مقابلها فكر وعلم وزهر والغبن ترفع رايته على القصور والضياع وابن الرومي بائس فقير حزين أصحابه يتجنبونه والمناصب بعيده عنه، فهاله الواقع وازداد يأسه فقد عاش ابن الورمي عهوداً ثمانية من الخلفاء العباسيين وبقي عاجزا عن الاتصال بهم سوى المتوكل وكان الجميع غير راغبين بمديحه يردون قصائده إليه لأنها غير صالحة أو يمتنعون عن بذل العطاء له.

ولجأ ابن الرومي إلى الطبيعة وهو الشاعر الحساس فتفاعل وجدانيا مع عناصرها وأجوائها وبدافع من فشله الدائم اتجه إليها يعبر عنها ومن خلالها نشد

الوحدة فيها كما أغرم بدفئها وألوانها وقد أجاد أبن الرومي في وصف الطبيعة ما فاق به الشعراء الآخـرين فهو شاعر الوصف بلا منازع فكان الطبيعة عنده امرأة:

ورياض تخايل الأرض فيها    خيلاء الفتـــاة في الابراد

تبرجت بعد حياء وخــفر    تـبرج الأنثى تصجدت للذكر

أما حكمته فكانت نتيجة منطقية لمسيرة حياته فهو في وعظه يقول الحقيقة بلا مواربة

عدوك من صديقك مستفاد    فلا تستكثرن من الصحاب

رأيت حياة المرء رهنا بموته    وصحته رهن كذلك بالسقم

فبادر الدهر بالمناعم واللذات    وأحذر من وشك مرتحلِ

كان ابن الرومي (شاعر الشخصية) في الأدب العربي كما كان (شاعر الوصف) و(شاعر الغربة النفسية) هو طائر غرد خارج مسربه لكن ذلك لم يفقد شعره طابع الإجادة والروعة والخلود.

## ابن المقفع (١٠٦-١٤٢هـ)

عبد الله بن المقفع اسمه روزبة قبل أن يسلم كنيته أبو محمد وقيـل أبـو عمـرو ولـد في جـور - فارس - لقب أبوه بالمقفع لتشنج أصاب يديه اثر تنكيل الحجاج به يوم ولي أمر العراق لتهمته مد يـده إلى أموال الدولة فعرف ابنه بابن المقفع.

درس ابن المقفع اللغة الفارسية قبل أن يتنقل إلى البصرة ليتعلم العربية وآدابهـا ويتقنهـا مثـل أبنائها وكان لارتياده حلقات الأدباء خاصة في سوق المربد (الشبيه بسوق عكاظ) وعشرته لآل الأهتم بلغـاء ذلك الزمان ما جعله يملك ناصية العربية بيانا وأدبا ولولا بلاغته لما استكتبه السـفاح ثـم أخـوه أبـو جعفـر المنصور.

عـاش ابـن المقفـع فـترة انتقـال الحكـم مـن الأمـويين إلى العباسـيين فرافـق الأزمـات السياسـية الاجتماعية والأخلاقية التي عمت البلاد وكان له من إطلاعه ما

هداه إلى نوع من الكتابة الإصلاحية المباشرة وغير المباشرة فاستعان ببلاغته ليجسد فكره قصصا ونصائح لأغنى للسياسي عنها مفيدة لكل مثقف ومدله على أحوال العصر لكل باحث في تاريخ تلك الفترة.

سئل ابن المقفع: من أدبك؟ فقال: نفسي إذا رأيت من غيري حسنا أتيته وان رأيت قبيحا أبيته. ولم يعش ابن المقفع طويلا فقد نقم عليه الخليفة المنصور بعد مدة من اتصاله به لكلام بلغة عنه في حقه فطلب من أمير البصرة سفيان بن معاوية الاقتصاص منه فاستقدمه ومثل به وقتله، وعمره لم يتجاوز السادسة والثلاثين ومن مؤلفاته:

- كليلة ودمنة: وهو كتاب وضعه الفيلسوف بيدبا لدبشليم ملك الهند وفيه موضوعات منها أدب النفس، أدب الصداقة، أدب الرعية، أدب الملوك، ويضم هذا الكتاب أربعة أبواب بمثابة مقدمة ثم يلي خمسة عشر باباً، تبتدئ بباب الثور والأسد وتنتهي بباب الحماسة والثعلب ومالك الحزين. وقد نقل الكتاب من الهند إلى فارس ثم ترجمه أبن المقفع إلى العربية ولما ضاع الأصل الفارسي، ترجمه الفرس عن العربية، بث ابن المقفع فيه الروح الإسلامية والعربية فزاد وتصرف وأسلوب ابن المقفع في كليلة ودمنة من السهل الممتنع الذي ينساب مع الطبع فلا يشوبه تعقيد ولا تعيبه خشونه ولا غرابة وعرف بلاغته بنفسه: البلاغة هي التي إذ سمعها الجاهل أنه يحسن مثلها.

- الأدب الكبير: وهو قسمان قسم يختص بالسلطان والمتصلين به وقسم يختص بالصديق وفي كتابه تشيع عناصر ثقافية مختلفة يونانية وهندية وفارسية وعربية والكتاب في مجملة دروس في الأخلاق والاجتماع وحسن الإدارة.

- الأدب الصغير: وهو مجموعة دروس في الأخلاق غايته تهذيب النفس وترويضها على معرفة الخالق وممارسة الأعمال الفاصلة ويكون ذلك بطلب العلم والتواضع ومحاسبة النفس.

- رسالة الصحابة: عرض فيها للقضايا الاجتماعية وفي عصره وهدف منها إصلاح المجتمع سياسيا واقتصاديا وأخلاقيا وقد نقل فيها شيئا من حضارة الفرس لما يتلاءم مع المجتمع الإسلامي العربي

يعتبر ابن المقفع في رأس مدرسة النثر الأولى وهو كاتب عبقري في ما ألف وفي ما نقل وإن تحامل عليه البعض يبقى أديبا مميزا في سلسلة عباقرة الإسلام.

## أبو تمام (١٧٢-٢٣١هـ)

حبيب بن أوس الطائي، كنيته أبو تمام ولد في (جاسم) وهي قرية قرب دمشق وكان أبوه عطارا في دمشق ما لبث أن أخرج أبنه من كتاب القرية وأودعه عند حائل من معارفة لتعلم مهنته.

وقد ظهرت موهبة أبي تمام الشعرية في وقت مبكر فعقد الآمال على بلوغ المجد سريعا وهكذا ترك عمله في دمشق وأرتحل إلى مصر وفي القاهرة التي نزلها تردد على جامع عمرو يسمع من أساتذته كما كان يزيد من إطلاعه وثقافته بارتياد مجالس العلماء والشعراء وتنقل أبو تمام في مصر- فمكث خمس سنوات في الإسكندرية قبل أن يغادرها.

نزل أبو تمام في الشام فمدح أبا المغيث في قصائد يبدو فيها المدح والاستجداء وكان أمله أن يصله بالكثير من المال ثم عن له أن يطلب منه وظيفة فأمهله أبو المغيث فعاتبه أبو تمام ثم هجاءه وتمر فترة غامضة في حياة أبي تمام قد يكون أمضاها بين الشام والعراق.

وفي العراق، ابتدأت أفضل أيامه وأخصبها، وفيها قال أفضل شعره بدأه برثاء محمد بن حميد الطوسي وهو بطل قتل في حرب بابل الخرمي ثم اتصل وهو في العراق بأبي سعيد الثغري أحد قواد الطوسي ومهدي ابن اصرم وقد تأثر

بالمعارك التي خاضها الأبطال في معركة بابل مما أعطى شعره فيما بعد لونا جديدا كما مدح خالد بن يزيد بطال المعارك ضد الروم. ثم كان أول قصيدة مدحيه بخليفة قالها في المأمون وحشد فيها كل زخرف وصناعة مطلعها:

كشف الغطاء فأوقدي أو أخمدي لم تكمدي فظننت أن لم تكمدي

وفي خراسان التي قصدها بعد وفاة المأمون مدح ابن طاهر ثم غاضبه

فراضاه وانتقل إلى أذربيجان ثم عاد إلى خراسان وقصائده في رحلاته عديدة ناضجة غير متكلفة تجري في أريحيه وطلاوة.

وعاد أبو تمام إلى بغداد والمعتصم خليفة، فإذا بملك الروم يخرج بجيش ضخم إلى بلاد المسلمين فيوقع بأهل زبطرة فيقتل الرجال ويسبي النساء وحين بلغ المعتصم أن امرأة صرخت وهي أسيرة في أيدي الروم، وامعتصماه فأجابها المعتصم وخرج بجيش كبير لملاقاة الروم.

وسار أبو تمام في جيش المعتصم حتى دخل آسيه الصغرى وسار الجيش العربي حتى عمورية فحاصرها حتى وقعت فقال فيها أبو تمام قصيدته العصماء ومطلعها:

السيف أصدق أنباء من الكتب في حده الحد بين الجد واللعب

بيض الصفائح لا سود الصحائف في متونهن جلاء الشك والريب

وقص في قصيدته شأن المعركة كلها جاعلا من فنه خادما للواقع بلا تزييف وذلك في أجمل أسلوب وأروع عبارة ذكر فيها تكذيب المعتصم للمنجمين الذين نصحوه بتأخير فتح عمورية.

وعاد أبو تمام إلى سامراء واتصل بابن أبي داود وابن الزيات ووصف ثورة العباس بن المأمون ثم ظهر في الشام وفي سامراء يصف ويمدح ويرثي

واستقر ثانية في العراق ليقول كثيرا في أبن أبي داود بين المدح وخصام واعتذار ثم سكن مع أهله الموصل حتى توفي.

أرخ أبو تمام لعصره وأحسن تصويره رجالا وأحداثا كبارا ساع في البلاد الإسلامية حواضرها وثغورها ولم يفته حدث مهم جرى فيها فهو حلقة في تاريخ الأمة وموثق شعري لها ومن مؤلفاته (ديوان أبي تمام) و (ديوان الحماسة أو حماسة

أبي تمام) .

## أبو فراس الحمداني (٣١٩-٣٥٦هـ)

الحارث بن سعيد بن حمدان، كنيته أبو فراس ولد في الموصل واغتيل والده وهو في الثالثة من عمره على يد ابن أخيه جزاء طموحه السياسي، إلا أن سيف الدولة أحاط ابن عمه أبا فراس بالرعاية.

تنقل أبو فراس مع أمه في مواطن الحمدانيين قبل أن يستقر في منبج وقد تعهده فرسان وأدباء فثقفوه ودربوه لكن الفضل الكبير في تنشئته يعود للبلاط الحمداني في حلب، وما لبث سيف الدولة أن ولى أبا فراس على منبج فانقطع لرصد تحركات الروم والبدو معا، وقد أبلى في ذلك حسنا.

ووقع أبو فراس الحمداني أسيرا في يد الروم أثر معركة غير متكافئة، فينقله الروم إلى خرشنة ثم إلى القسطنطينية ويبقى في الأسر أربع سنوات (وقيل سبع سنوات) حتى أفتداه سيف الدولة، وفي الأسر قال أجود قصائده وهي المعروفة بـ(الروميات).

ويذكر عندما رغب سيف الدولة بافتداء جميع الأسرى معا، دون تمييز ابن عمه عنهم كتب أبو فراس مشاكيا، لائما، ومفتخرا، على سيف الدولة وأن يعجل فافتدائه.

سيذكرني قومي إذ جد جدهم    وفي الليلة الظلماء يفتقد البدر

وإن وراء الستر أما بكاؤها    علي وان طال الزمان طويل

وعندما رضي سيف الدولة افتدى أبا فراس والثلاثة آلف أسير، قال أبو فراس:

وهل غض مني الأسر إذ خف ناصري وقل على تلك الأمور مساعدي

ألا لا يسر الشامتون، فإنها موارد آبائي الأولى ومواردي

وكان ابن سيف الدولة صغيرا، فجعل غلامه التركي في فرغويه وصيا عليه، وحدثت أبا فراس نفسه في الاستيلاء على الحكم، لكنه سقط قتيلا في أول اشتباك مع فرغويه.

تأثر أبو فراس بأسلافه الأقدمين كما تأنق بألفاظه وتكلف أوجه البيان احيانا وهو لم يقل الشعر تكسبا لذا له الفخريات التي لا تعارض والأسريات التي لا تناهض، وقال فيه الصاحب بن عباد: بدئ الشعر بملك وختم بملك، يعني امرأ القيس وأبا فراس.

وقال ابن رشيق (أما أبو الطيب المتنبي فلم يذكر معه شاعر إلا أبو فراس وحده، ولولا مكانه من السلطان لأخفاه.

## البحتري (٢٠٦-٢٨٤هـ)

الوليد بن عبيد بن يحيى البحتري كنيته أبو عبادة وهو يمني قحطاني من ناحية أبيه، عدناني من ناحية أمه، ولد في منبج قرب حلب ودرس فيها علوم الدين واللغة والأدب ولما أنس من موهبته الشعرية تفتحا رعاها بحفظ أشعار الأقدمين والتدريب على النظم.

ولما أراد صقل موهبته الشعرية وتهذيبها رحل إلى حمص حيث كان أبو تمام فعرض عليه شعره، واتصل به يتعلم منه ورحل البحتري بعدها إلى بغداد وسامراء يتصل بالوزراء وكتاب الرجال ومن الشعراء الذين اتصل بهم وعاصروه

غير أبي تمام دعبل الخزاعي وابن الرومي وعلي بن الجهم وابن المعتز وابن الزيات وابن طاهر.

اتصل البحتري بالخليفة المتوكل وصال يرافقه ويؤانسه ويسجل مآثره زهاء خمسة عشرـ عاماً ومما قال في مدحه:

يا ابن عم النبي حقا ويا أزكى     قريش نفسا ودينا وعرضا

بنت بالفضل والعلو فأصبحت     سماء وأصبح الناس أرضا

وأرى المجد بين عارفة منك     ترجى وعزمه منك تمضى

وطرق البحتري، فضلا عن المدح، باب الرثاء، والغزل والحكمة لكنه أجاد في الوصف فهو قدير على تصوير ما يرى يصف لك إحساسه ويشرك في ذلك عينيه وقلبه.

تأثر البحتري بكبار الشعراء، خاصة بأبي تمام فأخذ كثيرا من أقواله وقاس عليها لكنه لم يجعل الحكمة بين أغراض شعره ولا صبغه صبغة فلسفية، وتخير الأسلوب وانتقى الألفاظ ليوضح المعاني، وللبحتري مكانه رفيعة بين شعراء العربية.

ترك البحتري ديوانا ضخما رتبه علي بن حمزة الأصبهاني ونشر حديثا كما أن له كتاب الحماسة أختار فيه من شعر نحو ستمائة شاعر أكثرهم من الجاهليين والمخضرمين وجعله في ثلاثة أبواب واحد للحماسة وواحد للأدب وواحد للرثاء وهو يشترك مع أبي تمام في كثير من الشعراء الذين رويا عنهم وله أيضا كتاب معاني الشعر وفي آخر أيام البحتري عاد إلى منبج ومات فيها.

ثعلب (٢٠٠-٢٩١هـ)

أبو العباس أحمد بن يحيى، ترجم هو لنفسه وكان يقول: طلبت العربية واللغة في سنة ست عشرة ومائتين، وابتدأت بالنظر في حدود الفراء وسني ثمانية عشرة سنة وبلغت خمسا وعشرين ولم يبق شيء من كتب الفراء في هذا الوقت إلا قد حفظته) ولم يدرك ثعلب الفراء في أيامه الأخيرة ولم يأخذ عنه لأنه مات وثعلب لا يتجاوز عمره سبع سنوات ولكنه أقبل على دراسة كتب الفراء.

وكانت بغداد لا تزال تشيد بذكر الفراء ولا تزال حلقات الدرس في مساجدها تردد أقواله وتحتج بآرائه ورأت ثعلبا وقد ورث علم الفراء فأقبلت عليه إقبالا وغص مجلسه بالدارسين، ولا يعرف دارسا بغداديا أصبح بعد ثعلب إماما إلا كان لثعلب يد في تنشئته وإعداده للإمامة فأبو اسحق الزجاج وابن كيسان ونفطويه، وعلي بن سليمان الأخفش، وأبن خالويه، وابو بكر بن الأنباري، وأبو عمر الزاهد، وغيرهم كثيرا! كلهم تلمذ له وتخرج عليه، أو تلمذ لتلاميذه وتخرج عليهم، وأكثر هؤلاء كان ممن استهواهم منطق البصريين وقوه جدلهم وتنظيمهم أصول هذه الدراسة ممثلا ذلك كله في منطق أبي العباس المبرد وقوة جدله وتنظيمه فأقبلوا عليه وهجروا مجلس أستاذهم الأول ولم يبق على ملازمته والوفاء لمنهجه إلا أبو بكر الأنباري وأبو عمر الزاهد وعدد قليل.

وقد وهب ثعلب نفسه للعلم فكان مشهورا بالحفظ وصدق اللهجة والمعرفة بالغريب ورواية الشعر القديم مقدما عند الشيوخ منذ هو حدث، وكأنه على علم بالمنهج الذي تقوم عليه دراسة اللغة فلم يكن يحيد عنه أو يتخطاه ولم يهتم بأن يعلم مذهب البصريين ولم يكن مستخرجا للقياس ولا طالبا له فإذا سئل عن مسألة قال: قال الفراء وقال الكسائي فإذا طلب إليه أن يحتج أو يعلل لم يأت بشيء.

كان ثعلب أخر أستاذ كوفي لازم المنهج الذي رسمه الكوفيون لأنفسهم، وأول أستاذ كوفي تجمع لديه هذا المقدار الضخم من المرويات في اللغة والشعر والأدب وكان لمنافسة القوي أبي العباس المبرد أثر في ضعضعة كيانه وسيطرته

على الدارسين في بغداد وكان وجوده غصة في نفس ثعلب اجتمع به أكثر من مرة ولم يكن موقفه في هذه الاجتماعات التي يعقدها الأمراء للمناظرة بينهما ضعيفا ولكنه كان يبدو كذلك لضعف في حجته في الجدل المفلسف وجهله بأساليبه، فلم يكن من الذين يعنون بفلسفة اللغة ولا بمنطقة النحو، ولم يكن في مستوى المبرد وقدرته على إلباس إخفاقه ثوبا مهلهلا من النجاح فيما يأتي به من حجج لأصله لها باللغة ولا بالنحو وإنما تهدف إلى إسكات الخصم واستهلال إعجاب المستمعين إلى المناظرة على حساب اللغة وعلى حساب النحو.

لم يكن ثعلب ليكون لغويا قد توافرت لديه أدوات الدرس اللغوي وأقبل على الإفادة من كثرة ما تجمع لديه من مرويات وسار في تنظيم هذه المرويات على السنن الذي اتبعه الكسائي والفراء من قبل وحرص على ألا يفرط في هذه الأمانة فتحملها كأحسن ما يكون التحمل وأداها كأحسن ما تكون التأدية.

ولثعلب تدين هذه الدراسة بالإبقاء على قبس من الحياة التي ذهبت برونقها أساليب النحاة المناطقة فهو الذي بشر بالمذهب الكوفي وأذاع رسالة الكوفيين في الدارسين وبكتبه ومروياته وجد الدارسون المحدثون خيطا من الأمل يحيي فيهم الرغبة في انتفاضة هذه الدراسة وإعادة الحياة إليها من جديد فقد قضى هذا العمر الطويل الذي أتيحت له الحياة فيه في الحفظ والتحمل والإملاء وإنجاز الواجبات.


## الجاحظ (١٥٩-٢٥٥هـ)

عمرو بن بحر، كنيته أبو عثمان لقب بالجاحظ لجحوظ عينيه ولد في البصرة-العراق ونشأ يتيما فقيرا لكنه كان ميالا لأخذ العلم فأختلف إلى المساجد ومنازل العلماء والى سوق المربد ليتلقى اللغة والمعرفة عن بلغاء العرب وشيوخهم

انتقل الجاحظ إلى بغداد ليتصل بنخبة المفكرين فاتصل بالأصمعي والأنصاري واخذ عنهما اللغة واتصل بالأخفش وأخذ عنه النحو، واتصل بالنظام وأخذ عنه علم الكلام كما أتصل بمن أطلعه على الثقافة اليونانية مثل سلمويه وحنين ابن اسحق ثم راد البادية فترة ليأخذ اللغة والأخبار شفاها وكان لتنقله سهم في زيادة ثقافته فقد زار دمشق وإنطاكية.. وهكذا استقامت له علوم عصره.

كان الجاحظ يحفظ الكثير من الأخبار والأنساب والأشعار والحكم والنوادر فجاءت كتاباته موضوعية كما كان مدققا يلاحق المعلومات في مصادرها ويقوده الشك لتقصي جوانب الأمور حتى يصل إلى اليقين مسلما بمنطقية العمل ونتيجته.

هذه الميزات في نفسيه الجاحظ وأسلوبه جعلته فريدا بين الكتاب ورأس مدرسته في النثر العربي فكان صاحب التصنيف في كل فن لغزارة معرفة وهو واسع العلم بالكلام كثير التبحر فيه شديد الضبط لحدوده ومن أعلم الناس في علوم الدين والدنيا. هو شيخ الأدب ولسان العرب كتبه رياض زاهرة.

كان الجاحظ رجل فكر له في الاعتزال رأي وحجة وقد ألف في ذلك وكان رجل علم حسن الإيمان يرى أبدا في الخلائق يد الخالق وحكمته وكان يتمتع بخيال خصب ونفس رقيقة طروب ألهمت موهبته الشعرية قصائد جيدة والجاحظ موسوعي يصعب تعداد مؤلفاته في ألوان المعرفة وقد ذكر له مئات منها وصلنا بعضها كما وصلنا أخبار بعضها الآخر من كتبه وكتب سواه أهمها:

- البيان والتبيين: وهو في ثلاثة أجزاء أهداه إلى الوزير ابن أبي داود قصد منه تعليم الناشئة والكتاب وأصول الكتابة الصحيحة، مظهرا بلاغة العرب كاشفا من أسرار اللغة ما يرفع من شؤونها ومن مقام البلغاء فيها كما كان كلامه عن عيوب النطق مستطردا إلى الرد على أعداء العرب في لغتهم وبلاغتهم مزينا أحاديثه بالآيات البينات والأحاديث النبوية الشريفة وبكلام البلغاء نثرا وشعرا خطبا وحكما ووصايا ونوادر.

- البخلاء: وهو كتاب في النقد الاجتماعي يصور فيه أحوال البخلاء في عصره من أهل البصرة وخراسان ذاكرا أخبارهم متندرا بأحاديثهم وحججهم مستطردا إلى مناظرات بينهم حول البخل والكرم والضيافة.

- الحيوان: وهو في سبعة أجزاء أهداه إلى ابن الزيات وزير المأمون وهو كتاب موسوعي ضمنه كلاما عن الحيوان عموما وعن طبائعه وميزاته واستطرد لذكر أخبار العرب ونوادرهم في هذا الموضوع.

- رسالة التربيع والتدوير: وهي موجهة إلى أحمد بن عبد الوهاب تتضمن مائة مسألة معجزة تثير مواضيع فكرية وعلمية تاريخية.

- التاج في أخلاق الملوك: يعرف بأساليب التعامل مع القادة والحكام في الاستقبال والمآدب والمناسبات.

إذا لم يكن الجاحظ عالما بالمنظار الحديث فهو مؤرخ وأديب وعالم اجتماع فضلا عن كونه عالما بالأخبار والأنساب وراوية للأشعار والحكم والنوادر وهو في كل ذلك ناقد متبصر۔ وكاتب مبدع إنشاؤه سلس وهو أقل الكتاب عناية بالتصنع والزخرفة.

## الخليل بن أحمد (١٠٠-١٧٥هـ)

الخليل بن احمد الفراهيدي مؤسس علم العروض وواضع أول معجم عربي

ولد في عُمان ولكن أهله ما لبثوا أن هاجروا إلى البصرة التي كانت في ذلك الوقت أكبر الأمصار الإسلامية وأبعدها صيتا في العلم وأحفلها بالعلماء.

وكانت البصرة في ذلك الوقت تضم مجتمعا جديدا وكان لهذا المجتمع طابع خاص يرجع إلى أصول مختلفة عربية وعراقية قديمة ويونانية وفارسية وشاعت فيه ثقافات مختلفة، ثقافة عربية تقوم على القرآن وما يتصل به من علوم الدين وعلى الشعر العربي وما يتصل به من دراسات لغوية ونحوية وأدبية وثقافة يونانية قوامها

الكيمياء والطب والفلسفة وثقافة شرقية تستمد أصولها من الهنود والفرس والأقوام العربية القديمة التي انحدرت إلى العراق واتخذته موطنا لها من قديم، وأدت الهجرة العربية الإسلامية إلى ربوع هذا الوادي إلى توحيد هذه العناصر في الدين واللغة واختلطت الحضارات القديمة بحضارة العرب المسلمين فكان من اختلاط العناصر هذا المجتمع البصري الجديد ومن تلاقي الحضارات هذه الجديدة التي يمكن أن نسميها بالحضارة العربية الإسلامية،

على مثل هذه الألوان الثقافية فتح الخليل عينيه وعقله ولما التقت في ذهنه الحافظ الواعي كل تلك الثقافات تدارسها وتمثلها وأعاد صوغها، وأحكم بناءها وأمدها بفيض ما لديه من نبوغ وإبداع ثم أملاها على الدارسين فإذا هي عطاء إنساني ضخم طفر بالعقل ن طور الشجاجة إلى طور النضج، وإذا الدارسون ينثالون على مجلسه من كل صوب ومن كل أفق لينهلوا من نحو الخليل وعلم الخليل وعروض الخليل.

وساعده على أن يكون بطل هذه الحقبة ما امتلكه من ذكاء نادر وذهن ناقد حتى كان أبو محمد النوجي يقول: اجتمعنا بمكة أدباء كل أفق فتذاكرنا أمر العلماء حتى جرى ذكر الخليل فلم يبق أحد إلا قال: الخليل أذكى العرب وهو مفتاح العلوم.

والخليل أول من نهج لدراسة اللغة نهجا لغويا سليما وهو أول من درس الأصوات اللغوية وصفاتها وراقب تأثير بعضها في بعض فقدم بذلك للعربية وللدارسين دراسة حية لا بد من الاعتماد عليها في تفسير كثير من الظواهر اللغوية.

والخليل مبدع أول معجم لغوي شامل لم يستطع أحد ممن تقدمه أو ممن عاصره أن يهتدي إلى شيء مثله وهو كتاب العين الذي يعد أول معجم في العربية بل في تاريخ اللغات الإنسانية كافة.

والخليل أول من أملى في مجلس محاضراته موسوعة نحوية كان القدماء ينظرون إليها على أنها نموذج كامل ثم كان أول من درس موسيقى الشعر واستطاع أن يحصر أوزان الشعر العربي في بحوره الستة عشر.

وقد كثر تلاميذ الخليل أمثال سيبويه والكسائي والنضر بن شميل ومؤرج السدوسي والأصمعي وغيرهم وقد اعترفوا جميعا وكلهم أساتذة كبار بريادته في اللغة والنحو والعروض وعلم الموسيقى والرياضة.

وكان الخليل إلى علمه الغزير متواضعا زاهدا ورعا يحج كل سنتين مرة ويعيش في خص من أخصاص البصرة قال فيه تلميذه النضر بن شميل: أكلت الدنيا بعلم الخليل وكتبه وهو في خص لا يقدر على فلسين وتلامذته يكسبون بعلمه الأموال.

وكان التأمل شغله وكان إذا أخذ بالتأمل نسي نفسه وغفل عما يجري حوله ولم تقع له الحادثة التي أودت بحياته إلا لانصرافه عن نفسه وعما حوله فقد صدمته سارية وهو غافل عنها بفكره وكان ذلك سنة ١٧٥هـ

## سيبويه (ت ١٨٠هـ)

أبو بشر عمرو بن عثمان عرف بسيبويه ولد في البيضاء قرب شيراز- فارس ثم انتقل إلى البصرة ليدرس فيها فاتصل بالمحدث المشهور حماد بن سلمة وبمشايخ اللغة والنحو أمثال عيسى بن عمر والأخفش الأكبر وأبو زيد الأنصاري وكان أكثر ما أخذه عن الخليل بن أحمد إذ لازمه ملازمة الظل فكان انبه تلاميذه وأكثرهم رواية عنه.

نبع سيبويه في علم النحو، فأخذ عنه جماعة أشهرهم الأخفش ألاوسط سعيد ابن سعده وقطرب ووضع سيبويه (الكتاب) فأكب عليه الدارسون في عصره وبعده ينهلون منه ويفخرون به وقال ابن خلكان (كان أعلم المتقدمين والمتأخرين بالنحو

ولم يوضع مثل كتابه) وقال الزجاج (إذا تأملت الأمثلة من كتاب سيبويه تبينت أنه أعلم الناس باللغة).

لقد كانت البصرة منشأ النحو فعرفت الخليل بـن أحمـد وتلميـذه سـيبويه الـذي كـون مدرسـة النحو البصرة أما علماء الكوفة وبغداد فقد تتلمذوا على أيدي علماء البصرة ثم أسسوا لهم نهجا وهذا مـا حصل للمدرسة البغدادية في النحو وللمدرسة الأندلسية.

لسيبويه في الكتاب طابعة خاص وشخصيته التي يخص بهـا قارئـه فقـد عـرض للآراء وناقشـها وحكم عليها فكثيرا ما تجد في كتابه قال فلان كذا والقياس كذا، قال النحاة كذا والصواب خلافـة وقـد نقـل شواهد من أفصح العرب وأحصي في كتابه ألف وخمسين شاهدا معروفا وخمسون غير معروفـة لكـن جـرى العلماء الثقة بهم لأنه عرف عن سيبويه تحريه للدقة فلم ينقل إلا ممن يحتج بلغته.

درج القدماء على استعظام كتاب سيبويه وتشبيههم دراسته بركوب البحر فاخر بـه أتباعـه وقـرأه خصومه سرا، وفي الكتاب شواهد كثيرة عن الشعر العربي ومن أوثق ما نقل من النثر وعبارة سيبوية جزلـه بليغة.

السيرافي (ت ٣٦٨هـ)

أبو سعيد بن عبد الله السيرافي، وسيراف بلدة صغيرة على ساحل الخليج

الشرقي لا تبتعد عن تأثير البصرة قاعدة الإسلام والحاضرة التي انطلقت منها الهدايـة إلى شرق الإمبراطوريـة الإسلامية.

أرسله والده إلى أحد المؤدبين يقرئه القرآن ويعلمه القراءة والكتابة فنشـأ نشـأه علميـة تنطـوي نفسه على رغبة قوية في طلـب العلـم فيخـرج وهـو دون العشرين مـن عمـره إلى عُمان عبـر الخليـج إلى الساحل العربي منه فيأخذ الحديث من محدثيها ويتفقه بفقهائها ويعود إلى سيراف.

واجتذبته بغداد بعد أن اجتذبت كثيرا من أعلام اللغة والنحو والأدب وقد هاجر المبرد إليها من قبل وسيطر المذهب البصري على مجالس الدرس ببغداد وأحس الحسن بالرغبة في الاستزادة من طلب العلم تدفعه إلى بغداد دفعا وفي بغداد توصل إلى علم لا يعوقه عن مواصلة الدرس فقد عمل بالوراقة وانتساخ الكتب بأجر، فكان ينتسخ كل يوم عشر ورقات بعشرة دراهم هي ما كان يحتاج إليه في اليوم وكان يوفر له وقتا يجلس فيه إلى الشيوخ ويهيئ له المناقشة والجدال في موضوع تخصصه مع أساتذته وزملائه في مجالس الدرس.

لقد قد أبو سعيد بغداد لدراسة القرآن والقراءات وعلوم القرآن والنحو واللغة والفقه والفرائض وكان من بين البارزين في الدراسة القرآنية أبو بكر ابن مجاهد، فاتصل به وأخذ عنه ومن النابهين في اللغة وروايتها أبو بكر ابن دريد فلزمه مدة طويلة أخذ يختلف إلى مجلس أبي بكر بن السراج فقرأ عليه كتاب سيبويه وكان ابن سرح مختصا باقرائه ومن هنا أخذ تخصص أبي سعيد بالنحو يزداد حتى خرج للناء بشرحه الكبير لكتاب سيبويه وكان معاصروه من أعلام العربية يعجبون بهذا المجهود الضخم الذي عجز عن مثله شيوخ لهم كانوا معروفين بسعة الإطلاع وطول الباع.

ويبدو من ثنايا ما كتب عنه انه كان ملما بغير العربية أيضا فقد كان عارفا

بالحساب بالقدر الذي كان التقدم العلمي يقتضيه لذلك درس عليه أبو بكر بن السراج وأبو بكر مبرمبان وكان أبو سعيد قد تلمذ لهما في النحو من قبل.

وعاصر أبا سعيد علمان من أعلام العربية هما أبو علي الفارسي، وأبو الحسن الرماني وكانوا قد تتلمذوا جميعا لأبي بكر بن السراج ولكن كلا منهم كان قد انفرد بشيء عرف به فقد كان أبو علي الفارسي يعنى بأصول النحو وربما كان يسمى في عهده بفقه اللغة وانحاز أبو الحسن الرماني إلى طريقة المعتزلة وكاد يتخصص بالدراسة القرآنية وما يتعلق بإعجازه والدفاع عنه شأن المعتزلة الأولين

الذين كانوا يقارعون الخصوم وكتابه النكث في إعجاز القرآن يبرز هذا الاتجاه في جلاء ووضوح.

وأقبل أبو سعيد على موضوع تخصصه وهو النحو فألم بالمذهب البصري إلماما جعل منه علما من أعظم أعلامه ولم يفته أن يلم بالمذهب الكوفي ونحو الكوفيين وهو نحو يميل جانبا واسعا من دراسة العربية لا يستغني عن الإلمام به الدارس، وكان أبو سعيد يشعر بذلك فأقبل على دراسة المذهب الكوفي وفي زمانه من أعلام الكوفيين أبو بكر بن شقير الذي كان يعد في طبقة أبي بكر بن السراج فأصبح له بصر تام بمذهب الكوفيين حتى ما كان يطيق أحد مجادلته أو نقض رأي من آرائه.

وجرت مناظرة بينه وبين متى ين يونس القنائي الفيلسوف في مجلس الوزير أبى الفتح بن الفرات وتصدى أبو سعيد له ومن حوله من أعلام الفكر الخالدي والكندي وابن أبي بشر وقدامة بن جعفر وغيرهم في مناظرة طويلة دهش ابن الفران والحاضرون لها وأعجبوا بمنطقه وقوه جدله وروعة بيانه، دونها أبو حيان عن علي بن عيسى الرماني ونقلها ياقوت في معجمه وتوفي السيرافي في سنة ٣٦٨هـ.

## الفراء (١٤٤-٢٠٧هـ)

يحيى بن زياد الفراء ولد في الكوفة سنة ١٤٤هـ وكانت الكوفة في ذلك الوقت مقصد الطلبة وكان مسجدها الجامع غاصا بالدارسين فهي منزل خيار الصحابة وموطن الأدب والرواية والقراءة والحديث.

شد الفراء الرحال إلى بغداد والحماس يحفزه على الظهور فيها، واندفاع الشباب يحدوه إلى مقارعة كوفي آخر زامله في التلمذة لأبي جعفر الرواسي هو

الكسائي وكان قد سبقه إلى بغداد فأعجب الفراء به ولازمه وتلمذ له واحتذاه في أسلوبه ومنهج دراسته ودافع عن هذا المنهج حتى ليخيل إلى الدارس أن مدرسة الكوفة اللغوية النحوية إنما تنسب إليه وهو رئيسها حقا أو الرئيس الأول الذي كان كوفيا في جميع منازعه.

وكان الفراء في مقدمة الذين حضروا المناظرة التاريخية بين أستاذه علي بن حمزة الكسائي وخصمه البصري القوي سيبويه وهو الذي مهد لأستاذه سبيل النصر بمسألة سيبويه قبل ان يحضر الكسائي وتخطئته لان سيبويه كان يجيب عنها من وجهة نظر البصرية وكان الفراء يخطئه من وجهة النظر الكوفية التي ثبت هو قواعدها.

وعندما توفي الكسائي التف الدارسون في بغداد حول الفراء وتهيأت الظروف ليقف الناس على عبقرية نادرة لم تشهد البيئات الدراسية مثلها بعد عبقرية الخليل بن احمد الفراهيدي.

وبالرغم من أن الفراء كان معنيا بالدراسات الكلامية، لم يسمح للمنهج الكلامي أن يتدخل في دراسته اللغوية النحوية كأنه كان يرى أن طبيعة هذه الدراسة لا تقاس بمقاييس عقلية كما تقاس قضايا المنطق والفلسفة الكلامية وكان يلجأ إلى الرواية كما أراد إلى تقعيد قاعدة أو تأصيل اصل ولذلك كان القرآن في مقدمة مصادره اللغوية وهو الذي كان يرد على البصريين ومن ذهب مذهبهم في توجيه آية أو رد قراءة أو تخطئة قارئ بقوله الاجتماع من قراءة القراء أحب إلي أو بقوله ولست اشتهي أن أخالف الكتاب.

ويبدو أن عنايته بالقرآن واعتداده بكلام العرب كان قد منح دراسته قوه وحيوية وجعل الآراء الكوفية ألصق بواقع اللغة وكان طبيعيا أن تنفرد الدراسة الكوفية بأحكام يستطرفها المنهج اللغوي وان عدها البصريون لحنا وفسادا.

ومن آرائه الجديدة التي ثارت لها ثائرة النحو البصري ذهابه إلى أن خالد في قولنا: قام وقعد خالد فاعل للفعلين جميع وهذا ما لا يستطيع البصريون تصوره لان الأخذ به يعني حذق باب كان المنهج البصري قد أفرغ فيه كل ما لديه من ضروب التلاعب بالأساليب العقلية وهو باب التنازع فالفاعل عند البصريين معمول للفعل ومحال أن تجتمع علتان على معلول واحد، فخالد إنما يكون فاعلا لأحدهما أما الثاني فيضمر فيه فاعله ولكن الفراء لا يرى إضمارا ولا يمنع أن يكون خالد فاعلا للفعلين جميعا.

والفراء هو صاحب التفسير المعروف لرفع الفعل المضارع الذي يجري على السنة المعربين منذ أكثر من ألف عام يرفع الفعل المضارع لتجرده عن الناصب الجازم.

ويعتبر كتاب معاني القرآن نموذجاً حياً يتطلبه المنهج الحديث في تفسير القرآن بعيد عن الغيبيات التي أتخمت بها بطون الكتب كتب التفسير وعن تحميل النصوص القرآنية أكثر مما تحتمل من تفسيرات دخيلة لا يحتملها نص مفروض فيه أن يكون نصا أدبيا يهدف إلى أغراض دينية نفسية وله أيضا كتبا كثيرة اختصرت فيها ثقافة العصر من لغة ونحو وتفسير ورواية. منها كتاب الحدود الذي فصل ابن النديم القول فيه وتلمذ له فيه أبو الطيب المتنبي وتأثر به ونحا في شعره منحنى الكوفيين حتى وجد خصومه من ذلك ثغرة اندفعوا منها إلى تخطئته وتلحينه وما هو باللحانة ولكنه كوفي المنزع والهوى.

وفي سنة ٢٠٧هـ انطفأت هذه الشعلة وسكن هذا الجد الدائب في خدمة اللغة وتوفي الفراء.

## المبرد (٢١٠-٢٨٥هـ)

أبو العباس محمد بن يزيد كان في حداثته معروفا بالذكاء والفطنة وكان في سن مبكرة يتصدر في حلقة أبي عثمان المازني يقرأ على كتاب المازني كتابه

سيبوية وللمازني عناية خاصة بالكتاب وبرع في موضوعات الكتاب حتى كان أبو حاتم السجستاني هو أحد الشيوخ الذين تلمذ لهم المبرد يعرف فيه فطنته فكان إذا قدم دارس يرغب في قراءة الكتاب أشار عليه بالانتفاع من أبي العباس.

وأبو العباس المبرد استهوته الهجرة من البصرة إلى بغداد ولم تعرف بغداد شيخا مثل أبي العباس منذ أن توفي الفراء. ولا شهدت مجلسا كمجلسه يزحم الطلبة بعضهم بعضا فيه بعد مجلس الثلاثاء الذي كان الفراء يملي فيه على الناس دروسا في النحو واللغة ومعاني القرآن.

ولو كان أبو العباس كهؤلاء الشيوخ الذين برعوا في اللغة والنحو لهان أمره، فبغداد كانت تضم كثيرا من هؤلاء بعد أن أغرت شيوخ البصرة وشيوخ الكوفة على الهجرة إليها منذ أن دبت فيها الحياة في عهد الخليفة أبو جعفر المنصور ولكنه كان كما قال بعض الكتاب (من العلم وغزارة الأدب وكثرة الحفظ، وحسن الإشارة وفصاحة اللسان، براعة البيان، وكرم العشرة وبلاغة المكاتبة وحلاوة المخاطبة وجودة الخط، وصحة القريحة وقرب الإفهام ووضوح الشرح وعذوبة المنطق على ما ليس عليه أحد).

واقتضته مصاحبة المتوكل في من رأى أن يعد نفسه إعداد يفي بما تتطلبه هذه المصاحبة من عناية خاصة بأخبار الشعراء الفصحاء وبأمثال العرب وخطبهم

ونوادرهم وأخبارهم وكان أبو العباس كذلك فصيحا مفوها حافظا قوي الحجة قوي الجدل.

وطبقت شهرة المبرد آفاق العراق، ولفتت إليه أنظار الناس، ودعاه أمير بغداد محمد بن عبد الله ابن طاهر إلى مجلسه فأعجب به، وأدناه من نفسه، وعقدت المناظرات في مجلسه بينه وبين ثعلب، وكان في مناظراته يتفوق على ثعلب ببيانه الأخاذ ومنطقة البارع، واستطاع أن يزحزح ثعلبا عن مكانه في مجلس هذا الأمير ليستوي عليه، وتم له في بغداد ما كان يداعبه من أماني وهو في طريقه إليها من سر من رأى بعد تلك الفتنه التي أطاحت بالمتوكل.

ولم يكن النحو وحده ميدان تخصصه فقد استندت شهرته إلى ميدان آخر كان الجانب المضيء في شخصيته الفذة، وهو الأدب بمعناه المعروف في عصره وكتابه الكامل كان أحد دواوين الأدب الرئيسية التي حفظت تراث العرب، وكان ابن خلدون قد سمع من شيوخه في مجالس التعليم: (إن أصول فن الأدب وأركانه أربعة دواوين، وهي كتاب الكامل للمبرد، وأدب الكاتب لابن قتيبة وكتاب البيان والتبيين للجاحظ، وكتاب النوادر لأبن علي القالي البغدادي وما سوى هذه الأربعة فتبع لها فروع منها).

إذا كانت البصرة أن تفخر بأبنائها الأبرار الذين شاركوا في صنع تاريخها وبناء كيانها العلمي فإلى أبو العباس ينتهي هذا الفخر بعد الخليل بن أحمد الفراهيدي وإذا كان الخليل أستاذ البصريين المبدع الذي مهد لهم سبيل الإبداع فالمبرد كان تلميذها البارع الذي مهد لهذا التراث الضخم سبيل الحياة والخلود.

## المتنبي (٣٠٣-٣٥٣هـ)

أحمد بن الحسين الجعفي ولد في الكوفة وتربى يتيما في حضن جدته بعد أن فقد أمه وهو صغير، وكان أبوه يعمل سقاء درس في الكوفة ثم لجأ إلى صحراء السماوه حيث أختلط بالبدو وأخذ عنهم اللغة والبلاغة.

كان المتنبي طموحا، يرغب في اعتلاء أرفع المناصب وهو المعجب بنفسه وبشعره وقد ساعده في ذلك اضطراب الحالة السياسية، فأتصل بأكثر من ثلاثين أميرا وزعيما لكنه لم ينل مرامه في الوصول إلى مناصب زمنية رفيعه، وان كان وصل إلى أعلى منها في شعره، مخلدا به من كان يمدحهم كما خلد به نفسه.

وبعد أن أقام سنتين عند بدر بن عمار في طبريا رحل إلى إنطاكية وحط عند أبي العشائر الحمداني، وهناك سمعه سيف الدولة فأصطحبه معه إلى حلب حيث أقام لديه تسع سنوات قال فيها ثلث شعره وأجوده، ووثق المتنبي بسيف الدولة وأعجب بأدبه وخلقه وشجاعته ودفاعه الدائم عن العروبة والإسلام فمدحه صادقا:

تجاوزت مقدار الشجاعة والنهى إلى قول قوم أنت بالغيب عالم

تمر بك الأبطال كلمى هزيمة ووجهك وضاح وثغرك باسم

لقد رفع المتنبي سيف الدولة فوق أقرانه جميعا بل قول البشر، وجعله بطلا ملحميا فريدا، ومدح المتنبي لسيف الدولة أصفى الشعر الوجداني وأرقه، أما انقطاعه له فترة فمرده إلى أن المتنبي كان يرى نفسه في سيف الدولة أو يرى نفسه وإياه أميرين متقابلين فإن كان سيف الدولة أمير الحرب فالمتنبي أمير الكلمة.

وترك المتنبي سيف الدولة بعد أن أكثر حساده، إلى مصر- واتصل بصاحبها كافور الأخشيدي ومكث عنده أربع سنوات طامعا بولايته يقطعه إياها، وحين أحس كافورا ضيق عليه فر منه تاركا هجاءه فيه يدوي ويصم ليخلد كافور العبد على مر التاريخ:

لا فخر للإنزال إلا أنني خلدت ذكرهم بسطر هجاء

إن نزعة القوة والثورة ظاهرة في شعر والطموح وثاب في قلبه، وشموخ معانيه يدل على أنفه وعجبه، وهو وقور دائما وجدي رصين لم يعرف أنه أحب بل فضل طلب المجد والفضيلة على شهوة ولذه، وقصائده متماسكة مبنية بناء سليما تبدأ

بالفخر أو بالحكمة وتتدرج إلى المقصود في معان جزلة وألفاظ مختارةوقد اعتنى بديوانه وشذبه ونقحه بنفسه.

لقد بلغ المتنبي مكانه رفيعة في الشعر العربي لما يبلغها غيره أغراض شعره متنوعة لم يزد فيها على ما سار عليه الأقدمون إلا أن صوره ومعانية فيها من التجديد ما يؤكد إبداعه، وكان المتنبي شاعراً ملحمياً شاعر الشخصية والوجدانية وصناجة الجهاد العربي والإسلامي وأنه حقا شاعر السيف والقلم.

ولما ودع المتنبي عضد الدولة اتجه إلى بغداد ومعه ابنه محسد وغلامه مفلح وفي الطريق لقيه فاتك بن أبي جهل الأسدي مع رجاله وهو خال ضبه الذي كان المتنبي قد هجاه، ودارت معركة بين الفريقين في مكان يدعى (النعمانية) وانتهت بمصرع المتنبي الذي آثر الصمود على الفرار تأكيدا لمثله وأخلاقه.

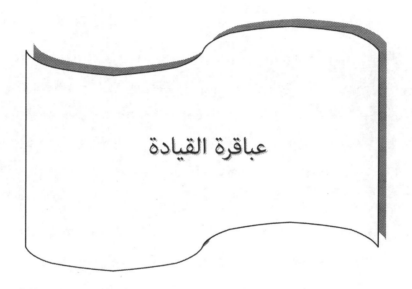

عباقرة القيادة

## أبو بكر الصديق

**نسبه وإسلامه:**

هو عبد الله بن عثمان بن عامر بن عمرو بن كعب بن سعد بن تيم بن مرة، أمه أم الخير سلمى بن صخر بن عامر بن كعب بن سعد بان تيم بن مره، لقب بالصديق لأنه صدق الرسول (ص) فيما أوحى إليه وقيل لتصديقه إياه يوم الإسراء والشائع في أسمه أبو بكر.

ولد أبو بكر بعد عام الفيل بثلاث سنوات، وصف بأنه كان رجلا نحيفا خفيف اللحم أبيض خفيف العارضين اخبأ معروق الوجه غائر العينين ناتئ الجبهة عاري الاشاجع وقد تزوج أبو بكر من قتيله بن عبد العزى فأنجبت له عبد الله وأسماء، وتزوج أم رومان بنت عامر بن عويمر بن عبد شمس فأنجبت له عبد الرحمن وعائشة، ثم تزوج أسماء بنت عيسى بن معد بن تميم بن الحارث بن كعب ابن مالك بن قحافة فأنجبت له محمد وآخر زوجاته حبيبه بنت خارجة بن زيد بن أبي زهير من بني الحارث بن الخزرج فولدت له أم كلثوم.

نشأ أبو بكر في مكة في بني تميم بن مرة وقد ربطت عشيرته ببطون قريش علاقة توجت بعقد حلف المطببين على عهد عبد المطلب بن هاشم وكان أيضا في حلف الفضول الذي عقد في دار عبد الله بن جدعان بن عمرو بن كعب ابن سعد بن تميم وهو أحد الذين اشتهروا بجودهم بين العرب قبل الإسلام إلى جانب عمه عثمان بن عمرو بن كعب بن سعد بن تيم الملقب (شارب الذهب) وجده عمرو ابن كعب الملقب (بالسيال).

عمل أبو بكر بالتجارة فلما بعث النبي (ص) كان له أربعون ألفا كان يعتق منها العبيد الذين أسلموا ويقوي المسلمين فلما هاجر إلى المدينة بقي معه خمسة آلاف درهم وكان أبو بكر نسابة قريش والعرب المشهورين وعالما بأخبارها.

رشحت هذه الصفات أبا بكر ليكون واحدا من رؤساء قريش في الجاهلية وأهل مشورتهم محبب فيهم أعلم لمعالمهم وهو أحد عشرة من قريش أتصل بهم شرف الجاهلية والإسلام حرم الخمر في الجاهلية ووصفه أحد كبار مشركي مكة (ابن الذعنة) أنك لتصل الرحم وتصدق الحديث وتكسب المعدوم وتحمل الكلل وتعين على نوائب الدهر وقرى الضيف.

وقد ميز الرسول (صلى الله عليه وسلم ) إسلام أبي بكر بقوله "ما دعوت أحدا إلى الإسلام إلا وكان فيه عنده كبوة ونظر وتردد إلا ما كان من أبي بكر بن قحافة ما علم حين ذكرته له وما تردد فيه" وان أبا بكر تكفل بأمور التبشير بالدعوة الجديدة بدليل أن أبرز المؤمنين الذين آمنوا بالإسلام وكان لهم دورا أساسيا في تاريخه اللاحق آمنوا على يد أبي بكر الصديق.

لقد بقي أبو بكر إلى جانب الرسول ( صلى الله عليه وسلم ) في جميع مراحل الدعوة في مكة، وعندما هاجر المسلمون الأوائل إلى الحبشة بقي ولم يهاجر وكان يدير جماعة المسلمين الذين بقوا في مكة، وجاءت حادثة الإسراء والمعراج مع انتصار حققه المسلمون في يثرب تمثل في اتساع قاعدة الدعوة بشكل يكفي لتأمين انتقال الرسول (صلى الله عليه وسلم ) وبناء قاعدة له في يثرب ينطلق منها لنشر الإسلام فأبتدأ المسلمون هجرتهم وبقي الرسول ( صلى الله عليه وسلم ) في انتظار استكمال نضج الأوضاع في يثرب ومكة ومعه أبا بكر وعلي بن أبي طالب.

وقام أبو بكر بتهيئة مستلزمات هجرة الرسول (صلى الله عليه وسلم ) فأشترى راحلتين بثمانمائة درهم مع تجهيزات الطريق من الطعام والماء والدليل وكان الدليل ينتظرون جبل ثور على بعد ميلين وقيل ثلاثة أميال من مكة يرى الناقتين بانتظار الرحلة فلما قرر الرسول ( صلى الله عليه وسلم ) الهجرة استبقى عليا في مكانه ليضل على المشركين وخرج هو وصاحبه أبو بكر الذي احتمل معه ماله وكان بقي منه خمسة آلاف درهم فلما بلغا جبل ثور اختفيا في غار فيه ومن سير الروايات يبدو أن قريش حامت في بحثها حول الجبل وربما قرب الغار غير أنها استبعدت لجوءهما إلى الغار وان الحزن والقلق استبد بأبي بكر وهو يسمعهم يحومون فقال له الرسول ( صلى الله عليه وسلم ): لا تحزن إن الله معنا فقال له أبو

بكر: يا رسول الله لو نظر في موقع قدميه لرآنا. قال (صلى الله عليه وسلم ) يا أبا بكر ما ظنك باثنين الله ثالثهما وبعد ثلاثة أيام من الاختفاء في الغار خرج الرسول (صلى الله عليه وسلم ) وصاحبه أبي بكر ودليلهما فاستقبلهما مبعوث بهدية من الشام أرسلاه طلحه بن عبيد الله عبارة عن ثياب بيض لبساها ودخلا المدينة.

وبعد استقرار المسلمين وبدء جهادهم لنشر الإسلام أحتل أبو بكر في هذا الجهاد موقعه المهم فشهد المشاهد كلها مع الرسول ( صلى الله عليه وسلم ) وكان معه في مقر قيادته في معركة بدر وثبت مع الرسول ( صلى الله عليه وسلم ) في معركة أحد في جمع من الصحابة وثبت معه في غزوة هوزان وقتل حامل راية المشركين وقاد سرية الرسول ( صلى الله عليه وسلم ) إلى بني كلاب في نجد وكانت لأبي بكر في تاريخ الدعوة في المدينة مواقف مشهودة أحد أبرزها يوم الحديبية يوم شك الناس واشتكوا من الهدنة مع قريش إلا هو حيث قال (فإني أشهد أنه رسول الله).

توليه الخلافة:

توفي الرسول ( صلى الله عليه وسلم ) في يوم الاثنين ١٢ ربيع الأول سنة ١١هـ/٦٣٢م فظهرت الحاجة إلى نقل السلطة بعد وفاة الرسول ( صلى الله عليه وسلم ) وكان الوعي بهذه الحاجة يعبر عن عمق استيعاب الصحابة لمبادئ الدين وأمنه ومستقبله.

وتعكس الروايات التي وصلت لنا من المؤرخين اتجاهين اتجاه ساد صفوف الأنصار يبحث عن موقع الأنصار في الأوضاع الجديدة، أي أين يكون موضع الأنصار من تولي السلطة بعد الرسول ( صلى الله عليه وسلم ) واتجاه أخر ساد صفوف المهاجرين خاصة الذين اسلموا بعد الفتح والذين مازالت الأسرية الضيقة والروح العشائرية تفعل فعها فيهم.

وكان اتجاه الناس إلى أبي بكر طبيعيا بحكم شخصيته وإسلامه وموقعه من الرسول (صلى الله عليه وسلم ) وموقعه بين الصحابة فقد كانوا يرونه المؤهل لها بحكم إسلامه فرأوا جميعا أن يستخلفوا أبا بكر، ويبدو من الروايات أن أسلوب عمر بن الخطاب في

الحوار مع الأنصار حسم الموقف بسرعة قال عمر: يا معشر الأنصار ألستم تعلمون أن رسول الله أمر أبا بكر أن يصلي بالناس؟ قالوا نعم، قال فأيكم تطيب نفسه أن يتقدم أبا بكر؟ قالوا نعوذ بالله أن نتقدم أبا بكر عندها تقدموا يبايعون أبا بكر وجاء بنو سلم بجماعتها حتى تضايقت بهم السكك فبايعوا، وبايع المهاجرون وفي اليوم الثاني جلس أبو بكر في المسجد وبايع من فاتته البيعة أول يوم.

**أهم أعماله:**

لقد باشر أبو بكر الصديق واجباته في شؤون إدارة الدولة والسهر على مصالحها بعد مبايعته بالخلافة مباشرة وكان أهم الأعمال التي قام بها هي:

- **بعث أسامة بن زيد:**

لقد كان الرسول (صلى الله عليه وسلم ) قد جهز حملة بقيادة أسامة بن زيد لإرسالها إلى بلاد الشام إلا أن مرض الرسول (صلى الله عليه وسلم ) ووفاته قد أخرت توجه هذه الحملة إلى هدفها وقد ضم جيش أسامة عددا كبيرا من الصحابة من أهل المدينة فضلا عن أبناء القبائل المقيمة حول المدينة والتي لم تساهم مع الرسول ( صلى الله عليه وسلم ) في عام الحديبية ويبدو أنه كان ثمة تردد بين الصحابة بشأن أمر إرسال هذه الحملة في هذا الوقت الذي بدأت تتردد فيه أخبار عن ردة بعض القبائل العربية إلا أن أبا بكر الصديق قد أصر على إرسالها تنفيذا لأمر رسول الله ( صلى الله عليه وسلم ).

وقد انطلق جيش أسامة من المدينة في آخر شهر ربيع الأول سنة ١١هـ وخرج أبو بكر الصديق في توديعه وقد طلب أبو بكر الصديق من أسامة أن يأذن له

بتخلف عمر بن الخطاب عن هذا الغزو لحاجته الماسة إليه في إدارة الدولة فأذن له بذلك.

لقد قام أسامة خلال هذه الحملة بأعمال تعرضية خفيفة ضد قبائل قضاعة

وآيل فسلم وغنم ثم عاد إلى المدينة بعد أن مكث في تلك الديار أربعين يوما، وبذلك أمتد غيابه عن المدينة حوالي سبعين يوما، كان أبو بكر خلالها أحوج ما يكون إلى قوة هذا الجيش لاستخدامه في مواجهة حركات الردة التي تصاعدت حدتها في هذه الفترة.

- **محاربة المرتدين:**

ازداد نطاق الردة حدة واتساعا بعد وفاة الرسول ( صلى الله عليه وسلم ) فقد أعلن مسيلمة بن حبيب ردته وتحصن في اليمامة وفعل الأسود العنسي كذلك في اليمن ودخل صنعاء وأرتد الأعراب حول المدينة وأعلنت تميم ردتها وحذت حذوها قبائل عربية عديدة في أماكن متفرقة وثبتت المدينة ومكة والطائف ومدن أخرى على وضعها في الإسلام وإذا كانت ردتا اليمامة واليمن قد بدأتا زمن النبي ( صلى الله عليه وسلم ) وكشفتا عن دوافعهما فان حركات الارتداد التي ظهرت أثر وفاته واتسمت بأنها مبعثرة تفتقر إلى قوة الموقف ومشروعيته وافتقاد التنسيق فإنها تمحورت على قضية اقتصادية مباشرة هي الزكاة لكنها لم تكن تخلو من تطلعات سياسية.

وكان من أهم أسباب نجاح المسلمين في مواجهة مخاطر الردة حزم وصلابة أبي بكر الصديق في اتخاذ القرارات ووقوف عرب الحجاز من أهل مكة والمدينة والطائف وراء قيادته الحكيمة، بالإضافة إلى تفرق حركات الردة وعدم التنسيق فيما بينها وانكماش كل واحدة منها على نفسها ضمن سياسة دفاعية ضعيفة حتى تمت تصفيتها الواحدة تلو الأخرى وإذا كان لابد من الإشارة إلى دور بطل الميدان العسكري فلا شك أن ذلك البطل كان خالد بن الوليد الذي قاد أهم المعارك

وأخطرها ضد المرتدين طول السنة الأولى من خلافة أبي بكر الصديق.

- **البدء بتحرير العراق:**

لقد كانت القبائل العربية التي استقرت في ربوع العراق تمثل امتدادا لقبائل جزيرة العرب فقد استقرت قبائل ربيعه في أسود العراق وكان في صراع دائم مع الفرس الذين حاولوا بسط نفوذهم وسيطرتهم على هذه القبائل وقد تطور الصراع بين عرب العراق والفرس متمثلا بالحملات التي كان يقودها القائد العربي المثنى ابن حارثة الشيباني وإغارته على قوات الفرس في رجال من قومه بني شيبان بمنطقة الحيرة وحملات قطبه بن قتادة السدوسي الذهلي في منطقة البصرة وقد كتب هذان القائدان إلى الخليفة أبي بكر (رضي الله عنه ) بضعف الفرس واضطراب أمرهم ويسألانه أن يمدهما بجيش يقتحمان به بلاد الفرس ويفتحان أقاليمها ومدنها فكتب لهما بذلك عهدا وراحا يغيران على قوات الفرس فإذ واجهتهما قوة كبيرة من الفرس انسحبا إلى الصحراء فلا يتبعهما أحد.

وأرسل الخليفة أبو بكر الصديق ( رضي الله عنه ) خالد بن الوليد إلى العراق في محرم سنة ١٢هـ/٦٣٣م على رأس جيش مؤلف من عشرة آلاف مقاتل وقد أنضم إليه في العراق ثمانية آلاف مقاتل فأصبح عدد أفراد الجيش الذي تولى تحرير العراق ثمانية عشر آلف مقاتل وكانت توجيهات الخليفة أبي بكر الصديق لخالد أن يبدأ عمليات تحرير العراق من منطقة الخليج العربي إلى الأبله قرب موضع مدينة البصرة.

وقد دارت على أرض كاظمة أولى المعارك الكبرى بين العرب والفرس عرفت بمعركة ذات السلاسل وذلك لان مقاتلة الفرس قد قيدوا أنفسهم بسلاسل خوفا من الهرب إذا مالت الحرب لغير صالحهم وانتهت هذه المعركة بهزيمة الفرس وقتل قائدهم هرمز وتم الحصول على غنائم ثمينة وقد قام خالد بتوزيع حصة المقاتلين من الغنيمة ثم أرسل ما تبقى إلى الخليفة في المدينة فكان ذلك أول غنيمة من غنائم الفرس تصل إليها.

وقد توالت بعد ذلك المعارك بين جيش خالد والقوات الفارسية التي تحاول الثأر لهزيمتها إلا أن نتائج المعارك كلها كانت لغير صالحها وكان من جملة تلك المعارك وقعة المذار ووقعة الولجة ووقعة أليس عند الفرات مما سهل على المسلمين السيطرة على امغيشيا ثم التقدم لإخضاع الحيرة.

وحاول أهل الحيرة في البداية مقاومة جيش المسلمين، إلا أنهم لم يلبثوا أن تراجعوا بعد أن رأوا قوة المسلمين فأرسلوا وفدا منهم إلى خالد لمفاوضته والصلح معه وقد تم الصلح على أن يدخلوا في عهد المسلمين ويدفعوا الجزية وكان مقدارها مائة وتسعين ألف درهم في السنة.

وهكذا تواصلت عمليات تحرير العراق على يد خالد بن الوليد لمدة تقرب من السنة حتى كتب إليه الخليفة أبو بكر الصديق في صفر سنة ١٣هـ / ٦٣٤م أن يلتحق بقوات تحرير بلاد الشام مع جزء من قواته وان يسلم قيادة جند المسلمين في العراق إلى المثنى بن حارثة الشيباني.

- **البدء بتحرير الشام :**

لقد شكل أبو كبر الصديق في مطلع سنة ١٣هـ/ ٦٣٤م ثلاثة جيوش بقيادة كل من أبي عبيده بن الجراح، وعمرو بن العاص، ويزيد بن أبي سفيان للتوجه إلى بلاد الشام كما شكل جيشا رابعا بقيادة شرحبيل بن حسنة ليكون مددا لهم وقد عهد إلى كل قائد منهم بمهمة محددة وطلب منهم التعاون والعمل تحت قيادة القائد الذي تقع المواجهة مع الروم ضمن منطقة عملياته.

وعند وصول هذه القوات جنوب بلاد الشام وجدوا أن قوات العدو كثيرة وأن استعدادها للقتال جيد فكتب عمرو بن العاص إلى الخليفة أبي بكر الصديق يعلمه كثرة عدد العدو وعدتهم وسعة أرضهم ونجدة مقاتلتهم، فكتب أبو بكر إلى خالد بن الوليد وهو بالعراق يأمره بالمسير إلى الشام فيقال أنه جعله أميرا على الأمراء في الحرب وتوجه خالد من العراق قاصدا! بلاد الشام في شهر ربيع الآخر

سنة ١٣هـ على رأس جيش مؤلف من عدد من المقاتلين بين الخمسمائة والثمانمائة وفي الطريق أخضع عددا من المناطق والقرى لسلطان المسلمين حتى وصل إلى بلاد الشام.

وقد تولى خالد بن الوليد قيادة الجيوش الإسلامية في بلاد الشام قبل وقوع معركة أجنادين وكانت الجيوش الإسلامية قد خاضت بعد المعارك الصغيرة ضد الروم قبل هذه المعركة مثل معركة عربة وبصرى والتي انتهت بانتصار جيوش المسلمين مما حمل الروم على الاستعداد وحشد قوات كبيرة لخوض معركة حاسمة ضد الجيوش الإسلامية عند أجنادين وهي بلدة قرب الرملة من أعمال فلسطين.

وعند أجنادين دارت معركة كبيرة بين قوات المسلمين التي بلغ تعداد مقاتليها إلى أكثر من سبعة وعشرين ألف رجل بقيادة خالد بن الوليد وقوات الروم التي كان عدد مقاتليها حسبما يذكر البلاذري زهاء مائة ألف وقد قاتل المسلمون في هذه المعركة قتالا شديدا وأبلى خالد بن الوليد يومئذ بلاءً حسناً حتى تم لهم النصر المبين على أعدائهم وتكبيدهم خسائر جسيمة، وقد يشير الخليفة الصديق (رضي الله عنه ) بانتصار المسلمين في اجنادين وهو في آخر رمق.

- **وفاته:**

توفي أبو بكر الصديق في ٢٢ من شهر جمادى الآخر سنة ١٣هـ/ ٢٣ آب ٦٣٤م عن عمر يناهز ثلاثة وستين عاما قضى منها في الخلافة حوالي سنتين وأربعة أشهر وقد ذكر سبب مرض أبي بكر ووفاته انه كان قد اغتسل في يوم بارد فأصابته الحمى لمدة خمسة عشر يوما فكان لا يخرج إلى الصلاة وكان يأمر عمر بن الخطاب أن يصلي بالناس ويدخل الناس يعودونه وهو يثقل كل يوم حتى توفي.

ولقد كانت خلافة أبي بكر الصديق على الرغم من قصر مدتها ذات أثر عظيم على مستقبل الأمة العربية والمسلمين كافة، لأنه استطاع في خلالها أن يحافظ على وحدة الأمة والدولة في مواجهة حركات الانشقاق والردة وأن يبدأ حروب

التحرير التي أدت إلى امتداد دولة الإسلام وانتشار دعوته حتى أصبح المسلمون في خلال قرن من الزمن من أعظم قوة في العالم.

## أبو عبيده بن الجراح

**نسبة وإسلامه:**

هو عامر من عبد الله بن الجراح بن هلال بن أهيب بن ضبة بن الحارث بن فهر بن مالك بن النضر بن كنانة بن خزيمة أبو عبيده، أشتهر بكنيته ونسبه إلى جده فيقال أبو عبيده بن الجراح.

كان إسلامه هو وعثمان بن مظعون وعبيده بن الجون بن المطلب وعبد الرحمن بن عوف وأبو سلمة بن عبد الأسد في ساعة واحدة قبل دخول النبي محمد (صلى الله عليه وسلم ) دار الأرقم وهو أحد العشرة السابقين إلى الإسلام ومن المشهود لهم بالجنة.

وعندما اشتد الاضطهاد والأذى على المسلمين هاجر إلى الحبشة مع المسلمين في الهجرة الثانية وقد التقى هناك بالمسلمين الذين سبقوه إلى الحبشة ولكنه عاد إلى مكة بعد ان سمع من المسلمين أن هناك بأن قريشا قد أسلمت، ولكنه ظهر أن الخبر كان غير صحيح وقد هاجر أبو عبيده إلى المدينة بعد أن أذن الرسول (صلى الله عليه وسلم ) للمسلمين بالهجرة.

**جهاده:**

لقد قاتل أبو عبيده بن الجراح تحت لواء الرسول ( صلى الله عليه وسلم ) في معركة بدر وقتل أباه في هذه المعركة وكان مشركا إذ جعل والده يتصدى له وأبو عبيده يحيد عنه، فلما أكثر من قصده قتله، فنزلت الآية في ذلك تقول ﴿ لا تَجِدُ قَوْماً يُؤْمِنُونَ بِاللَّهِ وَالْيَوْمِ الْآخِرِ يُوَادُّونَ مَنْ حَادَّ اللَّهَ وَرَسُولَهُ وَلَوْ كَانُوا آبَاءَهُمْ أَوْ أَبْنَاءَهُمْ أَوْ إِخْوَانَهُمْ أَوْ عَشِيرَتَهُمْ أُولَئِكَ كَتَبَ فِي قُلُوبِهِمُ

الْأِيمَانَ وَأَيَّدَهُمْ بِرُوحٍ مِنْهُ وَيُدْخِلُهُمْ جَنَّاتٍ تَجْرِي مِنْ تَحْتِهَا الْأَنْهَارُ خَالِدِينَ فِيهَا رَضِيَ اللَّهُ عَنْهُمْ وَرَضُوا عَنْهُ أُولَئِكَ حِزْبُ اللَّهِ أَلا إِنَّ حِزْبَ اللَّهِ هُمُ الْمُفْلِحُونَ»
(المجادلة:٢٢)

كذلك قاتل أبو عبيده يوم أحد وثبت مع الرسول (صلى الله عليه وسلم ) حين تضعضع جيش المسلمين وقد شهد بذلك أبو بكر الصديق فقال: لما كان يوم أحد ورمي رسول الله (صلى الله عليه وسلم ) في وجهة حتى دخلت في وجنتيه حلقتان من المغفر (زرد يلبس فوق الرأس عند الحرب) وإذ بإنسان قد أقبل من قبل المشرق يطير طيرانا فقلت اللهم أجعله طاعة حتى توافينا إلى رسول الله ( صلى الله عليه وسلم ) فإذا أبو عبيده بن الجراح قد بادرني فقال: أسألك بالله يا أبا بكر ألا تركتني أنزعه من وجنه رسول الله ( صلى الله عليه وسلم ) فتركته فأخذ أبو عبيده بثنيته إحدى حلقتي المغفر فنزعها وسقط على ظهره وسقطت ثنية أبي عبيده ثم أخذ الحلقة الأخرى بثنية الأخرى فسقطت فكان أبو عبيده في الناس أثرم.

وكان الرسول (صلى الله عليه وسلم ) يعتمد عليه فقد أرسله في بعض السرايا في أربعين رجلا من المسلمين فأغار على المشركين في (ذي القصة) فأعجزوهم هربا في الجبال وأسروا رجلا واحدا من المشركين فأسلم وكذلك أرسله الرسول ( صلى الله عليه وسلم ) في عدد من المسلمين الأولين وفيهم أبو بكر وعمر ممدا لعمرو بن العاص في غزوة ذات السلاسل وأوصاه بأن (لا تختلفا) فذهب أبو عبيده بن الجراح حتى إذا قدم على عمرو قال له عمرو: إنما جئت مددا لي قال أبو عبيده لا ولكني على ما أنا عليه وأنت على ما أنت عليه فقال عمرو بل أنت مدد لي فقال أبو عبيده: يا عمرو أن رسول الله (صلى الله عليه وسلم ) قال لي (لا تختلفا) وأنك إن عصيتني أطعتك.

ثم بعثه الرسول (صلى الله عليه وسلم ) في ثلاثمائة رجل من المهاجرين والأنصار وفيهم عمر بن الخطاب إلى حي جهينة قرب ساحل البحر وكذلك اشترك تحت راية الرسول (صلى الله عليه وسلم ) في فتح مكة وكان على مقدمة جيش الرسول ( صلى الله عليه وسلم ).

حاز أبو عبيده على ثقة الرسول (صلى الله عليه وسلم ) لإخلاصه وتفانيه في الإسلام، وحينما أراد الرسول (صلى الله عليه وسلم ) أن يرسل مع أهل اليمن رجلا يعلمهم السنة والإسلام أخذ بيد أبي عبيده بن الجراح وقال (هذا أمين هذه الأمة) .

وعندما استطاع أبو بكر الصديق ( رضي الله عنه ) بسط نفوذه على الجزيرة العربية وقضى على جميع المرتدين أخذ يفكر في تحرير الأرض العربية خارج الجزيرة من السيطرة الأجنبية وبث الدعوة الإسلامية فيها وبناء على هذا الرأي جهز جيشا بقيادة خالد بن الوليد الذي كان في اليمامة وأمره بالتوجه نحو العراق لمساعدة المثنى بن حارثة الشيباني وتولى القيادة العامة للجيوش الإسلامية المقاتلة في العراق وبعد مدة من الزمن جهز أبو بكر ثلاثة جيوش عهد بقيادتها إلى خير قادته وهم شرحبيل بن حسنه، ويزيد بن أبي سفيان، وأبو عبيده بن الجراح، وبدأت الجيوش تتجمع تباعا في الجرف فإذا آن لأحدها أن يسير خرج إليه الخليفة المودعا.

وقد سار أبو عبيده على رأس جيش من المسلمين عدته سبعة آلاف وخمسمائة رجل وقد أصدر أبو بكر أمرا لقادة الجيوش في الشام (إذ اجتمعتم على قتال فأميركم أبو عبيده) فسلك أبو عبيده طريق (المعرفة) وهي طريق على ساحل البحر وهي الطريق التي كانت يسلكها العرب عندما تذهب إلى بلاد الشام حتى نزل الجابية- والجابية قرية تابعة لمدينة دمشق ولما وصلت جيوش المسلمين إلى الشام أرسل هرقل جيوشه نحو جيوش المسلمين ليحول دون تجمعها ويشغلها بعضها عن بعض لتضعف ولا تقدر على التعاون فيما بينها، ولكن قادة المسلمين افشلوا خطة هرقل حينما اجتمعوا في سهل قرب نهر اليرموك وكونوا جيشا واحدا يقوده قائد واحد لمواجهة الروم.

طلب أبو عبيده مددا من الخليفة ووعدهم بارسال النجدات ووجه لهم الوصية التالية: اجتمعوا عسكرا واحدا وألقوا زحف المشركين بزحف المسلمين فأنتم

أعوان الله والله ناصر من نصره وخاذل من كفره، ولن يؤتي مثلكم من قلة وإنما يؤتي العشرة الآلاف والزيادة عليها بذنوبهم فاحترسوا من الذنوب والله ناصركم.

وفي نفس الوقت فكر أبو بكر الصديق رضي الله عنه في أن يولي القيادة العامة شخصا جسورا وحازما وشجاعا يتميز بالكفاءة والمقدرة ويتميز على جميع الموجودين في الشام ولم يجد غير خالد بن الوليد لهذه المهمة الصعبة فقد كان أبو عبيده على مقدرته وكفاءته رجلا رقيق القلب وكان عمرو بن العاص على دهائه هيابا غير مقدام وكان عكرمة تعوزه دقة التقدير وكذلك شرحبيل بن حسنه.

وكذلك أرسل الخليفة أمرا إلى خالد بن الوليد بالمسير من الشام بنصف قوته التي سار بها من اليمامة إلى العراق وهذا نصه (إذا أتاك كتابي هذا فدع العراق وخلف فيه أهله الذين قدمت عليهم وهم فيه وأمضي متخففا في أهل القوة من أصحابك الذين قدموا العراق معك من اليمامة وصحبوك من الطريق وقدموا عليك من الحجاز حتى تأتي الشام فتلقى أبا عبيده بن الجراح ومن معه من المسلمين فإذا التقيتم فأنت أمير الجماعة والسلام عليكم).

وكتب الخليفة في الوقت نفسه كتابا إلى أبي عبيده بن الجراح قال فيه (أما بعد فإني قد وليت خالد بن الوليد قتال الروم في الشام فلا تخافه وأسمع له وأطع أمره فإني وليته عليك وأنا أعلم أنك خير منه ولكن ظننت أن له فطنه في الحرب ليست لك أراد الله بنا وبك سبيل الرشاد.

سار خالد بن الوليد بجيشه وعبر الصحراء قاطعا تلك المسافة البعيدة من الحيرة إلى بصرى بمدة ثمانية عشر يوما ولما وصل خالد إلى المسلمين فرحوا به فرحا شديدا فكان خالد بن الوليد قائدا عاما في معركة اليرموك وكان أبو عبيده أحد قادته، أخذ خالد بن الوليد يدرس الموقف ويستطلع الأرض وقوة العدو وعدد قواته غيرها من ضروريات المعركة وأخذ يعيد تنظيم جيشه على أسس جديدة اقتبسها من دراسته لتنظيم وتعبئة جيش عدوه وقد عمل مايلي:

قسم قواته إلى ٣٦-٤٠ كردوسا كل كردوس يتألف من (١٠٠٠) مقاتل، وألغى نظام الصف الذي كان يتبعه العرب في حروبهم حيث تنقسم ميمنتهم و ميسرتهم وقلبهم إلى عدة صفوف صف وراء الآخر واستعاض عنها بنظام الكراديس التي أصبحت وحدة القتال وقسم الجيش إلى ميمنة وميسره وقلب كانت الميمنة تضم (١٠) كراديس وعهد بقيادتها إلى عمرو بن العاص ويعاونه شرحبيل بن حسنه وكان الميسرة تضم (١٠) كراديس وعهد بقيادتها إلى يزيد بن أبي سفيان وكان القلب يضم (١٨) كردوسا وعهد بقيادته إلى أبي عبيده بن الجراح يعاونه عكرمة بن أبي جهل.

واحتفظ باحتياط عام يتألف من (٣٠٠٠) فارس وشكل طلائع الجيش من الخيالة وعهد بقيادتها إلى غياث بن أشيم وعين أبا الدرداء قاضيا للجيش ثم كلف النساء بالواجبات التالية: الواجبات الإدارية كالتموين وإخلاء القتلى والجرحى وصد الهاربين من المعركة وإعادتهم إلى ساحة القتال والقتال عند الضرورة.

قرر خالد بن الوليد أن تبدأ المعركة في فجر يوم ٢٠ آب ٦٣٦م وان يأخذ المبادرة والقيام بالهجوم على العدو، فهجم خالد على الروم من القلب والى قلب العدو هجوما صاعقا حتى عزل مشاه العدو عن فرسانه ولما وجدت خيل العدو منفذا للهرب هربت وتركت ساحة المعركة وبهذا استطاع المسلمون القضاء على مشاة جيش الروم وانتهت معركة اليرموك الحاسمة بانتصار المسلمين.

**فتح دمشق:**

بعد معركة اليرموك تولى أبو عبيده منصب القيادة العامة في بلاد الشام فاستخلف على اليرموك بشير بن كعب الحميري وسار حتى نزل في موضع من ناحية دمشق اسمه (الصفر) وقد علم هناك بأن شراذم الروم المنهزمين تجمعوا في موضع فحل في ناحية الأردن وأن مددا جاء بها أهل دمشق من حمص فكتب إلى

عمر بن الخطاب في ذلك فأجابه (بأن يبدأ بدمشق لأنها حصن الشام وعاصمتها وان يشغل أهل فحل بخيل تكون بازائهم وإذا فتحت دمشق فسر إلى فحل).

سار القائد أبو عبيده بن الجراح بجيشه إلى المرج وعلى مقدمته خالد بن الوليد وعلى المجنبتين عمرو بن العاص وأبو عبيده نفسه وعلى الخيل عياض بن غنم وعلى المشاه شرحبيل بن حسنه فجاز إلى دمشق وحصروا أهلها وطوقوها فكان أبو عبيده على ناحية وخالد بن الوليد على الباب الشرقي وقد ضربوا على مدينة دمشق حوالي السبعين ليلة وكان حصارا قويا وضربوا المدينة بالمنجنيق وكان أهل دمشق يرجون أن تصلهم الإمدادات وانتهز خالد بن الوليد فرصة انشغال أهل مدينة دمشق في احتفالهم بمولد مولود للبطريق فتسلق هو وأصحابه السور وقتلوا الحرس وفتحوا الباب فلما رأى الروم ذلك قصدوا القائد أبا عبيده وطلبوا منه الصلح فصالحهم وفتحوا له الباب وقالوا له: أدخل وامنعنا من أهل ذلك الجانب.

وبعد أن فتح القائد أبو عبيده دمشق سار إلى (فحل) واستخلف يزيد بن أبي سفيان على دمشق واشتبك مع أهلها في معركة ضارية وانتصر فيها القائد أبو عبيده بن الجراح.

**موقعة مرج الروم:**

سار أبو عبيده ومعه خال بن الوليد من فحل إلى حمص وانصرف بمن أضيف إليهم من اليرموك فنزلوا جميعا على الكلاع، وقد بلغ الخبر هرقل فبعث تيودرا البطريق حتى نزل بمرج دمشق وغربها وبدأ أبو عبيده بمرج الروم وجمعهم هذا وقد هم الشتاء عليهم والجروح فيهم فاشية فلما نزل على القوم بمرج الروم نازلة شنس الرومي وكان أبو عبيده بازائه وخالد بازاء تيودرا البطريق وأنى خالد الخبر أن تيودرا قد رحل إلى دمشق فأجمع رأيه ورأي أبي عبيده أن يتبعه خالد فاتبعه من ليلته في جريدة وقد بلغ يزيد بن أبي سفيان الذي فعل فاستقبله فاقتتلوا ولحق بهم خالد وهم يقتتلون فأخذهم من خلفهم فقتلوا ولم يفلت منهم إلا الشريد وغنم

المسلمون مغانم كثيرة ثم انصرف يزيد إلى دمشق وخالد إلى أبي عبيده وقتل أبو عبيده شنس وامتلئ المرج من قتلاهم.

ثم واصل أبو عبيده مسيرته إلى حمص فسلك طريق بعلبك فطلب أهلها الأمان فأمنهم وصالحهم وسار عنهم ونزل على حمص ومعه خالد بن الوليد ففتحها بعد حصار طويل على مثل ما صالح أهل دمشق ثم سار أبو عبيده إلى حماة فطلبوا أهلها الصلح فصالحهم على الجزية والخراج ثم مضى ـ إلى شيرز وهي قلعة بلدة المعرة فطلب أهلها الصلح أيضا فصالحهم على صلح حماة ثم سار أبو عبيده إلى معرة حمص وهي معرة النعمان فأذعنوا بالصلح على ما صالح عليه أهل حمص.

**موقعة قنسرين:**

أرسل القائد أبو عبيده بعد فتح حمص خالد بن الوليد إلى قنسرين وهي مدينة تقع جنوب حلب فلما نزل بالحاضر زحف إليهم الروم وكانوا تحت قيادة ميناس، فالتقوا بالحاضر فقتل ميناس ومن معه فلم يبق منهم واحدا وأما أهل الحاضر فأرسلوا إلى خالد انهم عرب وأنهم إنما حشروا ولم يكن رأيهم حربه فقبل منهم وتركهم وسار خالد حتى نزل قنسرين فتحصنوا فيه فقال: أنكم لو كنتم في السحاب لحملنا الله إليكم، أو لأنزلكم الله إلينا). فتحيروا في أمرهم وذكروا ما لقي أهل حمص فصالحوه على صلح حمص.

ولما انتهى خالد من أمر مدينة قنسرين سار إلى مدينة حلب فبلغة أن أهل قنسرين قد نقضوا وغدروا فأرسل إليهم السمط الكندي فأعاد فتحها مرة أخرى ولكن أبا عبيده لم يترك خالد بن الوليد وحده فسار إلى حضارة حلب فصالح أهلها بعد أن طلبوا الصلح والأمان على أنفسهم وأولادهم ومدينهم وكنائسهم وحصنهم فأعطى أبو عبيده ما طلبوا.

وقد جالت خيول المسلمين في تلك الربوع ففتحت إنطاكية ومعرة معرين ويوقا وقرى الجومة وسرمين ومرتحوت ثم سار أبو عبيده إلى قورس فصالحها

على صلح إنطاكية ووجه أبو عبيده خالد بن الوليد وهو في منبج إلى مرعش ففتحها كـمـا أنـه فـتح حـصـن الحدث وبذلك أكمل القائد أبو عبيده بن الجراح فتح بلاد الشام.

وبعد هذا أولى على كل مدينة أو منطقة فتحها عاملا يعاونه إداريـون في إدارة منطقتـه وجيشـا يدافع عنها ثم عاد إلى فلسطين لمعاونة عمرو بن العاص الذي كـان يعمل بكل إمكانياتـه لفـتح فلسطين فحاصر أبو عبيده (إيلياء) وهي بيت المقدس فطلب أهلها أن يصالحهم أبو عبيده على مثل ما صلح أهل الشام وان يكون المتولي لعقد الصلح عمر بن الخطاب فكتب أبو عبيده إلى عمر بذلك وفتح مدينة القدس.

**موقعة حمص:**

بعد أن تم للمسلمين فتح بيت المقدس رجع أبو عبيده إلى حمص فجـاءه الـروم وكان المحـرض والمهيج على ذلك أهل الجزيرة فقد راسلوا ملك الروم وشجعوه على إرسال جيوش لاسترجاع بلاد الشام مـن المسلمين وتطوعوا جميعا في سبيل ذلك وكان ذلك في سنة ٦٣٦م.

وعندما علم أبو عبيده باجتماع الروم وحلفائهم على هذا الأمر جمع قطاعاتـه العسكرية التـي كانت موزعة على الحراسة كمسالح المسلمين وعسكر في داخل مدينة حمص وكذلك جاء خالـد بـن الوليـد من قنسرين إليهم فاستشاره أبو عبيده في مهاجمة الروم أو التحصن إلى حين مجيء الإمدادات فأشار عليه خالج بالمناجزه ولكن الأكثرية أشارت عليه بالتحصين وكتب إلى عمر بن الخطاب بذلك.

كان عمر بن الخطاب قد أعد قوات من جيش المسلمين كقوات احتياطية في الكوفة حيـث كـان في مدينة الكوفة وحدها أربعة آلاف فارس وكان واجب هذه القوات إسناد مواقع المسلمين التي تحتاج إلى إسناد فكتب إلى سعد بن أبي وقاص في العراق (اندب الناس مع القعقـاع بـن عمرو وسرحهم مـن يـومهم الذي يأتيك فيه كتابي إلى حمص، فان أبا عبيده قد أحيط به وتقدم إليهم في الجد والحث).

وكتب أيضا أن يرسل سهيل بن عدي إلى (الرقة) وأمره أن يرسل عبد الله ابن عبد الله بن عينان إلى نصبين ثم يذهب إلى حران والرها وان يرسل الوليد بن عقبة على عرب الجزيرة من ربيعه وتنوخ وان يرسل عياض بن غنم وان يكون أميرهم إذا بدأ القتال، فسار القعقاع من وقته على رأس أربعة آلاف إلى حمص وخرج عياض وقادة القطاعات الأخرى كل إلى المنطقة التي كلف في السيطرة عليها.

وقد علم سكان الجزيرة الذين أعانوا الروم على المسلمين أن جنود المسلمين قد توجهوا إليهم من الكوفة فرجع أهل الجزيرة إلى مدنهم لحمايتها والدفاع عنها وتركوا الروم وحدهم حول حمص فقاتلهم المسلمون وانتصروا عليهم بسهولة قبل أن يصل القعقاع إلى حمص بثلاثة أيام فكتب عمر بن الخطاب إلى أبي عبيده أن يشترك أهل الكوفة في العطاء وقال: جزى الله أهل الكوفة خيرا يكفون حوزتهم ويمدون أهل الأمصار. وبهذا استطاع أبو عبيده أن يدعم سيطرته على المدن التي فتحها من بلاد الشام وإكمال فتح بلاد الشام جميعا.

**وفاته:**

كان طاعون عمواس نكبه على المسلمين وأنه نشأ بعد الحروب التي حدثت في الشام من كثرة القتلى الذين تركوا في ميادين القتال من غير أن يدفنوا أما المسلمون فقد كانوا يدفنون شهداءهم كما هي عادتهم وما يأمر بذلك دينهم، أما الجيوش المنهزمة فلا تتمكن عادة من دفن قتلاهم لذلك بقيت جثث الروم كما بقيت جثث الفرس في العراق من غير أن تدفن ولذلك أصاب الطاعون العراق كما أصاب الشام.

وقد استشهد بطاعون عمواس جماعة من كبار القواد والصحابة منهم أبو عبيده بن الجراح في سنة ١٨هـ/٦٣٩م وقد خسر المسلمون بوفاته رجلا صالحا

تقيا عفيفا متواضعا محبوبا من الخليفة ومن جميع القواد وفاتحا من أكبر الفاتحين الذي كان لهم أثر عظيم في تاريخ الفتح الإسلامي.

وتمتع أبو عبيده فضلا عن أخلاقه العالية وإيمانه العميق بمزايا أهلته لتولي القيادة العسكرية مدة طويلة ومن هذه المزايا أنه كان شجاعا من شجعان قريش المعدودين ثبت حين انهزم الناس يوم أحد ذلك اليوم الذي لم يثبت فيه إلا أشجع الشجعان يتمتع بعقلية متزنة وذكاء وقاد كان لهما الأثر الأكبر في نجاح خططه العسكرية التي كان يعدها.

كان أبو عبيده قائدا مكثيا والحرب لا يصلحها إلا الرجل المكيث وكان بعيد النظر في حسابه أسوا الاحتمالات وهو بالإضافة إلى ذلك كان صحيح القرار غير متسرع في إصداره ذا إرادة قوية صلبة ونفسيه لا تتبدل في حالتي النصر والاندحار شخصية قوية يثق برجاله ويثقون به ويحبهم ويحبونه ومما يذكر له التاريخ أنه كان أحد العشرة السابقين للإسلام واحد العشرة المبشرين بالجنة.

## أبو عبيده بن مسعود الثقفي

**جهاده:**

وصل أبو عبيده بن مسعود الثقفي إلى الحيرة بعد وصول المثنى بن حارثة إليها بشهر واحد وعملا معا على تعبئة الجيش وبعد إنجاز هذه المهمة بدأت مرحلة التحرير.

وأول ما قام به الجيش الإسلامي هو أن هاجم جيش الفرس الذي كان بقيادة جابان فدارت معركة بينهما في النمارق وهو موضع قرب الكوفة فانهزمت القوات الفارسية بعد قتال شديد ووقع أسيرا في هذه المعركة قائدهم جابان وقد استطاع أن يأخذ الأمان لنفسه ممن أسره بدهاء وخديعة فقال المسلمون لأبي عبيد أقتله فإنه الأمير، فقال أبو عبيده أني أخاف الله أن أقتله وقد أمنه رجل مسلم والمسلمون في

التواد والتناحر كالجسد فما لزم بعضهم فقد لزم كلهم فلما ألحوا عليه ذاكرين أن الذي أعطاه الأمان لا يعرف أنه أمير الفرس، أصر أبو عبيده على رأيه قائلا: لا أغدر.

ثم هاجم الجيش الإسلامي الفرس في موضع السقاطيه وهي منطقة قريبة من واسط وانتصر فيها المسلمون بعد قتال شديد وأقام أبو عبيده بمنقطة كسكر وهي منطقة غنية بمنتوجاتها الزراعية قرب واسط وأقام هناك وأرسل المثنى وغيره من القادة يغيرون على تلك النواحي ويحررونها من الفرس

**موقعة الجسر:**

عظم على رستم أن تتراجع جيوش الفرس وتنهزم أمام الجيش العربي الإسلامي فجمع جيشا عظيما في المدائن وجعل قيادته إلى بهمن جاذويه وسار الجيش الفارسي حتى نزل في قس الناطق وهو موضع قرب الكوفة على شاطئ الفرات الشرقي وكان ذلك في سنة ١٣هـ/٦٣٤م.

سار أبو عبيده بجيشه حتى جاء المروحه وعسكر بها وهي موضع قرب الكوفة على شاطئ الفرات الغربي مقابل قس الناطق وهكذا جعل أبو عبيده نهر الفرات بينه وبين الجيش الفارسي.

وأرسل قائد الفرس إلى أبي عبيده: (أما أن تعبروا إلينا وندعكم والعبور، وإما تدعونا نعبر إليكم) وقال له سليط بن قيس ووجوه الناس (لا تعبر يا أبا عبيده إنا ننهاك عن العبور) فاقسم أبو عبيده ليقطعن الفرات إليهم وقالوا له: (إننا نزلنا منزلنا فيه مجال وملجأ ومرجع من كره إلى كره) قال أبو عبيده: (لا أفعل، جبنت والله يا سليط). فقال سليط:(أنا والله أجرأ منك نفسها وقد أشرنا عليك بالرأي فستعلم). وقد أصر أبو عبيده على العبور وقال ( لا يكونون أجرا على الموت منا بل نعبر إليكم).

وهكذا عبر المسلمون من المروحة في الضفة الغربية لنهر الفرات إلى قس الناطق في الضفة الشرقية لنهر الفرات وقد ضاف بهم المكان الذي تركه لهم الفرس على الرغم من أنهم كانوا أقل من عشرة آلاف مقاتل، ولم يمهلهم الفرس بعد العبور وهاجموهم بعنف وقد وضع الفرس في مقدمة جيشهم عددا من الفيلة المدربة أفزعت خيول المسلمين فهربت تلك الخيول.

واشتد الأمر على المسلمين ولما استبطأ أبو عبيده النصر ترجل ومعه عدد كبير من جنود المسلمين ومشوا إلى الفرس وصافحوهم بالسيوف ولكن الفيلة صدت المسلمين وبعثرتهم فنادى أبو عبيده إحتوشموا الفيلة واقطعوا أحزمتها واقلبوا عنها أهلها. واتجه هو بنفسه على فيل أبيض كبير فقطع حزامه فسقط الذين على ظهره ثم ضرب خرطومه بالسيف ولكن الفيل هاجم أبو عبيده وضربه برجله فألقاه على الأرض ووقف فوقه فأزهق روحه ولما رأى جيش المسلمين وقع قائدهم شهيدا تحت أقدام الفيل استقتلوا حتى تنحى الفيل عن جثه أبي عبيده ثم قتلوه.

وقد حمل اللواء بعده سبعة من ثقيف استشهدوا جميعهم حتى أخذ اللواء المثنى بن حارثة الشيباني فوقف واللواء بيده ينادي (يا أيها الناس دونكم فاعبروا) وبذلك استطاع أن ينقذ البقية الباقية من جيش المسلمين.

كان أبو عبيده (رحمه الله) شجاعا مقداما تطوع لقتال الفرس في الوقت الذي أحجم فيه الآخرون برز في كل معركة خاضها على أقرانه وضرب لجنده في الشجاعة أروع الأمثال وفي معركة الجسر بالذات.

ولكنه كان إذا اقتنع برأي أصر عليه دون الالتفات إلى رأي الآخرين وكان من إصراره على رأيه كارثة الجسر وكأنه نسي نصيحة عمر بن الخطاب له حين قال (إن الحرب لا يصلح لها إلا الرجل المكيث).

وكان من نتيجة إصراره على رأيه وعدم أخذ رأي أصحابه ومنهم سليط خسارة للمسلمين في معركة الجسر حوالي أربعة آلاف شهيد بين قتيل وغريق من

بينهم عدد من كبار الصحابة ومنهم أخوه الحكم بن مسعود وابن أخيه جبر بن الحكم ابن مسعود وابنه خبر بن أبي عبيده.

وعلى الرغم من كل ذلك فقد تركت كارثة يوم الجسر أثرا بعيدا في نفوس المسلمين فقد بعث في نفوسهم العزيمة والإصرار على تحرير العراق والنخوة والحمية لأخذ ثارات شهداء الجسر وخير دليل على ذلك هنا فإن القعقاع بن عمرو التميمي وهتاف المسلمين في معركة القادسية حينما كانوا ينادون (يالثارات أبي عبيده وسليط وأصحاب الجسر). لقد ترك أبو عبيده أثرا ماديا معنويا لتحريره منطقة كبيره من الفرات الأوسط أعتبر سكانها تحرير العراق تحريرا لهم من الظلم الفارسي.

## خالد بن الوليد

**نسبه:**

هو خالد بن الوليد بن المغيرة بن عبد الله القرشي بن عمرو بن مخزوم بن يقظة بن مره، وكنيته أبو سليمان ولد في عام ٥٨٢هـ وكانت قريش آنذاك تحتل مكان الصدارة بين القبائل العربية لها الأمر والنهي ولها حق السدانة والسقاية والرفادة والقيادة المشهورة وكان والده سيدا من سادتها وزعيما من زعمائها فلا عجب أن نشأ خالد معتزا بنفسه فخورا بنسبه معتدا بأمجاد قبيلته ورجولته.

وقد ترعرع خالد في بيئته تلك وأرسل في صباه إلى أهدى القبائل في الصحراء ليتعلم الحياة هناك وعندما بلغ السادسة من عمره عاد إلى منزل أبويه في مكة المكرمة وفي الطفولة تعلم خالد ركوب الخيل وأصبح فارسا ماهرا في الفروسية فأتقن أعمالها وفنونها وأصبح بفترة قليلة من أمهر الفرسان في شبه الجزيرة العربية.

وكان لخالد عدد من الزوجات وعدد من الأولاد أكبرهم يدعى سليمان والثاني يدعى عبد الرحمن وقد ولد عبد الرحمن قبل موت الوليد بحوالي ستة أعوام ولديه ولد اسمه المهاجر وولدا اسمه عبد الله وآخرون، وله أولاد في أنحاء متفرقة من الجزيرة والعراق والشام حيث كان يتزوج بعد كل معركة ينتصر فيها لذلك نجد ذريته منتشرة في أنحاء شتى من الوطن العربي.

**إسلامه:**

أسلم خالد بن الوليد سنة ثمان من الهجرة وكان لذلك قصة في انه في صفر من سنة ٨هـ قدم عمرو بن العاص ومعه خالد بن الوليد وعثمان بن طلحة ليسلموا على يد النبي (صلى الله عليه وسلم ) بعد أن تيقنوا من صحة الدعوة الإسلامية وصحة البشرى التي جاء بها النبي (صلى الله عليه وسلم ) وكما يقول عمرو بن العاص، أنهم لما انصرفوا من الأحزاب (معركة الخندق) قال لأصحابه إني أرى محمدا يعلو علوا منكرا، وإني قد رأيت أن نلحق بالملك النجاشي ملك الحبشة، فإن ظهر من محمد على قومنا كنا عند النجاشي وان ظهر قومنا على محمد فنحن عرفنا فقالوا له نعم الرأي هذا، فقال فجمعت معي ناسا كثيرا وخرجت بهم إلى النجاشي وبينما نحن عنده وصل رسول النبي ( صلى الله عليه وسلم ) وكان عمرو بن أميه الضمري في أمر يخص جعفر وأصحابه فلما رأيت رسول النبي (صلى الله عليه وسلم ) قلت للنجاشي سلمني الضميري لأقتله تقربا من قريش بمكة.

فلما سمع ذلك النجاشي غضب غضبا شديدا وضرب انفه ضربة قوية ظننت بأنه قد كسره فخفته ثم قلت له والله لو ظننت أنك تكره هذا لما سألتك، فقال النجاشي: أتسألني أن أعطيك رسول يأتيه الناموس الأكبر الذي كان يأتي موسى لتقتله فقلت له أيها الملك أكذلك هو؟ فقال النجاشي ويحك يا عمرو أطعني واتبعه انه والله لعلى حق وليظهرن من خالفه كما ظهر موسى على فرعون وجنوده فقلت له إذن بايعني على الإسلام فبسط يده فبايعه ثم خرجت إلى أصحابي وكتمتهم إسلامي وخرجت عائدا على رسول الله (صلى الله عليه وسلم ) فلقيني خالد بن الوليد وذلك قبل فتح مكة وهو

مقبل من مكة فقلت له أين يا أبا سليمان فقال والله لقد استقام المنسم (المذهب ظهر واضحا) عن الرجل لنبي اذهب والله وأسلم فقلت له ما جئت إلا للإسلام فقدمنا على النبي (صلى الله عليه وسلم ) للإسلام على يديه فتقدمنا خالد بن الوليد وأسلم أولا ثم دنوت فأسلمت وتقدم عثمان بن طلحه العبدري وأسلم هو الآخر.

**تسميته بسيف الله:**

خلال جمادى الأول من سنة ثمان للهجرة وأثناء التخطيط لتنفيذ غزوة مؤتة أستعمل رسول الله (صلى الله عليه وسلم ) على المسلمين زيد بن حارثة ليقودهم وقال إن أصيب زيد فجعفر بن أبي طالب فان أصيب جعفر فعبد الله بن رواحه.

وعندما تجهز المسلمون لهذه المعركة وكانوا بتعداد ثلاثة آلاف رجل ودعهم رسول الله (صلى الله عليه وسلم ) ولما وصل إلى عبد الله بن رواحه بكى عبد الله فقال له الناس ما يبكيك فقال ما بي حبي الدنيا ولا صبابة بكم ولكن سمعت رسول الله (صلى الله عليه وسلم ) يقرأ آية وهي ﴿ وَإِنْ مِنْكُمْ إِلَّا وَارِدُهَا كَانَ عَلَى رَبِّكَ حَتْماً مَقْضِيّاً﴾ (مريم:٧١) فلست أدري كيف لي بالصدور بعد الورود فقال المسلمون صحبكم الله وردكم إلينا سالمين. فساروا حتى نزلوا معان فبلغهم أن هرقل سار إليهم في مائة ألف من الروم ومائة ألف من المستعربة من لخم وجذام وبلغين وبلي، ونصب عليهم رجلا من بلي يقال له مالك ابن رافله ونزلوا مآب من أرض البلقاء فأقام المسلمون بمعان ليلتين ينتظرون في أمرهم وقال نكتب إلى رسول الله ( صلى الله عليه وسلم ) نخبره بالخبر وننتظر أمره فشجعهم عبد الله بن رواحه وقال يا قوم والله إن الذي تكرهون للذي خرجتم تطلبون الشهادة وما تقاتل الناس بعدد ولا قوة ولا تقاتلهم إلا بهذا الدين فانطلقوا فما هي إلا إحدى الحسنيين فقال الناس صدق الله وساروا للقتال.

وقد التقت جموع الروم والعرب بقرية من البلقاء يقال لها مشارف وانحاز المسلمون إلى قرية يقال لها (مؤتة) فالتقى الناس عندها وكان على ميمنة المسلمين قطبه بن قتاده العذري وعلى ميسرتهم عبابة بن مالك الأنصاري فاقتتلوا قتالا شديدا

فقاتل زيد بن حارثه براية رسول الله حتى استشهد ثم أخذها جعفر فلما اشتد القتال اقتحم عن فرس له شقراء فعقرها ثم قاتل القوم حتى استشهد وكان جعفر أول من عقر فرسه في الإسلام فلما استشهد أخذ الراية عبد الله بن روحه ثم تقدم فتردد بعض التردد ثم نزل عن فرسه واتاه ابن عم له بعرمة (بعظم) من لحم فقال له شهد بهذا صلبك فقد لقيت ما لقيت فأخذه فانتهش منه نهشة ثم سمع الحطمة في ناحية العسكر فقال لنفسه وأنت في الدنيا ثم ألقاه وأخذ بسيفه وتقدم وقاتل حتى استشهد.

واشتد الأمر على المسلمين وتزاحم عليهم العدو وقد كان قطبه بن قتادة قد قتل قبل ذلك مالك بن رافله قائد المستعربة ثم أن الخبر من السماء في ساعته إلى النبي (صلى الله عليه وسلم ) فصعد المنبر وأمر فنودي الصلاة جامعة فاجتمع الناس فقال أخبركم عن جيشكم هذا الغازي أنهم لقوا العدو فقتل زيد شهيدا فاستغفر له ثم أخذ اللواء جعفر فشد على القوم حتى قتل شهيدا فاستغفر له ثم أخذ اللواء عبد الله بن رواحه وصمت النبي (صلى الله عليه وسلم ) فتغيرت وجوه الأنصار وظنوا أنه قد كان من عبد الله ما يكرهون.

ثم قال رسول الله (صلى الله عليه وسلم ) فقاتل القوم حتى قتل شهيدا ثم قال لقد رفعوا إلى الجنة على سرائر من ذهب فرأيت في سرير ابن رواحه ازورارا من سريري صاحبيه فقلت عم هذا فقيل مضيا وتردد بعض التردد ثم مضى ولما استشهد عبد الله بن رواحه أخذ الراية ثابت بن أرقم الأنصاري وقال يا معشر المسلمين اصطلحوا على رجل منكم فقالوا رضيا بك فقال: ما أنا بفاعل فاصطلحوا على خالد بن الوليد فأخذ الراية ودافع القوم وانحازوا عنه فقال رسول الله ( صلى الله عليه وسلم ) ثم أخذ الراية سيف من سيوف الله خالد بن الوليد فعاد الناس ومنذ ذلك التاريخ سمي خالد سيف الله.

**قصة عزل خالد بن الوليد:**

عندما توفي أبو بكر الصديق ودفن، صعد عمر بن الخطاب فخطب الناس ثم قال: أنا مثل العرب مثل جمل آنف اتبع قائده فلينظر قائده حيث يقوده، وأما أنا

فورب الكعبة لأحملكم على الطريق وكان أول كتاب كتبه إلى أبي عبيده بن الجراح بتوليه جند خالد وبعزل خالد لأنه كان عليه ساخطا في خلافة أبي بكر الصديق كلها لوقعته بابن نويرة وما كان يعمل في حربه.

وأول ما تكلم به عزل خالد وقال: لا يلي لي عملا أبدا وكتب إلى أبي عبيده أن أكذب خالد نفسه فهو الأمير على ما كان عليه، وإن لم يكذب نفسه فأنت الأمير على ما هو عليه وانزع عمامته عن رأسه وقاسمه ماله، فذكر ذلك لخالد فاستشار أخته فاطمه وكانت عند الحارث بن هشام فقالت له: والله لا يحبك عمر أبدا وما يريد إلا أن تكذب نفسك ثم ينزعك. فقبّل رأسها وقال: صدقتِ، فأبى أن يكذب نفسه فأمر أبو عبيده فنزع عمامة خالد وقاسمه ماله ثم قدم خالد على عمر بالمدينة وقيل: بل هو أقام بالشام مع المسلمين وهو أصح.

وهذه هي القصة الكاملة لعزل خالد بن الوليد ففي سنة سبع عشر عزل خالد ابن الوليد عما كان عليه من التقدم على الجيوش والسرايا وسبب ذلك انه كان قد أشيع بأنه وعياض بن غنم أصابا أموالا عظيمة من الجباية وأنهما بدآ يعيشان عيشة مترفة وقد أطلع عليه بعض أعدائه إشاعة مفادها أن خالد قد دخل الحمام وتدلك بغسل فيه خمر فكتب إليه عمر يقول بلغني أنك تدلكت بخمر، وأن الله قد حرم ظاهر الخمر وباطنه ومسه فلا تمسوها أجسادكم، فكتب إليه خالد بـ: إنا قتلناها فعادت غسولا غير خمر فكتب إليه عمر: إن آل المغيرة ابتلوا بالجفاء فلا أماتكم الله عليه.

فلما فرق خالد في الذين أنتجعوه الأموال سمع بذلك عمر بن الخطاب وكان لا يخفي عليه شيئا من عمله فدعا عمر البريد فكتب معه إلى أبي عبيده أن يقيم خالدا ويعقله بعمامته وينزع عنه قلنسوته حتى يعلمكم من أين أجاز الأشعث أمن ماله أم من مال إصابة أصابها فإن زعم أنه من ماله فقد أسرف وأعزله على كل حال وأضمم إليك عمله، فكتب أبو عبيده إلى خالد، فقدم عليه، ثم جمع الناس وجلس

لهم على المنبر فقام البريد فسأل خالدا من أين أجاز الأشعث فلم يجبه، وأبو عبيده ساكت لا يقول شيئا، فقام بلال فقال: إن أمير المؤمنين أمر فيك بكذا وكذا، ونزع عمامته فلم يمنعه سمعا وطاعة ووضع قلنسوته ثم أقامه فعقله وقال: من أين أجزت الأشعث من مالك أجزت أم من إصابة أصبتها؟ فقال: بل من مالي، فأطلقه وأعاد قلنسوته ثم عممه بيده ثم قال نسمع ونطيع لولاتنا ونفخم ونخدم موالينا.

قال: وأقام خالد متحيرا لا يدري أمعزول أم غير معزول ولا يعلمه أبو عبيده بذلك تكرمه وتفخمه، فلما تأخر قدومه على عمر ظن الذي كان فكتب إلى خالد بالإقبال إليه فرجع إلى قنسرين فخطب الناس وودعهم ورجع إلى حمص فخطبهم ثم سار إلى المدينة فلما قدم على عمر شكاه وقال: قد شكوتك إلى المسلمين، فبالله أنك في أمري لغير مجمل فقال له عمر: من أين هذا الثراء؟ قال: من الأنغال والسهمان، وما زاد على ستين ألفا فلك فقوم عمر ماله فزاد عشرين ألفا فجعلها في بيت المال ثم قال: يا خالد والله إنك علي لكريم وإنك إلي لحبيب وكتب إلى الأمصار: إنني لم أعزل خالد عن سخطة ولا خيانة ولكن الناس فخموه وفتنوا به فخفت أن يوكلوا إليه فأحببت أن يعلموا أن الله هو الصالح وأن لا يكونوا بعرض فتنه وعوضه عما أخذ منه.

**المسيرة العسكرية لخالد:**

لم يقاتل قائد عربي، الفرس كما قاتل القائد العربي خالد بن الوليد، عندما قرر أبو بكر الصديق (رضي الله عنه ) أن ينطلق بالدين الإسلامي إلى خارج الجزيرة نحو أرجاء أخرى من المشرق وكان حوله على حدود الجزيرة دولتان كبيرتان هما فارس وبيزنطة وكانت الأول تئن تحت وطأة المنازعات الداخلية والصراعات بين قادتها وزعمائها فأغرى ذلك الخليفة أبا بكر وأرسل جيشا من المسلمين لفتحها.

وقد كتب الخليفة أبو بكر الصديق إلى خالد بن الوليد وكان يومئذ باليمامة يأمره بالتوجه إلى العراق لمحاربة الفرس ويقول له: سر بالتوجه إلى العراق حتى

تدخلها وأبدا بفرج الهند وهي الإبله (بلده على مدخل البصره) ثم أمر عياض بن غنم أن يدخل العراق من أعلاها بادئا بالميصخ (موقع على حدود الشام ممايل العراق) حتى يلقى خالدا وكان مع خالد حين تلقى أمر الخليفة عشرة آلاف فارس ثم لم يلبث المثنى بن حارثة الشيباني وكان على حدود العراق من جهة الجزيرة، أن أمده بثمانية آلاف مقاتل فبلغ جيش خالد ثمانية عشر ألف مقاتل وكانت أولا وقعة ذات السلاسل التي سنأتي على شرحها الو المعارك لخالد في العراق انتقل بعدها إلى الثني (أو المذار) ثم إلى الولجة فاليس فالحيرة فالانبار (وهي وقعة ذات العيون) فعين التمر فدومة الجندل فالحصيد فالخنافس فالمصيخ فالثني فالزميل فالفراض وكانت آخر معارك خالد في العراق.

والجدير بالذكر أن جميع هذه المعارك حدثت سنة ١٢هـ وان خالدا لم يهزم في واحدة منها قط، وكذلك هذه الضربات المتتابعة المتلاحقة التي وجهها خالد إلى جيش الفرس في مركز قوته بالعراق أهم أسباب انهيار الإمبراطورية الفارسية في وجه المد الإسلامي.

وفي أواخر عام ١٢هـ كان الخليفة أبو بكر قد اطمأن على سير القتال في جبهة العراق بعد انتصارات خالد الرائعة فيها، وخاصة بعد فتح الحيرة، أهم معقل للفرس فأعلن النفير في الحجاز واليمن ونجد وتهافتت جموع المسلمين على المدينة المنورة تبغي القتال في سبيل الله ونشر دينه، فألف الخليفة من هؤلاء المقاتلين خمس فرق بلغ مجموعها نحو عشرين ألف مقاتل ادخل منها إلى الشام أربعة (يزيد بن أبي سفيان بـ ٣ أو ٤ آلاف وشرحبيل بن حسنه بـ ٣ أو ٤ آلاف وأبو عبيده بن الجراح بـ ٣ أو ٤ آلاف وعمرو بن العاص بـ ٦ أو ٧ آلاف) وأبقى الخامسة احتياطا في المدينة ثم كتب إلى خالد في العراق يأمره بالتوجه إلى الشام لتسلم القيادة العامة لجيوش المسلمين فيها وكان سير خالد من العراق إلى الشام في مغازة قاحلة عملا يكاد يضاهي الأساطير لروعته وغرابته فقد قطع بجيشه البالغ نحو

عشرة آلاف مقاتل الصحراء من العراق إلى الشام في خلال ثمانية عشر يوما فقط، وكان قد جعل بعض الإبل (صهاريج) تحمل في بطونها الماء بعد أن كم مشافرها، وتحمل على ظهورها الماء والزاد للمقاتلين فكان ينحر بعضها في الطريق ليأكل المقاتلون لحمه ويشربون من الماء الذي يحمله بينما تشرب باقي الإبل الماء المختزن في بطونها.

ولما وصل خالد إلى الشام حتى وجد فرق يزيد وأبي عبيده وشرحبيل قد اجتمعت بناء لأمر الخليفة في بصرى للقائه والانضمام إليه على حين بقي عمرو بن العاص يقارع الروم بفرقته في فلسطين فكان أول عمل قام به خالد في وصوله أن جمع الفرق كلها بقيادته وتوجه لنجدة عمرو في فلسطين فقاتل الروم في أجنادين وهزم جيشهم فيها (الجيش الرومي الأول) ثم انكفأ ليلاقي الروم في المعركة الشهيرة الفاصلة اليرموك تلك التي اقترنت بالتاريخ باسمه وكان اليرموك سنة ١٥هـ / ٦٣٦م (وقيل سنة ١٣هـ) وقد أظهر خالد فيها من العبقرية العسكرية (الحركة الافراجية التي فصل فها بين مشاة الروم وفرسانهم فهرب الفرسان ثم قضى على المشاة). وما شهد له به جميع المؤرخين العسكرين القدامى والمحدثين وكانت معركة اليرموك هي الفاصلة والحاسمة في تاريخ الدولة البيزنطية إذ ودع بعدها هرقل سوريا نهائيا فقال: سلام عليك يا سوريا، سلاما لا لقاء بعده.

وجدير بالذكر أن خبر موت أبي بكر وتولية عمر بن الخطاب الخلافة ثم أمر عزل خالد عن القيادة العامة لجيوش المسلمين في الشام، وتوليه هذه القيادة لأبي عبيده قد ورد في أثناء هذه المعركة ولكن خالد كتم الأمر كي لا تضطرب صفوف المسلمين وتابع القتال حتى تحقق النصر، عندها تقدم من أبي عبيده وسلمه رسالة الخليفة قائلا: مرني يا أميري فأنت القائد العام ثم قال كلمته المأثورة: أنا لا أقاتل من أجل عمر وكلني أقاتل من أجل رب عمر وقال الخليفة بعد ذلك في تبريره لهذا

العزل إني لم أعزل خالدا عن سخطة ولا عن خيانة ولكن الناس فتنوا له فخشيت أن يوكلوا إليه ويبتلوا وإلا يكونوا بمرض فتنه.

ويبقى خالد بعد عزله في اليرموك قائدا لامعا من قادة جيوش المسلمين في الشام وظل يعمل بلا تذمر ودون حقد تحت قيادة أبي عبيده فشاركه مشاركة فعالة بل ورئيسية في فتح بلاد الشام كلها إذ شهد معه بعد اليرموك وقعة مرج الصفر ثم فتح دمشق ثم حصار فحل وفتحها سنة ١٤هـ ثم وقعه مرج الروم (أو سهل البقاع) وفتح بعلبك وحمص وحماة وشيرز ومعرة النعمان وقنسرين وحلب سنة ١٥هـ وأخيرا الساحل الشامي (إنطاكية اللاذقية وطرابلس وبيروت وصيدا وصور وقيسارية) سنة ١٦هـ.

وعندما بدأ النبي (صلى الله عليه وسلم ) دعوته كان خالدا خصما عنيدا له، فحاربه في عدة معارك وغزوات حارب في غزوة الأحزاب سنة ٥هـ وكاد يحاربه في غزوة الحديبية سنة ٦هـ لولا أن منعه عن ذلك إقامة النبي وصحبه لصلاة الظهر في العراء على مرأى من خالد ورجاله فأبت على خالد الجاهلي أن يأخذ بالسيف قوما سلموا لله أمرهم فسالموه، وفي كلتا الغزوتين كان خالد قائدا لفرسان المشركين ولكن أهم وقعة حارب بها خالد النبي محمدا هي أحد (٣هـ) وكانت هزيمة المسلمين في هذه الموقعة بسبب جرأة خالد ومبادرته وظل خالد طوال ثماني سنوات خصما عنيدا لمحمد ومحاربا صلبا ضد دعوته، إلى أن انتصر الإسلام على خالد فاعتنقه دينا وكان سيفا من سيوفه كما قال عنه النبي (صلى الله عليه وسلم ) وكان إسلامه في صفر سنة ٨هـ وقد أسلم هو وعمرو بن العاص وعثمان بن طلحه ابني أبي طلحه في يوم واحد.

وما أن أعتنق خالد الإسلام حتى انبرى يقاتل في سبيله بكل قوة وإيمان فكان من أبرز القادة الذين انتشروا بسيفهم الدين الإسلامي في الجزيرة والعراق والشام وكانت مؤته أول معركة خاضها خالد إلى جانب المسلمين وكانت سنة ٨هـ وقد خاضها بعد إسلامه بشهرين فقط وكانت بن هرقل ملك الروم وبين المسلمين

وكادت الدائرة تدول على المسلمين في هذه المعركة لولا ذكاء خالد ودهاؤه العسكري وحسن تصرفه.

وشهد خالد بعد مؤته فتح مكة سنة ٨هـ وكان على رأس الفرقة التي دخلها من أسفلها (الليط) وبعثة النبي (صلى الله عليه وسلم ) بعد فتح مكة لهدم العزى (وهو أعظم أصنام قريش) كما بعثه لدعوة بني جذيمة إلى الإسلام ومقاتلتهم إذ رفضوا، فقاتلهم خالد وقتل منهم خلقا كثيرا وبعثه للتأكد من صحة إسلام بني المصطلق واشترك خالد كذلك في معظم غزوات النبي صلى الله عليه وسلم بعد إسلامه فشهد حنين والطائف (٨هـ) وكان على مقدمة المسلمين في هاتين الغزوتين وتبوك سنة (٩هـ) وقاتل أكيدر بن عبد الملك في دومة الجندل (٩هـ) وبعثه الرسول ( صلى الله عليه وسلم ) إلى نجران واليمن يدعو أهلها إلى الإسلام في سنة (١٠هـ).

وما أن توفي النبي (صلى الله عليه وسلم ) سنة (١١هـ) حتى ارتد كثير من القبائل عن الإسلام فأرسل الخليفة أبو بكر جيوشا لغرض إعادتها إلى الدين الحنيف وكان خالد على رأس واحد من هذه الجيوش فقاتل طليحه بن خويلد الأسدي وكان قد أدعى النبوة وتبعة كثيرون من بني أسد وغطفان وطيء فقتله وقضى على دعوته وقاتل أم زمل وهي امرأة شديدة البأس أعلنت عصيانها بعد موت النبي وتبعها فلول من بني أسد وغطفان وطئ وسليم وهوازن فقتلها وقضى على أصحابها وقصد نتال قبيلة بني عامر التي ارتدي عن الإسلام فعادت إليه بلا قتال، وقاتل مالك بن نويرة وقومه فقتل مالكا بعد مشاحنه كلامية ببينهما وقاتل مسيلمة الكذاب وقومه بني حنيفة في وقعة عقرباء أو (حديقة القوت) وقضى عليه وعلى دعوته (١١هـ) وهكذا أسهم خالد بسيفه إلى حد كبير في تثبيت دعائم الإسلام في الجزيرة العربية بعد أن اضطربت تلك الدعائم بعد موت النبي (صلى الله عليه وسلم ) .

وكان خالد على عبقرية في الفن العسكري شهد له بها خصومه في عصره ومن خلفهم من المؤرخين والقادة العسكريين ويعتبر خالد أول قائد أدخل

نظام التعبئة الجيش الإسلامي طبقا للأساليب التي كانت متبعة في الجيش الرومي، فقد خرج يوم اليرموك في تعبئة لم تعبئها العرب قبل ذلك وقد تعلم خالد من حروبه ضد أكبر إمبراطوريتين في ذلك العصر الكثير من مبادئ القتال فأجاد تطبيقها واستنبط منها أسلوبا جديدا في القتال يمكن تسميته التعبئة الخالدية فكان أول قائد عربي استخدم نظام الكراديس وعبأ جنده على أساسه حتى اعتبر المؤرخون عمله هذا فتحا جديدا في الفن العسكري عند العرب وقد فعل ذلك أول مرة في معركته الشهيرة اليرموك.

لقد كان خالد شجاعا نشيطا جلودا يقظا حاضر البديهة سريع الملاحظة قوي التأثير، كما كان جنديا بالفطرة مولعا بالحرب مطبوعا على حبها، يتمتع بحس القتال وغريزة الميدان إلى حد لا مثيل له.

**جهاده في العراق:**

في شهر محرم من سنة ١٢هـ أرسل الخليفة أبو بكر إلى خالد بن الوليد الذي كان آنذاك في اليمامة رسولا يأمره بالمسير إلى العراق، وقيل بل قدم اليمامة فسيره أبو بكر إلى العراق. فاتجه بسيره مع مقاتليه من فرسان المسلمين إلى العراق حتى وصل ببانقيا وباروسماد اليس فنزل هناك وصالحه أهلها وكان الذي صالحه ابن صلوبا على عشرة آلاف دينار وكانت على كل رأس أربعة دراهم وأخذ منهم الجزية ثم تابع سيره حتى وصل الحيرة فنزل فيها وخرج إليه أشرافها مع ادياس بن قبيصه الطائي وكان قد خلف النعمان بن المنذر أميرا عليها فدعاهم خالد إلى الإسلام أو دفع الجزية أو المحاربة فاختاروا دفع الجزية فصالحهم على تسعين ألف درهم وكانت بذلك أول جزية أخذت من الفرس في الإسلام هي والمناطق المحيطة التي صالح أيضا عليها.

أما الخليفة أبو بكر فكتب إلى عياض بن غنم أن يقصد العراق ويبدأ بالمصيخ ويدخل العراق من أعلاه ويسير حتى يلقى خالدا وكان المثنى بن حارثة

الشيباني قد أستأذن أبا بكر أن يغزو بالعراق فأذن له فكان هذا يغزوهم قبل قدوم خالد.

وبعد ذلك أمر أبو بكر خالدا وعياضا أن يستنفرا من قاتل أهل الردة وأن لا يغزون ومعهما مرتد، ففعلا وكتبا إليه يطلبان منه المدد، فأمد خالد بالقعقاع بن عمرو التميمي وعندها قيل له أتمده برجل واحد فقال أبو بكر لا يهزم جيش فيه مثل هؤلاء الرجال ثم أمد عياضا بعبد بن غوث الحميري وكتب أبو بكر إلى المثنى وحرمله ومعذورة وسمى أن يلحقوا بخالد بالإبله فقدم ومعه عشرة آلاف مقاتل وكان مع المثنى وأصحابه ثمانية آلاف مقاتل وكان الجميع تحت قيادة خالد بن الوليد.

**موقعة ذات السلاسل:**

عندما تقدم خالد بن الوليد فرق جنده إلى ثلاث فرق ولن يحملهم على طريق واحد ووضع على مقدمته المثنى وتلاه عدي بن حاتم ثم جاء بعدهما خالد ووعدهما إلى يلتقيا بالحفير ليقاتلوا عدوهم. وكان ذلك الفرج أعظم فروج فارس وأشدها شوكة يتزعمه قائد اسمه هرمز فلما سمع هرمز بهم كتب إلى أردشير ملك الفرس يخبره بقدوم المسلمين ثم تعجل هو بالمسير إلى كواظم مع أصحابه بعد أن سمع أنهم تواعدوا اللقاء بالحضير فسبقهم إليه ونزل به وجعل على مقدمته قباذ وانوشجان وكانا من أولاد أردشير الأكبر وربطوا في السلاسل لئلا يفروا فسمع بهم خالد فمال بالناس إلى كاظمة فسبقه إليها هرمز وكان سيئ المجاورة للعرب مشهور بصلفة وحقده بحيث كانوا يضربون به المثل فيقولون أكفر من هرمز. وتقدم خالد فنزل في أرض لا يوجد فيها ماء، فقال له أصحابه ما تفعل لعمري ليعبرن الماء ولا صبر الفريقين فحطوا أثقالهم وتقدم خالد إلى الفرس فلقاهم وأرسل الله سحابه فانحدرت وراء صف المسلمين فقويت آنذاك قلوبهم.

خرج هرمز ودعا خالداً إلى البراز وأوطأ أصحابه على الغدر بخالد فبرز إليه خالد ومشى نحوه راجلا ونزل هرمز أيضا وتبارزا فاحتضنه خالد وحمل

أصحاب هرمز على خالد ما شغله ذلك عن مبارزته وقتله، وحمل القعقاع بن عمرو عليهم فأزاحهم وانهزم أهل فارس وركبهم المسلمون وسميت الواقعة بوقعة ذات السلاسل ونجا قباذ وأنوشجان وأخذ خالد سلب هرمز (غنائمه) وكانت قلنسوته بمائة ألف لأنه قد تم شرفه في الفرس وكانت هذه الواقعة هي عادة الفرس إذا تم شرف الإنسان تكون قلنسوته بمائة ألف وبعث خالد بالفتح والأخماس إلى أبي بكر وسار حتى نزل بمواضع الجسر الأعظم بالبصرة وبعث المثنى بن حارثه في آثارهم وتم إرسال معقل بن مقرن إلى الإبلة ففتحها وجمع الأموال بها والسبي وتقدم المثنى ننحو حصني المرأة فحاصره وفتحه وأسلمت ولم يتعرض خالد وأصحابه إلى الفلاحين لان أبا بكر أمر بذلك.

**موقعة الثني:**

لما وصل خبر انهزام هرمز إلى المدائن عاصمة الفرس، أرسل ملكهم أردشير جيشا آخر وأمر عليه قارن بن قريانس، فلما انتهى إلى المذار انضم إلى الجيش المنهزم ورجع قباذ وانوشجان ونزلوا الثني وهو نهر متفرع من دجله، والتقوا بالمثنى الذي كان قد توقف عند الثني فأحدق الخطر بالمثنى فوافاه خالد والتقوا بالوقت المناسب ودارت رحى القتال بينهم وانتهى الأمر بفرار الفرس وقتل منهم نحو ٣٠٠٠٠ سوى من غرق وفر من نجا منهم بالقوارب وقد كان النهر عائقا في سبيل افتقاء أثر العدو غير ان الغنائم كانت عظيمة وقتل كل رجل قادر على الحرب واسر النساء وأخذ الجزية من الفلاحين وصاروا ذمة وصارت أرضهم لهم، وأمر على الجند سعيد بن نعمان وعلى الجزية سويد بن مقرن المزني.

أما قرن بن قريانس أمير جيش الفري الذي أرسله اردشير لإمداد هرمز فقد قتله معقل بن الأعشى بن النباش وقتل عاصم انوشجان وقتل عدي بن حاتم قباذ وكان قارن قد تم شرفه ولم يقاتل المسلمون بعد أحدا تم شرفه في الأعاجم وكانت موقعة الثني في صفر سنة ١٢هـ/ ٦٣٣م.

## موقعة الولجة:

اضطرب البلاط الملكي في فارس من جراء انتصارات العرب وتحدثوا فيما بينهم بأنه يجب محاربة العرب بعرب مثلهم يعرفون خططهم الحربية، فجند الملك جيشا عظيما من قبيلة بكر والقبائل الأخرى الموالية له تحت قياده قائد مشهور منهم يدعى الأندرزغر وكان فارسيا من مولدي السواد وأرسل بهمن جاذويه في أثره ليقود جيوش الملك وحشر الاندرزغر من بين الحيرة وكسكر ومن عرب الضاحية واحتدمت الجيوش المتحدة نحو الولجه بالغرب من ملتقى النهرين.

أما خالد فإنه ترك فرقة لحراسة الأراضي التي غزاها في الدلتا وسار للقاء العدو من الثني فاشتبك الجيشان بالولجة في قتال طويل عنيف، وقد انتصر المسلمون فيه بفضل تدابير قائده الذي باغت العدو وأجهده بكمين في ناحيتين وكمين من الخلف وكانت الهزيمة كاملة ففر الفرس وفر العرب الموالون لهم بعد أن قتل وأسر عدد عظيم وهرب الاندرزغر هائما على وجهه في الصحراء فمات من العطش وبذل خالد الأمان للفلاحين فعادوا وصاروا ذمه، وسبي ذراري المقاتلة ومن أعانهم.

## موقعة أليس:

حينما أمعن خالد في قتل نصارى بكر بن وائل الذين أعانوا الفرس في معركة الولجة غضب لهم نصارى قومهم فكاتب الفرس واجتمعوا على أليس وعليهم بعد الأسود العجلي وكان مسلمو بن عجل أشد الناس على أولئك النصارى فكتب أردشير إلى بهمن يأمره بالقدوم على نصارى العرب بإليس فقدم بهمت جاذويه جابان إليهم وأمره بالتوقف عن المحاربة إلى أن يقدم عليه ورجع بهمن إلى اردشيره ليشاوره فيما فعل فوجده مريضا فوقف عليه فاحتج على جابان نصارى بحمل وتيم اللات وصبيعة وجابر بن بجير وعرب الضاحية من أهل الحيرة.

أما خالد فإنه عندما سمع بتجميع نصارى بكر وغيرهم سار إليهم دون أن يعرف بقدوم جابان فلما أطلع جابان باليس قالت العجم له أنعاجلهم أم نفدى الناس ولا نريهم أنا نحفل بهم ثم نقاتلهم فقال جابان ان تركوكم فتهاونوا بهم وبسطوا الطعام ووصل خالد إليهم وحط الأثقال وعندما وضعت على الأرض توجه إليهم وطلب مبارزة عبد الأسود وابن أبجير ومالك بن قيس فبرز إليه مالك من بينهم فبارزه خالد حتى قتله وأعجل الأعاجم عن طعامهم فقال لهم جابان الفارسي ألم أقل لكم والله ما دخلتني من مقدم جيش وحشد إلا هذا أو قال لهم حيث لم تقدروا على الأكل فسموا الطعام فان ظفرتم فايسر هالك وان كانت لهم هلكوا بأكله فلم يفعلوا واقتتلوا قتالا شديدا.

ولما وجد خالد شدة مقاومة العدو قال: اللهم إن هزمتهم فعلي أن لا ستبقي منهم من أقد عليه حتى أجري من دمائهم نهرهم. واستمر القتال وكانت الغلبة إلى المسلمين إلى أن أنهزم الفرس فأمر خالد مناديه في الناس (الأسر، الأسر ألا تقتلوا إلا من امتنع) فأقبلت الخيول بهم أفواجا يساقون سوقا وقد وكل بهم رجالا يضربون أعناقهم في النهر فجرت الدماء في النهر فسمي لذلك نهر الدم وبعث خالد بالخبر مع رجل يدعى جندلا من بني عجل إلى أبي بكر يخبره بفتح أليس وبما حصل من الأخماس وبلغ قتلى الفرس سبعين ألفا وكان الواقعة في شهر ربيع الأول سنة ١٢هـ.

**موقعة أمغيشيا:**

عندما انتهى خالد من معركة أليس سار إلى أمغيشيا وكانت مصراً كالحيرة جلا أهلها وأعجلهم أن ينقلوا أموالهم فغنم جميع ما فيها وقد جلا أهلها وتفرقوا في السواد وبلغ سهم الفارس ١٥٠٠ سوى الذي نقله أهل البلاد وأرسل إلى أبي بكر بالفتح ومبلغ الغنائم فلما بلغ ذلك أبا بكر قال: أعجزت النساء أن يلدن مثل خالد.

**وقعة يوم فرات:**

سار خالد بعد معركة أمغيشيا إلى الحيرة وحمل الرجال والرحال والأثقال في السفن فخرج مرزبان الحيرة - حاكمها الفارسي ويدعى الأزذابه فعسكر عند الغريين وأرسل ابنه فقطع الماء عن السفن فبقيت السفن منتصبة على الأرض فسار خالد على الخيل نحو ابن الأزذابه فلقيه على الفرات بادقلي فبارزه حتى قتله وقتل أصحابه وسار نحو الحيرة فهرب منه الأزاذبه وكان قد بلغه موت أردشير وقتل ابنه فهرب بغير قتال ونزل عندها المسلمون عند الغريين وتحصن أهل الحيرة في قصورهم.

وقد حاصرهم المسلمون في قصورهم وكان ضرار بن الازور محاصرا القصر الأبيض وفيه كان إياس بن قبيصه الطائي وكان ضار بن الخطاب محاصرا قصر الغريين وفيه كان عدي بن عدي المقتول وكان ضرار بن مقرن المزني عاشر عشرة أخوه محاصرا لقصر ابن بقيله وفيه عمرو بن عبد المسيح بن بقيله.

وقد دعوهم جميعا للإسلام وأعطوهم يوما وليله لذلك فأبى أهل الحيرة وقاتلهم المسلمون بعد ذلك فبدأوا بفتح الدور والأديرة واكثروا في أهلها القتل فنادى القساوسة والرهبان: يا أهل القصور ما يقتلنا غيركم فنادى أهل القصور على المسلمين وقالوا لهم قد قبلنا واحدة من ثلاثة وهي إما الإسلام أو الجزية أو المحاربة فكفوا عنهم.

وخرج إليهم إياس بن قبصية وعمرو بن عبد المسيح بن قيس بن حيان بن الحارث فقالوا أما أنت إلا بُقيلة خضراء فأرسلوهم إلى خالد فكان الذي يتكلم عنهم عمرو بن عبد المسيح فقال له خالد كم أتى عليك؟ قال مائة سنة. قال مما أعجب ما رأيت قال رأيت القرى منظومة ما بين دمشق والحيرة ألم يبلغني أنكم خبثة خدعة فما بالكم تتناولون حوائجكم بخرف لا يدري من أين جاء، فأجاب عمر وأن يلايه من نفسه ما يعرف به عقله وصحة ما حدثه قال وحقك أني لا أعرف من أين جئت

قال فمن أين خرجت؟ قال من بطن أمي. قال فأين تريد؟ قال أمامي وما قال الآخرة. قال فمن أين أقصى أثرك قال من صلب أبي قال فيم أنت قال في ثيابي قال أتفعل؟ قال أي والله وأقيد قال خالد أني أسألك قال أجيبك قال أسلم أم حرب؟ قال بل سلم قال فما هذه الحصون؟ قال بنيناها للسفينة نحبسه حتى ينهاه الحليم قال خالد قتلت أرض جاهلها وقتل أرضا عالمها القوم أعلم بما فيهم.

وكان مع ابن بقيلة خادم معه كيس فيه كميه من السم فأخذ خالد ونثره في يد وقال لم تستصحب هذا السم معك قال خشيت أن تكونوا على غير ما رأيت فقلت تمت أرحم من مكروه أدخله على قومي فقال خالد إنها لم تموت نفس حتى تأتي أجلها وقال (باسم الله خير الأسماء رب الأرض والسماء الذي لا يضر مع اسمه داء الرحمن الرحيم). وابتلع السم فقال ابن بقيله والله لتبلغن ما أردتم ما دام أحد منكم هكذا، وأبى خالد أن يصالحهم إلا على تسلم كرامة بنت بن المسيح آل شويل فأبوا فقالت لهم هونوا عليهم وسلموني فإني سأفتدي ففعلوا فأخذها شويل فافتدت منه بألف درهم فلامه الناس فقال كنت أظن أن عددها اكثر هذا.

وكان سبب تسليمها إليه أن النبي (صلى الله عليه وسلم ) لما ذكر استيلاء أمته على ملك فارس والحيرة سأله شويل أن يعطي كرامة ابنة عبد المسيح وكان رآها شابه فمال إليها فوعده النبي (صلى الله عليه وسلم ) أن يسلمها له فسلمها له خالد ثم صالحهم على مائة ألف وتسعين ألفا وأهدوا له الهدايا فبعث بالفتح والهدايا إلى أبي بكر فقبلها أبو بكر من الجزاء وكتب إلى خالد أن يأخذ منهم بقية الجزية ويحسب لهم الهدية. وكان قد تم فتح الحيرة في شهر ربيع الأول سنة ١٢هـ وكتب لهم خالد كتابا فلما كفر أهل السواد ادعوا انهم قد ضيعوا الكتاب فلما فتحها المثنى ثانية عاد بشرط آخر فلما عادوا وكفروا مرة ثانية افتتحها سعد بن أبي وقاص ووضع عليهم أربعمائة ألف.

**موقعة ذات العيون:**

سار خالد بن الوليد بجيشه إلى الأنبار- وهي مدينة بينها وبين بغداد عشرة فراسخ- وكان على مقدمة الجيش الأقرع بن حابس فحاصرها المسلمون وقد تحصن أهل الأنبار وخندقوا عليهم وأشرفوا من حصنهم وعلى جنودهم شيرازاد صاحب ساباط وكان خالد بالخندق وأنشب القتال وأوصى رماته أن يقصدوا عيون جيش العدو فرموا رشقا واحدا ثم تابعوا فأصابوا ألف عين فسميت تلك الوقعة (ذات العيون) وتصايح القوم (ذهبت عيون أهل الأنبار).

فلما رأى ذلك شيرزاد أرسل يطلب الصلح على أمر لم يرضه خالد، فرد رسله ونحر من إبل العسكر كل ضعيف وألقى الإبل في أضيق مكان من الخندق حتى ردمه بها وجاز هو وأصحابه فوقها فاجتمع المسلمون والمشركون في الخندق فأرسل شيرزاد إلى خالد يطلب الصلح منه على ما أراد فصالحه على أن يلحقه جاذويه ثم صالح خالد من حول الأنبار وأهل كلواذى.

**فتح عين التمر:**

لما فرغ خالد من الأنبار استخلف عليها الزبرقان بن بدر، وسار إلى عين التمر وهي قلعة على حدود الصحراء على مسيرة ثلاثة أيام غربا ولها مهران بن بهرام حوبين في جمع عظيم من العجم وعقبة بن أبي عقبه في جمع عظيم من العرب من قبائل التمر وتغلب وإياد وغيرهم فلما سمعوا بخالد قال عقبة لمهران: إن العرب أعلم بقتال العرب فدعنا وخالدا. قال: صدقت فأنتم أعلم بقتال العرب وأنكم لمثلنا في قتال العجم. فخدعه واتقى به وقال: إن احتجتم إلينا أعناكم. فلامه أصحابه من الفرس على هذا القول فقال لهم: انه قد جاءكم من قتل ملوككم وفل حدكم فاتقيته بهم فان كانت لهم على خالد فهي لكم وان كانت الأخرى لم يبلغوا منهم حتى ينهوا قتالهم ونحن أقوياء وهم ضعفاء. فاعترفوا بفضل الرأي.

وسار عقبة إلى خالد فعبأ خالد جنده وبينما كان عقبة يقيم صفوفه حمل عليه خالد بنفسه فاحتضنه وأخذه أسيرا كما احتضن هرمز من قبل في موقعة ذات السلاسل فانهزم الفرس من غير قتال وأكثر المسلمون فيهم الأسر فسألوه الأمان فأبى فنزلوا على حكمه فأخذهم أسرى وقتل عقبة ثم قتلهم أجمعين وسبى كل من في الحصن وغنم ما فيه.

**موقعة دومة الجندل:**

دومة الجندل مدينة بينها وبين دمشق خمسة ليال وبعدها من المدينة خمسة عشر ليلة، وهي أقرب بلاد الشام إلى المدينة وبقرب تبوك، وكان رسول الله ( صلى الله عليه وسلم ) خرج لغزوها في ربيع الأول سنة 5هـ/ 626م وكانت أول غزوات الشام.

وكان أبو بكر الصديق قد أرسل جيشين إلى الشمال وأمر على أحدهما خالدا ووجهته نحو الإبله ثم الزحف على الحيرة وأمر على الثاني عياضا ووجهته إلى دومة الجندل ثم المسيرة إلى الحيرة فإذا سبق أحدهما الآخر كان أميرا على الحيرة إلا أن عياضا الذي كانت وجهته دومة الجندل عوقه العدو مدة طويلة ولم يستطع الانضمام إلى خالد، فلما أرسل خالد الوليد بن عقبة إلى أبي بكر بخبر فتح عين التمر أرسل أبو بكر الوليد لمساعدة عياض وكان خالد لما فرغ من عين التمر أتاه كتاب عياض يستمده فسار خالد إليه تاركا القعقاع على الحيرة وكان بدومة الجندل رئيسان، أكيد بن عبد الملك والدودي بن ربيعه يساعدهما بنو كلب وقبائل أخرى من صحراء الشام.

ولما سمع أكيدر بقدوم خالد تخوف وبادر بالتسليم نفسه- إلا أن خالد أسره وضرب عنقه ثم أخذ ما كان معه ثم هاجم عياض فانهزم العدو شر هزيمة وأخذ الجودي أسيرا فقتله وقتل الأسرى وأخذ حصونهم وسبى الذرية وتزوج خالد ابنه الجودي في ميدان القتال وكانت موقعة دومة الجندل في شهر رجب سنة 12هـ.

**موقعة الفراض:**

لقد قصد خالد الفراض تخوم الشام والعراق والجزيرة فافطر بها رمضان في تلك السفرة التي اتصلت فيها الغزوات فلما اجتمع المسلمون بالفراض حميت الروم واغتاظت، واستعانوا بمن يليها من مسالح أهل فارس واستنجدوا بتغلب وإياد والنمر فأمدوهم وناهضوا خالد حتى إذا صارت الفرات بينهم قالوا: إما أن تعبروا إلينا وإما أن نعبر إليكم. قال خالد بل اعبروا إلينا، قالوا: فتنحوا حتى نعبر فقال خالد لا نفعل ولكن اعبروا افعل منا.

فقالت الروم وفارس بعضهم لبعض احتسبوا ملككم هذا رجل يقاتل على دين وله عقل وعلم والله لينصرن ولنخذلن، ثم لم ينتفعوا بذلك فعبروا أسفل من خالد فلما تتاموا قالت الروم امتازوا حتى نعرف اليوم ما كان من حصن أو قبيح من أينا يجئ ففعلوا واقتتلوا قتالا شديدا طويلا ثم أن الله عز وجل هزمهم وأقام خالد على الفراض بعد الوقعة عشرا ثم أذن بالرجوع إلى الحيرة لخمس بقين من ذي القعدة سنة ١٢هـ.

**جهاده في الشام:**

عندما استقرت الأمور لخالد في العراق، خرج فأتى مكة وحج ورجع ولم يعلم أبو بكر الصديق بذلك إلا بعد رجوعه من مكة فعتب عليه وعاقبه وكانت عقوبته أن حركه إلى الشام من العراق ليسهم في إمداد المسلمين باليرموك وكان ذلك في سنة ثلاثة عشر هجرية حيث وجه أبو بكر الجنود إلى الشام.

والواقع أنه لما رأى المسلمون أن يطاولوا الروم كتبوا إلى أبي بكر يطلبون منه الإمداد، فكتب إلى خالد بن الوليد يأمره بالمسيرة إليهم ويأخذ نصف جيش المسلمين ويستخلف على النصف الآخر المثنى بن حارثه الشيباني فاستأثر خالد بأصحاب النبي (صلى الله عليه وسلم ) وترك إلى المثنى من أهل القناعة من ليس له صحبه ثم قسم

الجند إلى نصفين فقال المثنى والله لا أقيم إلا على إنفاذ أمر أبي بكر وبالله ما أرجو النصر إلا بأصحاب النبي (صلى الله عليه وسلم ) فلما رأى ذلك خالد أرضاه.

وسار خالد من العراق في ثمانمائة وقيل في ستمائة وقيل في تسعة آلاف وقيل إنما أمره أبو بكر أن يأخذ معه أهل القوة والنجدة فوصل حدودا فقاتله أهلها فانتصر عليهم وأتى المصيخ وبه جمع من تغلب فقاتلهم وظفر بهم ولما وصل إلى قراقر وهو عين ماء بعشيرة كلب أغار على أهلها وانتصر عليهم والتمس دليلا لمواصلة سيره فدله هذا على رافع بن عميره الطائي الذي قال له في ذلك انك لن تطيق ذلك بالخيل والأثقال وكان المسير يستغرق خمس ليال فوالله إن الراكب المفرد يخاف على نفسه فقال انه لابد لي من ذلك لأخرج من وراء جموع الروم لئلا يحبسني عن إغاثة المسلمين.

ولما دنا من العلمين قال الدليل للناس انظروا هل ترون شجرة عوسج كعقدة رجل فقالوا ما نراه فقال: إنا لله وإنا إليه راجعون هلكتم والله وهلكت معكم وكان أرمد، فلما رأوها كبروا فقال احفروا في أصلها فحفروا واستخرجوا عينا فشربوا حتى روى الناس منها فقال رافع والله ما وردت هذه الماء قط إلا مره واحدة مع أبي وأنا غلام.

ثم تابع السير حتى وصل إلى سوى فأغار على أهلها وكانوا يشربون الخمر فقتل المسلمون رئيسهم ثم تابع سيره حتى وصل إلى أراك فصالحه أهلها ثم وصل تدمر فتحصن أهلها ثم صالحوه بعد ذلك ثم أتى الفريقين فقاتلهم وظفر بهم وأتى هوارين فقاتل أهلها فهزمهم واتى قصم فصالحه أهلها واتى ثنيه العقاب عند دمشق ناشرا رايته وهي راية سوداء وكانت لرسول الله ( صلى الله عليه وسلم ) وتسمى العقاب ثم سار إلى غسان فأغار عليهم وانتصروا وأرسل سريه إلى كنيسة بالغوطة فقتلوا الرجال وانتصر عليها ثم سار حتى وصل إلى بصرى فقاتل من بها وظفر بهم وصالحهم وكانت بصرى أول مدينة فتحت بالشام على يد خالد بن الوليد وأهل العراق وبعث

بالأخماس إلى أبي بكر وتابع سيره فطلع على المسلمين في ربيع الأول وطلع باهان على الروم ومعه الشماسة والقيسيون والرهبان يحرضون الروم على القتال.

**معركة اليرموك:**

عندما تكامل جمع المسلمون باليرموك وكانوا سبعة وعشرين ألفا قدم خالد في تسعة آلاف فصاروا ستة وثلاثين ألفا سوى عكرمة فإنه كان بمثابة الرداء لهم وقيل كانوا سبعة وعشرين ألف وثلاثة فصاروا أربعين ألفا سوى، ستة آلاف مع عكرمه بين أبي جهل وكان منهم ألف صحابي منهم نحو مائة من الصحابيين ممن شهد بدرا وكان الروم مائتي ألف وأربعين ألف مقاتل منهم ثمانون ألف مقاتل مقيدة بالسلاسل لئلا يهربوا وأربعون ألف مسلسل للموت وأربعون ألفا مربطون بالعمائم لئلا يفروا وثمانون ألف راجل، وكان قتال المسلمين لهم تساند كل أمير على أصحابه لا يجمعهم أحد حتى وصل إليهم خالد بن الوليد من العراق، وكان القسيسون والرهبان يحرضون الروم على القتال أكثر من شهر ثم خرجوا إلى القتال الذي لم يكن بعده قتال في جمادى الآخر.

فلما أحس المسلمون بخروجهم للقتال أرادوا الخروج متلاحمين فسار فيهم خالد فحمد الله واثنى عليه ثم قال هذا يوم من أيام الله ينبغي فيه الفخر ولا البغي أخلصوا في جهادكم وأريدوا الله بعملكم فإن هذا اليوم له ما بعده ولا تقاتلوا قوما على نظاما وتعبئة وانتم متساندون فان ذلك لا يحل ولا يتبقى وإن من وراءكم لو يعلم علمكم حال بينكم وبين هذيا فأعلموا فيها لم تؤمروا به بالذي ترون انه رأى من واليكم ومحبته قالوا هات في الرأي قال إن أبا بكر لم يبعثنا إلا وهو يرى أنا سنتساير ولو علم بالذي كان ويكون لقد جمعكم أن الذين انتم فيه أشد على المسلمين مما غشيهم وانقع للمشركين من أمداهم ولقد علمت أن الدنيا فرقت بينكم فالله الله فقد أفرد كل رجل مكن بديله لا ينقصه منه إن دان لأحد من الأمراء ولا يزيده أن دانوا له. إن تأمير بعضكم لا ينقصكم عند الله ولا عند خليفة رسول الله (صلى الله عليه وسلم ) هلموا فإن

هؤلاء قد تهيأوا وأن هذا اليوم له ما بعده إن رددناهم إلى خندقهم اليوم لم نزل نردهم وإن هزمونا لم نفلح بعدها فهلموا فلتتعاون الإمارة فليكن بعضنا اليوم والآخر غداً والآخر بعد غد حتى تتآمروا كلكم ودعوني أتأمر اليوم.

فأعطوه القيادة فخرجت إليهم الروم في تعبئة لم ير الراءون مثلها قط وخرج خالد في تعبئة لم تعبئها العرب من قبل ذلك فخرج في ستة وثلاثين كردوسا إلى الأربعين وقال عددكم كثير وليس تعبئة أكثر في رأى العين من الكراديس فجعل القلب كراديس وأقام فيه أبا عبيده وجعل الميمنة كراديس وعليها عمرو بن العاص وشرحبيل بن حسنة وجعل الميسرة كراديس وعليها يزيد بن أبي سفيان وكان كردوس القعقاع بن عمرو وجعل على كل كردوس رجلا من الشجعان وكان القاضي أبا الدرداء وكان القاص أبا سفيان بن حرب وعلى الطلائع قباث بن أشيم وعلى الأقباض عبد الله بن مسعود.

وقال رجل لخالد ما أكثر الروم وما أقل المسلمين فقال خالد يا رجل بل قل ما أكثر المسلمين وأقل الروم إنما تكثر الجنود بالنصر وتقل بالخذلان والله لو رددت أن الأشقر (يعنى فرسه) براء من توجيه وأنهم أضعفوا في العدد وكان قد حضي في مسيره.

فأمر خالد عكرمه بن أبي جهل والقعقاع بن عمرو فانشبا القتال والتحم الناس وتطارد الفرسان وتقاتلوا وأنهم على ذلك قدم صاحب البريد من المدينة وأسمه محمية بن زنيم فسألوه الخبر، فأخبرهم بسلامة وإمداد وإنما جاء بموت أبي بكر وتأمير أبي عبيده فبلغوا خالدا فأخبره أبي عسكر سرا.

وخرج جرجة إلى بين الصفين وطلب خالدا فخرج إليه فأمن كل واحد منهما صاحبه فقال جرجة: يا خالد أصدقني لا تكذبن فان الحر لا يكذب ولا تخادعني فان الكريم لا يخادع المستسل هل أنزل الله على نبيكم مسبقاً من السماء فأعطاك فلا تسله على قوم إلا هزمتهم قال ففيما سميت سيف الله؟ فقال له: إن الله

بعث فينا نبيه(صلى الله عليه وسلم ) فكنت فيمن كذبه وقاتله ثم أن الله هداني فتابعته فقال: أنت سيف الله سله الله على المشركين ودعا لي بالنصر قال: فأخبرني إلى ما تدعوني قال خالد إلى الإسلام أو الجزية أو الحرب قال: منزلة من الذي يجيبكم ويدخل فيكم قال: منزلتنا واحدة قال فهل له مثلكم من الأجر والذخر؟ قال: نعم وأفضل لأننا اتبعنا نبينا وهو حي يخبرنا بالغيب وترى منه العجائب والآيات، وحتى لمن رأى ما رأينا وسمع ما سمعنا أن يسلم وانتم لم تروا مثلنا ولم تسمعوا مثلنا فمن دخل دينه وصدق كان أفضل منا فقلت جرجه فرسه وما مع خالد وأسلم وعلمه الإسلام واغتسل وصلى ثم خرج مع خالد فقاتل الروم.

وحملت الروم حملة أزالوا المسلمين عن مواقفهم إلا الحامية التي عليها عكرمة وعمه الحارث بن هشام فقال عكرمة يومئذ، قاتلت مع النبي (صلى الله عليه وسلم ) في كل موطن ثم أفر اليوم ثم نادى من يبايع الموت؟ فبايعه الحارث بن هشام وضرار بن الأزور في أربعمائة من وجوه المسلمين وفرسانهم فقاتلوا قدام فسطاط خالد حتى اثخنوا جميعا جراحا فمنهم من برأ ومنهم من قتل وقاتل خالد وجرجة قتالا شديدا فقتل جرجه عند آخر النهار وصلى الناس الأولى والعصر- إيماء وتضعضع الروم ونهد خالد بالقلب حتى كان بين خليهم ورجلهم فانهم الفرسان وتركوا الرجالة.

ولما رأى المسلمون خيل الروم قد توجهت للمهرب افرجوا لها فتفرقت وقتل الرجالة واقتحموا في خندقهم فاقتحمه عليهم فعمدوا إلى الواقوصه حتى هوى فيها المقترنون وغيرهم ثمانون ألفا من المقترنين وأربعون ألف مطلق سوى من قتل في المعركة وتجلل الفيقار وجماعة من أشراف الروم برانسهم وجلسوا فقتلوا مترملين ودخل خالد الخندق ونزل في رواق تذارق فلما اصبحوا أتى خالد بعكرمه بن أبي جهل جريحا فوضع رأسه على فخذه وبعمر بن عكرمه فجعل رأسه على ساقه ومسح وجههما وقطر في حلوقهما الماء وقد قاتلت النساء ذلك اليوم وابلين.

ولما انهزمت الروم كان هرقل بحمص فنادى بالرحيل عنها قريبا وجعلها بينه وبين المسلمين وأمر عليها أميرا كما أمر على دمشق وكان ممن أصيب من المسلمين ثلاثة آلاف منهم عكرمة وابنه عمرو وسلمه بن هاشم وعمرو بن سعيد وأبان بن سعيد وجندب بن عمرو والطفيل بن عمرو وهشام بن العاص وعياش بن أبي ربيعه.

**وفاته:**

اعتزل خالد الحياة العامة وقضي ما بقي له من عمره في حمص ولما حضرت خالد الوفاة قال: لقد شهدت مائة زحف أو نحوها وما في بدني موضع شبرا إلا وبه ضربةأو طعنة وها أنا أموت على فراشي كما يموت البعير فلا نامت أعين الجبناء ومالي من عمل أرجى من لا إله إلا الله.

وتوفي في خلافة عمر بن الخطاب سنة ٢١هـ/ ٦٤١م وعمره بضع وأربعون سنه وكانت وفاته بحمص وقبره مشهور يزار إلى الآن في ضمن مسجد واقع خارج السور إلى الجهة الشمالية من حمص وقد اتصل به العمران وصار حوله لهذا العهد حي يسمى حي سيدي خالد كما يسمى المسجد أيضا مسجد سيدي خالد.

## سعد بن أبي وقاص

هو سعد بن مالك بن أهيب بن عبد مناف بن زهرة القرشي الزهري كان عمره لما أسلم سبع عشره وروى عنه: قال أسلمت قبل أن تفرض الصلاة وهو أحد المبشرين بالجنة.

وكان رسول الله (صلى الله عليه وسلم ) يتفاخر بسعد ويقول: هذا خالي فيرني أمرؤ خاله وإنما قال هذا لأن سعدا زهري وأم رسول الله زهرية وهو ابن عمها يجتمعان في عبد مناف وأهل الأم أخوال وكان مجاب الدعوة وكان الناس يعلمون ذلك منه

ويخافون دعاءه وهو أول في أراق دما في سبيل الله وقد توفي سعد سنة ٥٥هـ بالعقيق على سبعة أميال من المدينة وكان آخر المهاجرين موتا.

**جهاده:**

هاجر سعد بن أبي وقاص مع الرسول ( صلى الله عليه وسلم ) إلى المدينة يوم تقررت هجرة المسلمين إليها وكان الموكل في أمر حراسته مما قد يتعرض له وشهد مع الرسول (صلى الله عليه وسلم ) انتصارات الإسلام الأولى في بدر الكبرى وكذلك في معركة أحد تلك المعركة الضارية التي خسرها المسلمون نتيجة خطأ اقترفاه الرماة حماة المؤخرة حين تركوا مكانهم على الجبل عندما شهدوا انتصار المسلمين على أعدائهم وراحوا يشاركون المجاهدين الغنائم فانتهز المشركون الفرصة والتفوا حول جيش المسلمين وضربوهم في ظهورهم وقد بلى سعد يوم أحد بلاء عظيما ورمى يوم أحد ألف سهم.

وشهد مع الرسوم (صلى الله عليه وسلم ) يوم الخندق العصيب عندما أنزل بالكفار والمشركين الفزع والاضطراب بما أرسل عليهم من ريح صرصر عاتية أكفأه معداتهم وحطمت ما كان معهم ففروا هاربين كما كان له رفقه رجال الإسلام في كل مواقفهم الحاسمة قبل أن يختار الله عز وجل الرسول ( صلى الله عليه وسلم ) إلى جواره.

**معركة القادسية:**

كان سعد بن أبي وقاص على صدقات هوازن بنجد وكان الخليفة عمر بن الخطاب رضي الله عنه كتب إليه بانتخاب ذوي الرأي والنجدة والسلاح كما كتب لغيره فجاءه كتاب سعد وهو يستشير الناس فيمن يبعثه يقول فيه لعمر: قد انتخبت لك ألف فارس كلهم له نجده ورأي وصاحب حيطة يحوط حريم قومه ويمنع ذمارهم إليهم انتهت أحسابهم رأيهم فشانك بهم فوافق كتابه كتاب مشورتهم فقالوا: قد وجدته قال: فمن؟ قالوا: الأسد عاريا. قال: من؟ قالوا: سعد. فانتهى إلى قولهم فأرسل إليه فقدم عليه فأمره على حرب العراق.

كان سن سعد بن أبي وقاص حين سار على العراق أربعين سنة وقد سار معه إلى العراق من المدينة ٤٠٠٠ مقاتل وكان عمر كلما وفد عليه جيش سيره إلى الانضمام إلى سعد ومن الذين انضموا إليه طليحة الذي كان تنبأ ثم أسلم وعمر بن معدي كرب والأشعث وعلى ذلك وجد سعد نفسه قائد جيش كبير يبلغ ٣٥٠٠٠ مقاتل وهو أعظم جيش وجه لقتال الفرس.

سار سعد متمهلا محاذيا حدود الصحراء وهناك ترك النساء والأطفال بحماية فرقة من الفرسان وتقدم نحو القادسية في سهل متسع يرويه الفرات ويحده من الغرب خندق سابور (وقد كان هذا الخندق في تلك الأيام غديرا) ووراءه تمتد الصحراء وهذا السهل يخترقه طريق من بلاد العرب وهناك يعبر النهر بجسر من القوارب إلى الحيرة ومن ثم الطريق إلى المدائن وقد سار سعد على الشاطئ الغربي وجعل مركز القيادة القديس وهي قلعة صغيرة على الغدير بعد الجسر بقليل.

وكان رستم يريد الانتظار كسعد لولا رغبة الملك في التعجيل بالقتال لأن العرب كانوا يعبرون النهر إلى الجزيرة، ويوالون الإغارات ويهاجمون حصون الأشراف وقد انقضى الربيع واتى فصل الصيف وأستاق المسلمون النعم من المراعي تأديبا للقبائل الموالية للفرس ولتقديم الغذاء للجيش فلما استغاث أهل البلاد لم يعد الملك يستمع لرأي رستم بالانتظار وعول على التقديم في الحال.

لم يعد رستم ينتظر بعد ذلك فجمع جيشا يبلغ (١٢٠٠٠) مقاتل ومعهم الفيله ومع ذلك سار متمهلا ثم عبر الفرات بالقرب من بابل وتقدم نحو الحيره إلى أن صار بمرأى من جيش المسلمين وعسكر على الشاطئ المقابل.

وقام سعد بن أبي وقاص بترتيب جيش المسلمين فجعل على المقدمة زهرة ابن عبد الله واستعمل على الميمنة عبد الله بن العتم وعلى الميسرة شرحبيل بن السمط، وعلى الساقة عاصم بن عمر التميمي وعلى الطلائع سواد بن مالك التميميم وعلى المجردة سلمان بن ربيعه الباهلي وعلى المشاه حمال بن مالك الأسدي وعلى

الركبان عبد الله بن ذي السهمين الخثعمي وجعل خليفته خالد بن عرفطه فكان أمراء التعبئة يكون الأمير يليهم أمراء الأعشار ثم أصحاب الرايات ويلي أصحاب الرايات والقواد رؤوس القبائل وجعل على قضاء الناس عبد الرحمن بن ربيعه الباهلي واليه قسمة الفيء.

وقد دارت المعكرة بين الطرفين وكانت معركة القادسية من أعنف المعارك التي خاضها المسلمون في مواجهة الفري وقد استمرت أربعة أيام تواصل القتال في بعضها ليلا ونهارا وقد انتهت بانتصار المسلمين نصرا حاسما على الفرس وكانت معركة القادسية سنة ١٤هـ.

وكتب سعد إلى عمر بالفتح وبعدد من قتلوا، ومن أصيب من المسلمين وكانت غنائم المسلمين عظيمة فنال كل جندي ٦٠٠٠ قطعة وقدر ما سلب من رستم ٧٠٠٠٠ أعطاها سعد لهلال وكانت راية الفرس المصنوعة من جلب النمور ومرصعة بالجواهر تقدر بمائة ألف، ويقال أن سعد بن أبي وقاص استكثر سلب الجالينوس على زهرة فكتب إلى عمر فكتب إليه عمر: أني قد نقلت كل من قتل رجلا سلبه فدفعه إليه فباعة بسبعين ألف وفضل أهل البلاء يوم القادسية عند العطاء خمسمائة في أعطياتهم وخمسة وعشرين رجلا أما أهل الأيام فأنه فرض لهم ثلاثة آلاف فضلوا على أهل القادسية.

**فتح المدائن:**

المدائن هي عاصمة ملك فارس وكانت مسكن الملوك من الأكاسرة الساسانية وغيرهم وإنما سمتها العرب المدائن لأنها سبع مدائن وأسمها عند الفرنج الكيتتريفون وبينها وبين بغداد ٢٥ميلا.

قدم سعد إلى بهرسير فصالحه شيرازاد دهقان ساباط على تأدية الجزية وهزم سعد كتيبة بنت كسرى التي تدعى بوران ثم زحف سعد على بهر سير فرأى المسلمون الديوان فقال ضرار بن الخطاب: الله أكبر، أبيض كسرى هذا وعد الله

ورسوله، وكبر فكبر الناس سعه فكانوا كلما وصلت طائفة كبروا ثم نزل على المدينة.

وفي صفر سنة ١٦هـ دخل المسلمون بهر سير كان سعد محاصرا لها وأرسل الخيول فأغارت على من ليس له عهد فأصابوا (١٠٠٠٠٠) فلاح فأصاب كل واحد منهم فلاحا فأرسل سعد إلى عمر يستأذنه فأجابه أن من جاءكم من الفلاحين ممن لم يعينوا عليكم فهو أمانة ومن هرب فادر كتموه فشأنكم به، فخلى سعد عنهم وأرسل إلى الدهاقين ودعاهم إلى الإسلام والجزية ولهم الذمة فتراجعوا ولم يدخل في ذلك ما كان لآل كسرى فلم يبقى غربي دجله إلى أرض العرب سوادي إلا آمن وأغتبط بملك الإسلام.

وأقاموا على بهرسير شهرين يرمونهم بالمنجانيق ونصبوا على المدينة ٢٠ منجنيقا فشغلوهم بها واشتد الحصار بأهل المدائن الغربية وصبروا من شدة الحصار على أمر عظيم ثم قطعوا دجله إلى المدائن الشرقية ودخلوا المدينة فأنزلهم سعد المنازل.

أقام سعد ببهرسير أياما من صفر، ودلوه على مخاضة تخاض إلى صلب الفرس فأبى وتردد عن ذلك وكان السنة كثيرة المدود ودجله تقذف بالزبد ثم عزم سعد على قطع البحر وخطب في الجيش وندب الناس إلى العبور وجعل عصاما على الفراض ليمنعها وأذن في الاقتحام وقال: قولوا نستعين بالله ونتوكل عليه حسبنا لله ونعم الوكيل والله لينصرن الله وليه وليظرهن دينه وليهزم عدوه ولا قوه إلا بالله العلي العظيم. وتلاحق الناس إلى دجلة وكان الذي يساير سعد سلمان الفارسي فعامت به خيولهم وخرج الناس سالمين وخيولهم تنفض أعرافها وسمو يوم عبورهم دجله (يوم الجراثيم) لأنه لم يكن أحد يعبر إلا ظهرت له جرثومة يسير معها وهي من القش المربوطة حزما فلما لم يقدر الفرس على منع المسلمين من العبور هربوا إلى حلوان وهي آخر السواد مما يلي الجبال من بغداد فدخلها المسلمون ولم يجدوا

بها أحدا وقد أخرج يزدجر عياله إلى حلوان فلحق بعياله ونزل سعد القصر الأبيض وأتخذ الإيوان مصلى.

وأقام سعد على قبض أموال الغنائم عمرو بن مقرن وأمره أن يجمع ما في القصور والأيوان والخزائن والدور وأن يحصيها ومما وجده جواهر ودروع وسيوف وذهب وفضه ولما قسم سعد الغنائم على الناس أصاب الفارس (١٢٠٠٠) دينار وكلهم كانوا فرسانا ولم يكن فيهم راجل وأخرج للغائبين مع النساء في الحيرة نصيبهم وقسم الدور بين الناس وأخرج الخمس لعمر بن الخطاب وأرسل إليه بساط الملك وكله ذهب منسوج بالحرير، منظوم بالدر واليوافيت المونه والجواهر المثمنة وكان طوله ستين ذراعا.

ولما وصل البساط إلى عمر استشار الناس فأجمع ملأهم على أن قالوا: قد جعلوا ذلك لك رأيك إلا ما كان من علي فإنه قال: ما أعطيت فأمضيت أو لبست فأبليت أو أكلت فأمنت قال: صدقتني فقطعة فقسمه بين الناس.

**موقعة جلولاء:**

اغتبط عمر بما فتح الله على المسلمين في المدائن وعاد إلى حذره فنهى عن الزحف فأقام سعد في المدائن ومضى صيف سنة ١٦هـ في راحه أما يزدجرد وجيشه المنهزم فإنه فر إلى الجبال وخضع الذين على شاطئ دجله لأنهم وجدوا ان المقاومة لا تجدي نفعا وفي الخريف اجتمع الفرس على يزدجرد بحلوان على نحو مائة ميل من المدائن ومن هناك تقدم قسم من الجيش إلى جلولاء وهي حصن احاطوه بخندق وأحاطوا الخندق بمسل الحديد (مسامير) إلا طرقهم فبلغ ذلك سعد فأرسل إلى عمر فكتب إليه عمر أن سرح هاشم بن عتبه إلى جلولاء، وأجعل على مقدمته القعقاع بن عمرو وأن هزم الله الفرلس فأجعل القعقاع بين السواد والجبل وليكن الجند اثني عشر ألفا ففعل سعد ذلك وسار هاشم من المدائن بعد قسمة الغنيمة في اثني عشر ألفا منهم وجوه المهاجرين والأنصار وإعلام العرب.

وحاصر المسلمون الفرس فطاولهم الفرس وجعلوا لا يخرصون عليهم إلا إذا أرادوا وزاحفهم المسلمون بجولاء ثمانين زحفا فظفروا عليهم وغلبوهم على الحسك وجعل سعد يمد هاشما بالفرسان وأخيرا اقتتلوا قتالا شديدا إلا أنه كان أعجل وانتهى القعقاع إلى باب الخندق واستولى عليه وحمل عليهم المسلمون فهزموهم وقتل منهم يومئذ نحو ١٠٠٠٠٠ فجللت القتلى المجال وما بين يديه وما خلفه فسميت جلولاء بما جللها من قتلاهم ولما بلغت الهزيمة يزدجر سار إلى حلوان نحو الري في اتجاه قزوين وكانت موقعة جلولاء في ذي القعدة سنة ١٦هـ

## شرحبيل بن حسنه

**نسبه:**

هو شرحبيل بن حسنه بن عبد الله بن المطاح بن عمرو بن كنهره حليف بني زهرة، يكنى عبد الله من أهل اليمن وأمه حسنه فغلب عليه اسم أمه وذلك لأن والده مات وهو صغير وبقي تحت كنفها حتى زواجها.

**جهاده:**

اسلم شرحبيل في وقت مبكر في مكة وقد هاجر إلى الحبشة في الهجرة الثانية وقد غزا مع الرسول (صلى الله عليه وسلم ) عدة غزوات وبذلك نال شرف الجهاد وتحت راية الرسول (صلى الله عليه وسلم ).

وقد أسهم شرحبيل في حروب الردة فقد بعث أبو بكر الصديق عكرمة بن أبي جهل على رأس جيش إلى مسيلمة الكذاب ثم بعث في أثره شرحبيل بن حسنه ولكن عكرمة أسرع في قتال عدوه حتى يحصل على الفخر بقضائه على مسيلمة وحده ولكنه فضل لتعجله وتسرعه وقد نزل شرحبيل وأقام في الطريق ينتظر أوامر الخليفة فجاءه كتاب أبي بكر يأمره في أن يبقى في مكانه حتى يأتيه أمره ثم كتب أليه قبل أن يصل خالد بن الوليد إلى اليمامة يقول: إذا قدم عليك خالد ثم فرغتم ان

شاء الله فالحق بقضائه حتى تكون وعمرو بن العاص على من أبي وخالف، ولكن شرحبيل بن حسنه عجل أيضا بلقاء عدوه ففشل في مسعاه ونكب كما نكب عكرمه من قبله فلامه خالـد بـن الوليد علـى تعجلـه عندما التقى به.

توجه خالد إلى مسيلمة وقاد مقدمة جيشه بنفسه ومعه شرحبيـل يقـود قـوات المسلمين الأولى التي قاتلت في عقرباء في اليمامة وفي هذه المعركة أبلى بلاء حسنا وقاتل ببسالة وشجاعة نادرة بعد أن تـم القضاء على مسيلمة الكذاب وأعوانه وذهب شرحبيل مع خالد بن الوليد إلى العراق واشترك معه في جميع المعارك التي خاضها خالد في العراق خلال سنة ١٢هـ.

وأوفد خالد بن الوليد شرحبيل إلى الخليفة أبي بكر وعندما التقى بالرجل وجد فيه صفات البطل الهمام فعينه قائدا على أحد الجيوش الذاهبة إلى بلاد الشام وأرسل معه جيشـا كبيرا وكان ذلك في سنة ١٣هـ وكان عدد قوات شرحبيل ثلاثة آلاف مقاتل سار بهم في طريق (تبـوك) وظل أبـو كـبر يمـد شرحبيل بالجنود حتى بلغ عدد جيشه خمسين ألف مقاتل وكان أبو بكر قد ولاه الأردن.

ومن الجدير بالذكر أن جيوش المسلمين ما أن وصلت الشام حتى أرسل هرقل قادته وجيوشـه نحو قاده وجيوش المسلمين ليشغل جيوش المسلمين ويحول دون تعاونها فيما بينها ولكـن قـادة المسلمين أفشلوا خطة هرقل هذه وأضاعوا عليه الفرصة إذ كتبوا إلى عمر بن الخطاب يسألونه الـرأي فيما يعملـون فأشار عليهم بالاجتماع في اليرموك وأيد الخليفة أبو بكر هذا الرأي.

وقد ابدى شرحبيل في معركة اليرموك بطولة نادرة وبسالة مشهودة إذ كان أحد مائة مـن أبطـال المسلمين الذين اختارهم خالد فدائين حتى يؤثر بهؤلاء على معنويات الجيش الرومـاني قبـل بـدء المعركة وتولى شرحبيل أيضا في هذه المعركة قيادة أحد الكراديس لميمنة الجيش وقـد لعـب دورا كبيرا في انتصار المسلمين في هذه المعكرة التي اعتبرت من المعارك الفاصلة في تاريخ المسلمين.

ولذلك أسهم شرحبيل بعد معركة اليرموك في فتح مدينة بصرى مع حالد ابن الوليد وأبي عبيده ويزيد بن أبي سفيان حيث صالحوهم ثم ساروا جميعا إلى فلسطين مددا لعمرو بن العاص فنزلوا في أجنادين وفيها التقى جيش المسلمين بجيش الروم ودارت معركة حامية أظهر فهيا المسلمون ضروبا من البطولة والشجاعة وانتهت المعركة بانتصار المسلمين انتصارا مبينا.

ثم سار أبو عبيدة إلى فحل وهي موضع في ناحية الأردن وعلى مقدمته خالد بن الوليد وعلى المشاة شرحبيل بن حسنه وكان على المجنبتين أبو عبيدة وعمرو بن العاص وكان أهل فحل قد ذهبوا إلى بيسان وتجمعوا بها وفجروا المياه فأصبحت المنطقة مغمورة بالمياه وصارت الأرض موحلة وبعد حصار طويل هجموا على المسلمين فدارت بينهم معركة طاحنة استمرت ليلة ويوم فلما جن الليل هزموا فضلوا الطريق فأسلمتهم تلك الهزيمة إلى الوحل فلم ينج منهم إلا القليل القليل.

وكان لقيادة شرحبيل الفضل الأكبر في تحطيم هجوم الروم المباغت في فحل الذي كان دائم الحذر واليقظة والحيطه حيث كان لا يبيت ولا يصبح إلا وهو متهيئاً للمفاجئات فلولا حذره الشديد وحيطته من هجوم مباغت لأدى هجوم الروم المفاجئ إلى نتائج سيئة وعواقب وخيمة لا تقدر.

ولما انتهى شرحبيل من معركة فحل سار بجيش المسلمين إلى بيسان ومعه عمرو بن العاص فتحصن أهلها فحاصرهم بجيشه أياما عديدة اضطر أهل بيسان إلى الخروج لمقاتلة المسلمين ولكن المسلمين هزموهم شر هزيمة بعدها طلبوا الصلح فصالح شرحبيل بقية أهلها على مثل صلح دمشق، وعندما وصل إلى أهل طبريا خبر انتصار المسلمين على أهل بيسان طلبوا الصلح من شرحبيل فصالحهم على مثل صلح دمشق.

**قيادته:**

كانت قيادة شرحبيل بن حسنه تتصف بالتسرع والعجلة في أول الأمـر وعـدم إعـداد المتطلبـات الكافية أو تهيئة مستلزمات المعركة قبل الإقدام على خوضها كما حدث في معركته مع مسيلمة الكذاب في اليمامة عندما تعجل في مهاجمته ففشل ونكب مـن جـراء تسـرعه هـذا، ومنـذ ذلك اليـوم صـارت قيـادة شرحبيل تعتمد على التريث والحذر الشديد واليقظة، فكان لا يغفل لحظة ولا يسير أو يبيت ولا يصبح إلا وهو في أتم الاستعداد وأتم تعبئة لأي طارئ مفاجئ قد يطرأ وحتى لا يباغت أو يؤخذ على حين غره مـن العدو.

وصار بعد هذا الدرس القاسي الذي تلقاه في قتال المرتدين في اليمامة ينجز تحشد قواته ويكمل أمورها الإدارية ويعد جميع وسائل الاستطلاع والحصول على المعلومات قبل أن يخوض غمار الحرب لـذلك استطاع أن يفتح الأردن بخسائر بسيطة نتيجة لحذره وحرصه الشديد على المسلمين لـئلا تسـفك دماؤهم بدون طائل.

صلاح الدين الأيوبي

**شخصيته ونشأته:**

لا شك أن صلاح الدين الأيوبي الـذي ارتبط اسـمه بـالحروب الصـليبية أوثق ارتبـاط قـد أظهـر عبقرية قيادته وعسكرية في تلك الحروب مما جعلت القادة الرومانيين ينحنون له إجلالا وتكريما.

وصلاح الدين الأيوبي ولد في تكريت سنة أثنين وثلاثين وخمسمائة هجرية وكان والده هو أيوب بن شاذي واليا على تكريت وعندما انتقل والده إلى ولاية الموصل أقـام صلاح الـدين الأيـوبي فيهـا وهنـاك ترعرع، وتشاء الصدف أن ينتقل

والده لولاية مدينة بعلبك فينتقل مرة أخرى إليها مع والده وفيها يشب ويصبح في خدمة والده.

وفي عام ١١٥٢ ميلادية بلغ عمره أربع عشره سنة فيلتحق بعمه شيركوه في حلب ثم ينتقل لخدمة نور الدين ويعطي إقطاعه وفي عام ١١٥٦ ميلادية خلف أخاه الأكبر شاه كنائب لعمه في ديوان الجيش بدمشق لكنه لم يلبث ان يتخلى عن هذا الدور المنصب بعد فتره قصيرة احتجا على احتيال المحتسب الأكبر فيعود مجدداً إلى نور الدين في حلب فيصبح واحدا من المقربين له ثم يتولى فيما بعد منصب نائب القائد في دمشق ويقضى بهذا المنصب فترة غير محدودة.

وتشاء الصدف أن يلعب صلاح الدين خلال الحملات الأولى على مصر- دورا ثانويا لكنه ليس بالدور المغمور تحت قياده عمه شيركوه وحينما يستدعي الأخير للمرة الثالثة إلى مصر نهاية عام ١١٦٨ بناء على رجاء الخليفة الفاطمي العاضد يرضخ صلاح الدين مكرها لأوامر نور الدين بمرافقته ومن خلال المنصب الجديد لصلاح الدين الأيوبي يستطيع أن يلقي القبض على شاور الوزير المتآمر ضد العاضد الذي كان الذي كان مسؤولا عن استدعاء الفرنجة وتنفيذ حكم الإعدام بحقه بناء على أوامر الخليفة مما يتيح ذلك الفرصة لأن يتولى عمه شيركوه الوزارة ويمكن صلاح الدين من الإشراف بالأصالة عنه على سير الإدارة.

وعندما توفي عمه شيركوه فجاء بعد مضي تسعة أسابيع على تلك الحادثة تتوجه الرؤوس إلى صلاح الدين لتعينه بمنصبه فكان صلاح الدين الخليفة الطبيعي لعمه شيركوه والذي يعود إلى مراحل حياة صلاح الدين الأيوبي سيرى انه منذ نشأته كان يمتاز ببروز الشخصية وتألقها في المعارك والحروب وانه منذ الشباب أفلح في إدارة الولايات رغم تضاربها وتناحرها مع بعضها البعض.

وقد أجمعت المصادر على أن صلاح الدين الأيوبي نشأ نشأة دينية وأنه اتصل بالمشايخ وتتلمذ على أيديهم فكان لابد أن تنعكس هذه النشأة على شخصيته

وتصرفاته ومن ثم سيرته ومثله إذ عرف بالإصلاح والتقوى والعدل و الاستقامة والجود والكرم والشجاعة وحبه للجهاد في سبيل العقيدة الإسلامية وحلمه وعفوه وصبر على المصاعب.

ومن أبرز صفاته الشجاعة لذلك كانت عبقريته القتالية تزداد كلما ازداد الموقف من حوله تعقيدا فقد كان شجاعا في اتخاذ الرأي وشجاعا في القتال وشجاعا في رسم الخطط العسكرية وأصالته في الحرب لم تكن أقل من أصالته في السلم وقد جمع ما بين حماسة القلب وحدة العقل والاتزان في المنطق ومن تفاعل هذه الصفات انبثقت شخصيته الرائعة وتمركزت شهرته لأنه كان ذا مثل عليا ميزته عن دون سائر أقرانه من أمراء عصره وقادة زمانه.

**شهرته:**

لم يستمد صلاح الدين الأيوبي شهرته من انتصاراته الكبيرة في الحروب الصليبية فقط وإنما من سيرته العسكرية بصورة عامة خاصة وأن حياته كانت عبارة عن سلسلة من الحروب المتواصلة في المنطقة.

وبالرغم من أن معاركه في الحروب الصليبية ذات طابع خاص أدت إلى هزيمة ما حقه بالصلبيين فإنه كان متواضعا مع جنده ومعيته وصادقا مع قومه، وفيا حتى مع الصلبين أعدائه وعلى العكس كان صارما وقاسيا مع الذين ينقضون العهود والمواثيق والذي يدرس سيرته سيجد أنه كسب الحرب وكسب السلم بأخلاقه وقد يبدوا غريبا أنه كسب الحرب بالأخلاق وليس بحد السيف كما هو معمول به ولكنها الحقيقة إذ خاض صلاح الدين الأيوبي حروبا عديدة ومستمرة ضد اعدائه في الداخل والخارج وخرج منها منتصرا حتى إذا جاءت الحروب الصليبية كان الامتحان الأكبر لقدراته في خوض المعارك تلك الحروب التي دامت سنوات طويلة استعان فيها كل فريق بما لديه من الرجال والذخيرة والمؤن وأوقف على رأسها أكبر القادة والفرسان.

ولأن المسلمين لم يخوضوا في السابق حروبا مثل الحروب الصليبية بالطول وعدد السنين فقد كانت أمام صلاح الدين مسؤولية ثانية غير مسؤولية تحقيق النصر على الأعداء وهي مهمة إدارة الحرب وصقل أخلاق القوم وتصفيتها من ترسبات الماضي ذلك لأن الإعداد للحرب مهمة ليست يسيره على أحد وخوض غمارها ليس نزهة في قارب.

فكيف والحال أن انتشرت ووقعت في أكثر من مكان في مصر ـ ودمياط والكرك والشوبك وتعز والإسكندرية والشام ودمشق والرملة وحلب والموصل وعين جالوت ومعركة حطين وفتوح القدس وصور وكواكب واللاذقية وجبله وبكاس إلى آخر عشرات المواقع الحصينة والمعارك الفاصلة ولكن واحدة طريقتها الخاصة في القتال تختلف عن الأخرى ولكل واحدة طبيعة أرض مختلفة هي الأخرى إلى جانب الحروب البحرية التي لعبت فيها الأساطيل دورها كاملا.

ومع ذلك فقد كان صلاح الدين الأيوبي مقتدرا على إدارة تلك الحروب وكان ما أن يفرغ من موقعة إلا ويسارع ليشرف على موقعة أخرى وبنفس الاقتدار ونفس العزيمة والإصرار على تحقيق النصر.

وقد كان يمتاز بأنه صاحب الهجوم المباغت في كل معاركه إذ كانت تلك هي طريقته المفضلة في الحروب لا يقاتل إلا وهو هاجم على الأعداء دون انتظار لقدومهم عليه ومباغتتهم إياه وقد برع في هذا النوع من الحروب ودرب جيوشه عليه إذ كان يجد في الهجوم اختبارا لزمن المعركة وميدانها وأدواتها وفي الحروب الدفاعية لا يتبوأ ذلك ولعله أدرك بنافذ بصيرته أن الهجوم خير وسيلة للدفاع فضلا عن مميزاته الأخرى.

وإذا كان التاريخ العربي يسجل لصلاح الدين الأيوبي انه القائد العسكري العبقري الذي ظهر على مسرح الشرق الأدنى في النصف الثاني من القرن الثاني عشرة ميلادية فانه يسجل أيضا ظهور أول عبقرية قيادية استطاعت أن تلحق

الهزيمة بالصليبيين وان تسحق عنجيتهم وأن تمرغ قيادتهم العسكرية وأساطير فرسانهم في التراب فيعترفوا بالهزيمة صاغرين منقلبين منزلا بهم أشد الضربات وأكثرها إيلاما وإليه يعود الفضل في طردهم نهائيا من الشام.

**معاركه:**

بظهور صلاح الدين الأيوبي في التاريخ الإسلامي يكون التاريخ قد بدأ فترة جديدة من سجله العسكري إذ أن معاركه في الحروب الصليبية مثلت واحدة من أندر اللحظات المثيرة في التاريخ البشري ذلك عندما أصبح التعامل الأخلاقي ووحدة الهدف هما السائدان في الجيوش الإسلامية التي دخلت في معارك الحروب الصليبية وبهذا يكون العرب أول من مزج بين التصميم الأخلاقي في التعامل مع العدو والقتال العسكري عندما تستلزم الظروف وقوع الحرب وبهذا يكون صلاح الدين الأيوبي قد تجاوز كل العقبات التي قد تحصل عادة في الحروب الطويلة بحيث انه استطاع أن يتغلب على كل المشاكل لكي يعزز من الروح المعنوية في نفوس مقاتليه من أبناء جيشه الكبير.

واستطاع صلاح الدين أن يقضي على الخطر الحقيقي الذي كان يقبع وراء الجيش المصري المؤلف من أفواج عديدة من الفرسان البيض وأكثر من (٣٠) ألف من المشاة السودانيين من خلال قيامه ببناء الجيش على حساب الضباط المصريين بحيث انه استطاع عندما اندلعت ثورة للسود أن يقضي ـ بقواته النظامية على القسم الأكبر منهم ويطردهم خارج القاهرة إلى الصعيد.

وقد استطاع بتعاون قوات البيض معه على صد هجوم املريك على دمياط سنة ١١٦٩م وفي الإغارة على غزه والاستيلاء اللاحق على أبله في كانون الأول من عام ١١٧٠م لكن السلطان نور الدين كان يلح عليه لاتخاذ خطوه حاسمه بإعلان الخلافة العباسية على مصر ثم أمره بأمر رسمي خلال شهر حزيران من سنة ١١٧١م أن يفعل ذلك فنفذ الأمر دون أي مقاومة ومع مرور الوقت أخذت العلاقات

بين نور الدين وصلاح الدين الأيوبي تتدهور وتأخذ بالتوتر التدريجي بسبب إخفاق صلاح الدين في مساعدة السلطان نور الدين خلال الحملة على حصن الشوبك في تشرين الأول من العام ١١٧١م لأن صلاح الدين كان يتنافس على مصر ويحاول احتلال دمياط عام ١١٩٦م لذا فقد كان واجبه الأول حسب نظره بناء الجيش الجديد ذي القوة التي تمكنه من الاحتفاظ بمصر في جميع الظروف الطارئة.

وفي نهاية شهر نيسان ١١٧٥م جاء الرسل من دار الخلافة حاملين نبأ توليه بصورة رسمية لمنصب الحاكم لمصر والشام وكان ذلك بالنسبة إلى صلاح الدين الأيوبي يعني الكثير وأول الطريق في سلم الجهاد الحقيقي ضد الصليبيين الغزاه، وكان أول عمل له في دمشق قيامه بإلغاء الضرائب هناك وكانت هذه الخطوة هي النهج الذي سار عليه فيما بعد، إذ أنه عندما يحتل مدينة كان أول عمل يباشر فيه هو رفع الضرائب عن كاهل سكان المدينة تلك وقد نصت على ذلك بصورة رسمية كافة البراءات التي أصدرها إلى عملائه وتابعيه ومن كان يخالفه في ذلك كان يجد نفسه على الأرجح مجردا من حكمه وسلطاته دون أي إبطاء.

وبعد أن تولى الحكم في الشام بدأت الأحداث تتوالى في ولاية الموصل ضد صلاح الدين فتحرك نحوها صلاح الدين واستطاع أن يستولي عليها بالرغم من أنها أنشأت (الموصل وحلب) حلفا هجوميا ضده فسار إليهم في نيسان عام ١١٧٦م والتفاهم في الثاني والعشرين من عند تل السلطان على مسافة ١٥ميلا من حلب وطردهم من ميدان المعركة دون تردد وكبح جماح جيشه من تعقبهم بتوزيع الأسلاب والغنائم عليهم ثم أطلق سراح الأسرى كما أعاد إلى سيف الدين أقفاص الطيور من القحاري والبلابل والهزار والببغاء التي وجدت في ملهى المعسكر وإرفاقها برسالة تهكمية تدعو سيف الدين إلى اللعب بطيوره والابتعاد عن المغامرات العسكرية التي ستوقعه في هذا المحذور ووجد السلطان عسكر الموصل

كالحانة من كثرة الخمور والمغنين والمغنيات فأرى ذلك لعساكره واستعاذ من هذه البلية.

وقد ظلت حلب صامدة على الرغم من شهامة صلاح الدين لكنه عندما حاصرها من جديد في ٢٥ حزيران بعد أن اقتحم قلاعها الحصينة إلى الشرق والشمال وآفاق المدافعون عنها على تجديد الاتفاقية المعقودة بينهم قبل سنة فجرى التوقيع على الصلح العام بعد مضي شهر بين صلاح الدين وأخوه توران شاه وأمراء حلب والموصل بحيث أقسم جميع الفرقاء الوقوف سوية ضد أي واحد منهم ينتهك حرمة الاتفاق.

وقد تعرض صلاح الدين في هذه الفترة إلى محاولتين للاغتيال قام بها الحشاشون في حمص وحلب إلا انه اكتشف ذلك وانزل بالحشاشين القتل والموت، وبعد زواجه في دمشق رجع صلاح الدين إلى مصر وكان زواجه من أرمله نور الدين الذي توفي فشغل نفسه مدة سنة بشؤون الحكم في مصر وانصب اهتمامه الرئيسي على تشديد القلعة وأسوار القاهرة العظيمة وكان قد بدأها عام ١١٧١م كإجراء احتياطي ضد هجمات الفرنجة في المستقل إضافة إلى اهتمامه بتنظيم الأسطول.

وفي آب ١١٧١م جاءت الأخبار بوصول فيليب الفلاندري (أقلندس) إلى فلسطين فأعطى الإشارة بالاستعداد مجددا للحرب وكان صلاح الدين مطلعا على المقترحات المعروضة على اقلندس لكي يغزو مصر وبينما كان الصليبيون يتحركون لحاصر (صارم) بعد هجومهم على حماة خطط صلاح الدين للقيام بشن غارة واسعة النطاق على عسقلان وغزة وبعد أن رفع الحصار لقاء دفع الأمان من جانبهم اندفع نحو حمص وعسكر هناك استعدادا لدخول ميدان المعركة في أول فرصة وقد أدى انسحاب الكونت (أقلندس) أوف فلاندرز بصورة آلية إلى سريان مفعول الهدنة الثانية غير أن صلاح الدين كان تواقا لاستئناف الجهاد.

وعندما خرق الفرنجة الهدنة في شهر آب بهجومهم على حماة واندحر الهجوم دون أي صعوبة تذلك وجيء بالأسرى إلى صلاح الدين أمر بإعدامهم لنكوثهم بالعهد ثم أستأنف الهجوم في ربيع ١١٧٩م وبدا بإعادة تنظيم القيادات في الشمال فعين تقي الدين على حماه ونصر الدين ابن شيركوه على حمص ولكن شاءت الأقدار أن يحل الشتاء دون هطول الأمطار في بلاد الشام فأحدث جدبا أدى إلى انتشار مجاعة رهيبة مما أدت بقواته إلى أن تعاني من شدة الجوع فأحتج الجند لديه لكنه أجابهم بقوله (الله سوف يتدبر الأمر) ثم أرسل الأشد عجزا بينهم إلى مصر بصحبة توران شاه طالبا إلى العادل ان يبعث له بدلا عنهم (١٥٠٠) ألف من الرجال الأقوياء إلى جانب إرسال المؤن.

وفي أوائل نيسان لدى تلقيه التقارير عن غارة يخطط لها بغدون أوفد فروخ شاه مع عسكر إلى دمشق البالغ عدده حوالي ١٠٠٠ رجل من عساكر المماليك وأصدر لهم الأوامر بتعقب الإفرنجة خلسة وإرسال المعلومات إليه عن طريق تحركاتهم لكن فروخ شاه وجد نفسه يخوض المعركة معهم بالصدفة فأحرز نجاحا جيدا وازداد ترحيب المسلمين به خاصة وأن الكونت همفري (الطوراني) كان بين القتلى فانتقل صلاح الدين بعد ذلك بفترة قصيرة إلى بانياس في ساحل مرج عيون فوجئ صلاح الدين بظهور قوة كبيرة تحت أمره بغدوين فأركب جميع القوات المتوفرة لديه على جناح السرعة ودخل معهم المعركة في يوم ١٠ حزيران ١١٧٩م فأصاب منهم مقتلا عظيما واسر أكثر من مائتين وسبعين فارسا.

وفي ٢٥ آب ضرب حصارا حول القلقة التي شيدت في (مخاضة الأحزان) ثم دخلها في اليوم السادس من الحصار فوقع المدافعون عنها بالآسر وكان عددهم سبعمائة مقاتل ثم أمر بتهديم القلعة وقام بعد ذلك بسلسلة من الغارات على أراضي مملكة القدس قبل عودته إلى دمشق وكان همة الكبير استرجاع فلسطين من الصليبيين بعد أن أظهر النجاح المتواضع الذي استطاع إحرازه، إن الصراع مع

الصليبيين لا يمكن الوصل به إلى النهاية بقوات من دمشق لوحدها وإنما بقوات عربية إسلامية مشتركة وكان تاريخ صلاح الدين خلال السنوات من ١١٧٩-١١٨٥م فيه الكثير من الخطوات الناجحة صوب هذا الهدف السامي والانتصارات التي كانت تقوده نحو الطريق لتحرير القدس من الصليبين.

وفي أيار ١١٨٢م تحرك صلاح الدين الأيوبي بصحبة نصف الجيش الذي أعيد تنظيمه حديثا في مصر حوالي (٥٠٠٠) مقاتل وزحف على حلب بعد هجوم مفاجئ فاشل ضد بيروت بحرا وبرا وواصل تقدمه مسقطا بعض الحصون والقلاع.

وفي يوم ٢١ أيار عام ١١٨٣م عسكر على أبواب حلب متوقعا استسلامها بوقت مبكر وفعلا استسلمت حلب في ١١ حزيران ورفعت راية صلاح الدين فوق القلعة وأصبح الطريق سالكا أمام صلاح الدين للانتقام من الفرنجة في القدس فحشد صلاح الدين لهجومه الجديد على الكرك بين آب -أيلول ١١٨٤ وأعد لذلك جيشا من أشد الجيوش قوه وتألف هذا الجيش من عساكر دمشق وحلب والجزيرة وسنجار وحصن كيفا ماردين إضافة إلى فرقة من مصر غير أن الفشل كان نصيب الهجوم.

وعاد صلاح الدين إلى دمشق وحشد عساكره مرة ثانية عام ١١٨٥ وهي السنة المصيرية التي بدأ فيها الصليبيون ينهزمون وفعلا ما أن جاء أيار من عام ١١٨٥م حتى سار إلى الموصل لإسكات الفتنة غير انه في حاصل الموصل أصيب بمرض أقعده عن واجباته واضطر إلى مغادرة الموصل في يوم ٢٥ كانون الأول إلى حران وهناك جرت مفاوضات وتم الصلح مع والي الموصل عز الدين مقابل إرسال قواته للمساعدة في استرداد فلسطين وبهذا تم تشكيل أعظم ائتلاف كان له دوره الكبير في تحقيق الانتصار على الفرنجة واسترداد فلسطين السليبة من السيطرة الصليبية.

**معركة حطين:**

كان كل شيء معدا ومنظما لاسترداد فلسطين عند نهاية عام ١١٨٦م لكـن صلاح الـدين كـان مـا يزال آنذاك ملزما بشروط معاهدة ١١٨٥م مع الفرنجة لذلك كان عليه بعد أن أكمـل استعداداتـه أن يجـد ذريعة للحرب معهم وبقي ينتظر إلى أن حانت الفرصة بداية سنة ١١٨٧م عندما ارتكب رجالنـد صاحب الكرك غلطته الفادحة المميتة بمهاجمة قافلة ذاهبة من القاهرة إلى دمشق فخرق الهدنـة ورفض تسـليم أسلابه استجابة لتهديدات صلاح الدين أو مناشدات الملك وأرسلت الدعوات إلى كافة نـواب صلاح الـدين وتابعيه بينما أنطلق هو على رأس عساكر حرسه في ١٤ آذار لحمية قافلة للحجاج كانت عائـدة إلى الـديار فانضمت الفرقة المصرية إليه وبعد شهرين تحشدت عساكر دمشق وحلب ما بين النهرين والموصل وديـار بكر عند رأس الماء وأغارت على طبريا وعند نهاية أيار استعرض صلاح الـدين الجيوش مجتمعـة في عشـترا بحوران فجندت فرق الفرسان النظامية (١٢٠٠٠) فارس يقابلها على الأكثر عدد مماثل من القوات الإضافية والجنود غير النظامين وتم تعيين أمير لكل من الميمنة والميسرة واختار من كل كتيبـه حراس المقدمـة مـن رماة السهام ثم قال: ندخل أرض العدو وهذه هي أوامر قواتنا وتلك هي مواقع كتائبنا.

ثم انطلق صلاح الدين يوم الجمعة ٢٦ حزيران إلى فلسطين لتحريرها وبعد توقف لمدة خمسـة أيام في القحوانه عند الطرف الجنوبي من البحيرة تقدم نحو التلال المطلة على طبريا بينما وقف الجيشـان مقابل بعضهما البعض فقاد صلاح الدين الأيوبي وفق خطة مرسومة جيشه وقواته حصاره إلى طبريـا يـوم الخميس الموافق الثاني من تموز وقامت كونتيسة ريموند بالصمود في القلعة لصد هجوم صلاح الـدين لكـن نداءها في طلب المساعدة أتاح له الفرصة التي حرم منها صلاح الـدين لسـنوات طويلـة ألا وهـي مواجهـة مهيأة في الميدان مع قوات مملكة الفرنجة فتم له

تحقيق الانتصار الساحق في معركة حطين على الفرنجة يوم ٤ من تمـوز عـام ١١٨٧م عـلى الفـور كـما تـم سقوط المدن والقلاع على يده ويد جنده من المسلمين ثم تبعته عكا واللطرون وصيدا وبـيروت والنـاصرة وقيصرية ونابلس وصور وعسقلان وتابع مسيرة مع عساكره لمحاصرة القدس فاستسـلمت لـه القـدس بعـد حصار استغرق أسبوعين في ٢ تشرين الأول وفقا لشروطه التي تخللها الكثير مـن الكيا سـة والسـماحة التـي عرف واشتهر بها وبذلك تم تحرير القدس من سيطرة الصليبيين وعادت عربية كما كانت من قبل.

وبذلك أثبت صلاح الدين الأيوبي وحسب رأي المؤرخين المسلمين والغربيين عـلى سـواء عـلى انـه كان قائدا من الدرجة الأولى ومن القادة العسكريين العظام حيث كان الفضل بانتصـاراته العسـكرية يعـود إلى الصفات العسكرية الكثيرة التي يتميز بها ويحملها خاصة وانه كان قد امتلك فضائل عسكرية شخصية ذات مرتبه رفيعة.

**وفاته:**

كان صلاح الدين الأيوبي خـلال فتـره حياتـه قـد قـام بتوزيـع الولايـات التـي جـرى إضافتهـا إلى إمبراطوريته على أفراد عائلته مانحا إياهم سلطات فعليه للممارسة والسلطة والسيادة عليها فتـولى ثلاثـة من أبنائه الحكومات الرئيسية في مصر وبلاد الشام وهم كالآتي:

الأفضل علي: وكان أكبرهم سنا وكانت له ولاية دمشق.

الظاهر الغازي: وكانت له حلب.

العزيز عثمان: وكانت له ولاية مصر.

العادل سيف الدين شقيق صلاح الدين ولاية الجزيرة وأعالي ما بين النهرين وديار بكر وتولى المعظم عيسى وهو أبن العادل شقيق صلاح الدين ولاية أبيه الثانية في

الكرك وشرقي الأردن وتولى محمد ابن أخ صلاح الدين ولاية حماة وتولى شيركوه الثاني أبن عم صلاح الدين ولاية حمص وبعلبك كانت من نصيب ابن خروج شاه شقيق صلاح الدين الأيوبي.

وعندما كانت وفاة صلاح الدين الأيوبي في ٤ آذار سنة ١١٩٣م تعطلت الوحدة التي فرضها بشخصيته وسلطته وأصبحت كل ولاية من الولايات عد ولاية الكرك مستقلة بذاتها ومنفصلة وعمت الاضطرابات والمنافسات داخل الأسرة الأيوبية رغم التضامن العائلي الذي كانت تعززه قضية التزاوجات الأسرية.

# طارق بن زياد

**نسبه ونشأته:**

هو طارق بن زياد بن عمرو بن عريب بن حنظلة بن دارم بن عبدالله الصائدي. ومعروف أن صدف وبني العصائد هم من همدان بن مالك بن زيد بن أرسله بن ربيعه بن الخيار بن مالك بن زيد بن كهلان ابن سبأ وقيل انه مغربي من قبيلة نفره البربرية.

وقد اشترك طارق بن زياد وهو ما يزال بعد صغير السن في الجيش العربي الذي كان يقوده والي بلاد المغرب زهير بن قيس البلوي حيث كان يحرص على أن يضم إلى جيشه العناصر العربية الكفء والقادرة على تحدي البيزنطيين أو بعض الأفارقة ممن يعارضون الحكم العربي الإسلامي وكانت الظروف في المغرب تقتضي الاعتماد على القادة العرب الميدانيين من أمثال طارق بين زياد ومجموعة من القادة بأمره موسى بن نصير كما أن لقاءه بموسى بن نصير وهو في الثلاثين من عمره وتوليه قيادة حامية طنجة يدل على إخلاصه للسياسة التي كان يتبعها

الولاة العرب في بلاد المغرب وذلك قبل توليه قيادة الجيش العربي الإسلامي لفتح بلاد الأندلس.

ويذكر أن ظهور طارق بن زياد على مسرح الأحداث في المغرب وأفريقية كان قبل أن تتوافر لموسى بن نصير فرصة الولاية لهذه البلاد بمدة تبلغ أكثر من عشر سنوات فقد تولى موسى بن نصير أفريقية في بداية عام ٨٦هـ/٧٠٥م فيما كان هناك ما يشير إلى أن طارق بن زياد كان قد تولى مناصب عسكرية في عهد والي المغرب القائد العربي زهير بن قيس البلوي حتى انه تولى (برقة) وتسمى أميرا عليها عندما أستشهد هذا القائد سنة ٧٦هـ

وقد أقام طارق بن زياد في مدينة تلمسان مع زوجته أم حكيم وذلك على حدود طنجة الشرقية وقبل توليه أمر هذه المدينة الأخيرة ولعل موسى بن نصير هو الذي عهد إليه بولايتها وأمره باتباع سياسة حسن الجوار مع طنجة وسبته إلى أن يتم التفرغ للدخول إلى طنجة،وان طارق لم يتول طنجة بعد افتتاحها مباشرة فقد عهد موسى بن نصير لولايتها إلى ابنه مروان الذي عزله بدوره حيث لم تكن ظروف طنجة ملائمة بالنسبة لمروان بن موسى فلم يلبث أن أنصرف عنها تاركا القيادة من بعده لطارق بن زياد.

إن وصول طارق بن زياد إلى هذه المنزلة الرفيعة في الجيش العربي والدولة العربية الإسلامية وتبوءه قيادة أخطر المعارك العسكرية في التاريخ العربي لابد أن تكون له من الثقافة العامة والأدب ومعرفة بأصول بعض العلوم والمعارف فضلا عن الثقافة العسكرية العملية.

**مسيرة طارق العسكرية في الأندلس:**

انصرف طارق بن زياد سنة ٨٩هـ وهو في مقره في طنجة بعد الترتيبات اللازمة للقيام بعمل عسكري سيكون له الأثر في تاريخ الدولة العربية الإسلامية

وسيضع الأساس المتين لحضارة عربية، تترك تأثيراتها ليس في أوربا وإنما في جميع أنحاء العالم.

ولعل الاتصالات التي كانت قد تمت بين طارق بن زياد ويوليان حاكم سبته لم تحدث بمبادرة طارق بن زياد وإنما نتيجة للظروف التي أحاطت بحاكم سبته بتطويقه من قبل الجيوش العربية وعلاقاته السيئة مع لوذريق ملك الأندلس وعجز الدولة البيزنطية التي كانت تبسط سيطرتها ونفوذها على سبته عن حماية هذا الإقليم فولت سبته وجهها شطر إسبانيا القوطية.

وقد لعب طارق بن زياد دورا كبيرا في الاتصال بيوليان بغية التمهيد للاجتماع بالقائد العام موسى بن نصير فذكرت بعض المصادر أنهما اتصلا بالمراسلة فقد سلم يوليان رسالة إلى طارق بن زياد وهذا الأخير أوصلها بدوره إلى قائدة كما ذهبت بعض المصادر الأخرى إلى أنهما اتصلا بالمقابلة الشخصية بعد تمهيد طارق بن زياد إلى اللقاء بينهما وذلك بحضوره وقيل أيضا أنهما اجتمعا في سفينة بالبحر باقتراح طارق بن زياد نفسه وجرت المفاوضات وانتهت بالصلح وتم الاتفاق على أن يسلم يوليان مدينة سبته ويساعده في فتح الأندلس وفي هذه الأثناء وقبيل المفاوضات حصلت ثوره في أسبانيا ضد الملك (عطيشه) قادها الأمير الغوطي لذريق فقتل عطيشه واعتلى عرش إسبانيا وشرد أولاد الملك السابق وإخوانه.

فتحالف أولاد الملك الإسباني المقتول عطيشه مع يوليان وأخيلا حاكم طنجه السابق الذي دخل بذمة المسلمين على مساعدة العرب ضد لذريق فطلب موسى من يوليان القيام بغاره على الأندلس ليتأكد من صدق نواياه فقام يوليان بالغارة التي اعتبرت بمثابة إعلان حرب على لذريق.

وقد أعد موسى بن نصير جيشا كبيرا من سبعة آلاف جندي لفتح بلاد الأندلس وأسند قيادته إلى طارق بن زياد حيث كان طارق من أبرز قادة الفتح

الإسلامي في شمال أفريقيه ثم بدأ الجيش بالعبور من سبته في أواخر شهر ربيع الثاني سنة ٩٢هـ/٧١١م فنزل المسلمون بالمنطقة الصخرية المقابلة للشاطئ المغربي عند سفح جبل سمي منذ ذلك اليوم باسم جبل طارق، وقد وجد طارق بعض الروم وقوفا في موضع وطئ وكان قد عزم على النزول فيه إلى البر فمنعون من النزول فيه فعدل عنه ليلا إلى موضع وغبر فوطأه بالمجاذيف وبرادع الدواب ونزل منه في البر وهم لا يعلمون فشن عليهم غارة وأوقع بهم وغنم منهم.

وهذا الوصف يدل على عظم المقاومة التي لقيها المسلمون بدء نزولهم أرض إسبانيا لدرجة أنهم اضطروا إلى تغيير خططهم العسكرية التي كانت مقرره من قبل النزول وكان النزل ليلا مستخدمين في ذلك برادع الدواب ومجاديف السفن كي تعينهم على خوض المياه وارتقاء الصخور بغية الالتفاف حول العدو والانقضاض عليه قبل أن يشعر بهم، ولا شك أن هذا الانتصار الأول الذي أحرزه طارق عند نزوله قد مكنه من احتلال هذه الجبل الذي حمل اسمه بعد ذلك عن جداره واستحقاق.

وحال عبور الجيش أخذ طارق يستطلع المنطقة ليعرف طبيعتها فوجد من الضروري تحصين منطقة الجبل ليتخذ منها قاعدة لانطلاقه إلى داخل أسبانيا ويحتمي بها إذا أرتد أمام جيوش الخصم فبنى سورا على جيشه يسمى (سور العرب) وبعد أن فرغ من بناء السور أرسل فرقة بقيادة عبد الملك بن عامر، فسارت في محاذاة الساحل الجنوبي لإسبانيا بقصد جناحه الأيمن أثناء توغله نحو الشمال فتمكنت هذه الفرقة من الاستيلاء على المنطقة الواقعة بين قرطاجنه والجزيرة الخضراء وعهد بحراستها وحراسة قاعدته إلى الجبل إلى كتيبة من كتائب الكونت يوليان.

ثم زحف طارق نحو الغرب متخذا من المرتفعات الجنوبية الساحلية لم من الناحية الجنوبية كما اتخذ من مدينة طريق قاعدة يحمي بها مؤخرة جيشه ثم واصل

زحفه حتى بلغ بحيرة (لاخندا) وكان بين البحيرة و(سيراول ريتن) سهل واسع سار فيه حتى وصل نهر البرباط (بارباني) (لكة) وقد سمى بعد المؤرخين الوادي باسمها وادي لكه.

فعلم طارق أن حشودا ضخمة قد حشدها لذريق ملك اسبانيا فانزعج طارق لهذه الأنباء فكتب طارق إلى موسى يشرح له الموقف الخطير ويطلب منه العون والمدد لتقدر قواته على مجابهة الخطر الداهم وحمل الرسالة طريف بن ملوك وبعد أن أطلع موسى الموقف وقدر خطورته على المسلمين استجاب لنداء طارق ووجه إليه مددا يقدر بخمسة آلاف جندي فصار مجموع المسلمين في الأندلس حوالي أثني عشر آلف مقاتل عبر المضيق على سفن سبق لموسى بناؤها بعد عبور طارق مباشرة وقد وصلت هذه القوات منطقة التحشد قبل أن يكمل لذريق تحشده.

ومن الملاحظ بصدد هذه الواقعة أن الروايات وإن كانت أجمعت على وقوعها في منطقة كورة شذونه إلا أنها قد اختلفت حول المكان الذي دارت فيه، فيرى ابن خلدون أن المعركة دارت رحاها شمال كورة شذونه عند وادي لكة بالغرب من شريس التي كانت قاعدة لهذه الكورة وتسمى أيضا باسمها شذونة ولهذا سموها بمعركة لكة أو معركة شريش.

ويرى فريق آخر آن المعركة حدثت في جنوب كورة شذونة عند إقليم البحيرة ووادي البرباط وهو النهر الذي يخترق هذه البحيرة ويصرف مياهها غربا في البحر المحيط وقد افترض هذا الفريق أن اسم وادي لكه الذي ورد أيضا في المصادر العربية ألا تحريف الاسم وادي بكه الذي كان يطلق أيضا على وادي البرباط لوقوع قرية عليه -اندثرت اليوم- اسمها بكه فسمي باسمها.

وعندما علم لذريق بنزول العرب على الساحل الجنوبي لأسبانيا أخذ يتودد لخصومه أبناء الملك السابق عطيشه وإخوانه فأرسل إليهم من يفاوضهم على الاتحاد ضد العرب، وقد أعلن هؤلاء الولاء له ظاهريا والاتفاق معه فانضم أولاد عطيشه

ومن معهم إلى لذريق ولما أكمل تحشد الجيش الإسباني في قرطبة بلغ عدده مائة ألف مقاتل توجه بهم نحو الجنوب حتى وصل شذونه وهي مدينة حصينة فأتخذوها منطقة تحشد لقواته وأخذ يستعد فيها للمعركة.

وقبل بدء المعركة وقف طارق بن زياد وألقى خطبته الشهيرة التي قال فيها: "أيها الناس أين المفر؟ البحر من ورائكم والعدو من أمامكم وليس والله إلا الصدق والصبر وأعلموا أنكم في هذه الجزيرة أضيع من الأيتام في مأدبة اللئام وقد استقبلكم عدوكم بجيشه وأسلحته وقواته موفورة وانتم لا وزر لكم إلا سيوفكم ولا قوات لكم إلا ما تستخلصونه من أيدي عدوكم وإن امتدت بكم الأيام على افتقاركم ولم تنجزوا لكم أمرا ذهبت ريحكم وتعوضت القلوب عن رعبها منكم بالجرأة عليكم فادفعوا عن أنفسكم خذلات هذه العاقبة من أمركم بمناجزة هذا الطاغية فقد ألقت مدينته الحصينة، وإن انتهاز الفرصة فيه للمكن إن سمحتم لأنفسكم بالموت وأني لم أحذركم أمرا أنا عنه بنجوى ولا حملتكم على خطة أرخص متاعا للنفوس ابدأ بنفسي واعلموا أنكم إن صبرتم على الأشق قليلا استمتعتم بالأرفه الألذ طويلا فلا ترغبوا بأنفسكم عن نفسي فما حظكم فيه بأوفى من حظي."

وكان نهر البرباط يفصل بين الجيش العربي والجيش الإسباني وقرر طارق بعد أن تشاور مع يليان العبور وأخذ المبادرة بالهجوم بقوة ليساعد على تقوية معنويات الجيش العربي وقوات عائلة عطيشة التي كانت تقاتل إلى جانب قوات لذريق فيمكنها على تنفيذ الخطة التي سبق أن اتفقوا عليها مع يليان وذلك بترك لذريق وحده بالميدان والانسحاب من المعركة حتى يتمكن العرب من النصر.

وفي يوم الأحد ٢٨ رمضان سنة ٩٢هـ/١٩ تموز سنة ٧١١م بدأت قوات الجيش بعبور وادي البرباط وقامت بهجمات استطلاعية استمرت ثلاثة أيام استطاع القسم الأكبر من قوات المسلمين العبور إلى الضفة الأخرى وفي اليوم الرابع بدأ الهجوم العربي العام وقد قاتل العرب بحماس شديدا وإصرار على إحراز النصر

بدافع من عقيدتهم وإيمانهم وقد حارب فرسان القوط في البداية بشجاعة وبات مصير المعركة متأرجحا.

وقد قال عنها المؤرخون بأنها كانت معركة قاسية اقتتل فيها الطرفان قتالا شديدا حتى ظنوا انه الفناء وانه لم تكن بالمغرب مقتله أعظم منها وأن عظامهم بقيت في أرض المعركة دهرا طويلا لم تذهب وكان النصر في النهاية حليف المسلمين. وقد استمرت المعركة حوالي ثمانية أيام وانتهت في يوم الأحد ٥ شوال سنة ٩٢هـ/ ٢٦تموز ٧١١م. وكانت فيها هزيمة القوط ساحقة وتكللت بالنصر النهائي للمسلمين وكانت هذه المعكرة هي المعركة الحاسمة التي فتحت أبواب الأندلس أمام المسلمين.

وعلى أثر هذا النصر العظيم الذي حققه طارق في هذه المعركة وقد فرق فيه الجيش القوطي وهرب كل قسم منه في جهة ثم فتح أبواب الأندلس وقد حث طارق السير لمطاردتهم لتطهير البلاد منهم حتى يصل إلى هدفه الرئيسي قرطبة لتدميرهم قبل أن يفيقوا من صدمتهم وترتفع معنوياتهم فلحق بهم في اسنجه.

وقد وضع طارق خطة ناجحة لإحتلال اسنجه حيث أراد أن يستغل فرصة تحطيم الجيش القوطي واحتلال أكبر مساحة ممكنة من بلاد الأندلس مخالفا بذلك أوامر ووصايا موصى بن نصير له بالاكتفاء بفتح القسم الجنوبي من البلاد فقط وكانت خطة تقدم طارق نحو الشمال تتلخص بما يلي:

١- يسير طارق بن زياد بالقوة الرئيسية إلى العاصمة طليطلة.

٢- يسير مغيث الرومي -مولى عبد الملك بن مروان- على رأس جيش تعداده سبعمائة فارس لاحتلال قرطبة.

٣- ألف قوة عهد بقيادتها إلى زيد بن قاصد للسيطرة على مدن الجنوب.

وبناء على هذه الخطة شرعت القوات الثلاث بتنفيذ واجباتها فورا فتمكن جيش الجنوب من فتح مالقة وغرناطة، أما مغيث الرومي فوصل إلى الضفة الجنوبية

للوادي الكبير وعسكر جنوب القنطرة المهدمة التي كانت تصل الشاطئ الجنوبي بالمدينة قرطبة، وأخذ يتحين الفرص للعبور وقد دله بعض السكان على ممر سري وهي مخاضة في النهر عبر منها في ليلة غزيرة المطر من ليالي شهر آب وتسلقت مجموعة من الجيش أسوار المدينة من ثغرة دلهم عليها أحد السكان المحليين ففتحوا الأبواب ودخل الجيش وأسر حاكمها القوطي وهكذا فتحوا المدينة بعد حصار دام ثلاثة أشهر.

أما طارق بن زياد فاتجه بالجيش الرئيسي شمالا نحو العاصمة طليلطة فعبر الوادي الكبير قرب منسجبار وسار في الطريق القديم الذي عرف بطريق هانيبال حيث اخترق جبال الشارات التي تفصل بين الأندلس الجنوبية وقشتاله وقد استطاع أن يفتح طليطلة دون مقاومة حقيقة حتى تركها القوط دون دفاع عنها وفيها استولى طارق على المائدة الرائعة التي سميت مائدة سليمان بن داود وكانت مصنوعة من الزبرجد الأخضر وغيرها من الكنوز والذخائر التي غنمها المسلمون في المدينة.

ثم قضى طارق بن زياد فصل الشتاء في طليطلة، أعاد خلالها تنظيم جيشه فأراح قطعاته من التعب والجهد الذي بذلوه وأثقلوا بالغنائم التي غنموها وبدأ ينظم أمور البلاد التي فتحها.

وما أن جاء فصل الربيع حتى واصل طارق زحفه شمالا فاخترق قشتاليه ثم ليون وقد سار في طريق وعره ومسالك صعبة لم يألفها جنده من قبل وطارد فلول القوط حتى استراقه ثم توجه إلى ميناء خينحون على خليج بسكاي ثم رجع إلى طليطلة ينتظر أوامر موسى بن نصير الذي كتب إليه بإيقاف الفتح وعدم التقدم من طليطلة بعد ذلك إلا بأمره.

وصلت أنباء النصر الكبير الذي حققه طارق إلى موسى بن نصير وقد وجد موسى انه ليس بإمكان طارق وجيشه فتح الأندلس كلها فلا بدمن مده بقوه أخرى

تساعده على ذلك ولا سيما وأن طارق قد سار نحو الشمال الشرقي وقد ترك أغلب مدن المغرب بيد العدو التي يستطيع بها أن يهدد جناحه ومؤخرته ولا سيما وأن جنود القوط الهاربين لجأوا إليها.

وفي شهر رمضان ٩٣هـ/ ٧١٢م قاد موسى بن نصير جيشا تعداده ثمانية عشر ألف مقاتل وعبر به المضيق ونزل على الساحل الأندلس في موقع سمي منذ ذلك الوقت رأس موسى وكان يتألف جيش موسى من القبائل القيسية واليمانية ومن بينهم عدد من التابعين وقد عرفت هذه الجماعة العربية الأولى بطالعة موسى وسار موسى في طريق غير الطريق الذي سلكه طارق واستولى على مدن أخرى لم يستول عليها طارق مثل قرمونه واشبيلية وماردة وهي أمنع مدن إسبانيا وبعد حصار استمر عدة أشهر تخللته معارك ضارية اضطرت إلى الاستسلام فدخلها صلحا.

وتحشد القوط في المنطقة الواقعة بين نهر آنه ونهر التاجو فوجد موسى لابد من مهاجمتهم بل إكمال التحشد فطلب من طارق بن زياد أن يتقدم من طليطلة ويلاقيه في طلبيره وسار هو بجيشه إليها وقد سلك في ذلك الطريق الروماني الذي يوصل مارده بسلمنقه وكان يحاذي هذا الطريق نهر صغير أطلق ليه منذ ذلك اليوم اسم نهر موسى.

وقد التقى بطارق عند نهر التاجو بالقرب من العاصمة طليطلة وقد عسكر الجيشان في ناحية السواقي وأخذ يستعدان للمعركة وزحف جيش القوط نحو معسكر الجيش العربي والتحم الجيشان وقد ظل القتال مستمرا طيلة النهار وفجأة شاهد مروان بن نصير قائد الجيش القوطي فاندفع نحوه وقتله وبقتله هرب الجيش تاركا وراءه أعدادا كبيرة من القتلى في ساحة المعركة ثم تابع القائدان سيرهما نحو جبال البرنس في أقصى الشمال وأخذت المدن تتساقط في أيديهم تباعا مثل سرقطه ووشقه ولاردة حتى بلغا شاطئ البحر الشمالي عند حدود فرنسا الجنوبية.

وهكذا انتهى كل من موسى وطارق من فتوحتهما فرجع موسى ومعه طارق وقد استخلف على الأندلس ابنه عبد العزيز بن موسى بعد أن أختار إشبيلية عاصمة للأندلس وترك معه حبيب بن أبي عيينة بن عقبة أبن أبي نافع الفهري وزيرا له ومعينا وترك معه الجيش القومي ووجوه القبائل يقومون بحماية البلاد وسد الثغور وجهاد العدو وكان ذلك في أواخر سنة ٩٥هـ/٧١٤م.

وأخيرا لم يجد موسى بن نصير بدا من الانصياع إلى أمر الخليفة الأموي الوليد بن عبد الملك بتوجهه مع طارق بن زياد للمثول أمامه، لأنه أخذ عليهما بعض الهفوات وفي سنة ٩٥هـ ركبوا البحر فوصلوا إلى الخليفة بأربعين يوما وقد استقبل طارق بن زياد في بلاط الخليفة استقبالا حسنا واحسن الخليفة فوق ذلك إثابته ويذكر أنه فكر في تعيينه واليا للبلد الذي ساهم في افتتاحه بأعظم قسط.

**القائد:**

لقد كان طارق بن زياد أحد مجموعة القادة الأفذاذ الذين ظهروا في بلاد المغرب بفائق شجاعتهم وبراعتهم وقد اقترنت باسمه جميع الانتصارات التي أحرزتها الجيوش العربية الإسلامية في بلاد الأندلس.

ويمكن فهم شخصيته كقائد عسكري ميداني بما اتصف به من مواهب وقدرات في إدارة المعارك ورسم الخطط وتوجيه أساليب القتال والتعرف إلى الجند وإدراك قدراتهم في الحرب ومبادراتهم وتطلعاتهم أثناء اشتداد الوطيس.

لقد تمرس طارق بن زياد في القيادة العسكرية وظهرت مواهبه وسطوته منذ اشتراكه في مقاتلة الخارجين على السيادة العربية في بلاد المغرب خلال ولاية زهير بن قيس البلوي على أفريقية وأن مؤهلاته وكفاءته العسكرية رشحته لتجعله أميرا على برقة عندما استشهد زهير بن قيس فيها، غير أنه لم يلبث طويلا في هذا المنصب إذا أختاره موسى بن نصير قائدا في جيشه فأبلى بلاء حسنا في حروبه التي خاضها معه.

ولابد من التأكيد على الارتباط الوثيق بين دور طارق بن زياد وحضوره كقائد عسكري تربطه مع جنده وعساكره صلات تقوم على التفهم الصحيح لمعالجة عملية العبور والانتشار في هذه البلاد وإحراز النصر وبين إنجاز ما استهدفه العرب المسلمون لنشر الإسلام ومبادئ العروبة وتثبيت أقدامهم فيها، فقد كان طارق بن زياد يبث في جنده وقادته روحه العسكرية ويرسم لهم الخطط ويوجههم نحو العمليات ويحثهم على إنجازها.

إن ما يدل على اقتدار طارق بن زياد العسكري هو من خلال إنشاء المعسكر الذي كان بمثابة القاعدة العسكرية الدائمة في أرض الأندلس بغية الانطلاق إلى الداخل فقد آمنت هذه القاعدة وصول الإمدادات والمؤن للجيوش الزاحفة في عمق البلاد وأوجدت لها خطوط محتمله للتراجع كما أصبحت مراكز اتصال بالقواعد التي سعى إلى إقامتها في مناطق المدن والأقاليم الأندلسية لفرض التأمين على تطبيق خطط العمليات والاشتباكات مع الجيوش والمقاومة القوطية.

لقد ترك طارق بن زياد أعظم مأثرة رائدة في تاريخ العرب هي فتح الأندلس ونشر السيادة العربية الإسلامية فيها، كما حملت أسمه أول بقعة من أرضها وطئتها قدماه، وأصبح جبل طارق على مر العصور، موضوعا يتحدث عنه الناس بفخر حتى الوقت الحاضر حيث كانت ذكرى هذه المأثرة وما زالت تدفعهم إلى البحث والاستقصاء عن حياته وأخباره، لكي ترسم عنه صورة القائد التاريخي والسياسي المميز صاحب القدرة والكياسة الجديرتين بالإعجاب.

ولقد أرسى ألوى دعائم للفكر العسكري واستنهض هذه البلاد لتحقيق أهدافه في خطط وموضوعات سديدة في هذه البلاد التي قدر لها أن تكون نبتا من منابت الفكر الأصيل وأن تلعب دورها التاريخي في الحضارة العربية الإسلامية وتترك تأثيراتها في الحضارة الإنسانية عن طريق أوربا التي وصلتها طلائع الرايات العربية يحمل مقدماتها طارق بن زياد وصفوة القادة العرب الآخرين.

# عثمان بن عفان

**نسبه وإسلامه:**

هو عثمان بن عفان بن أبي العاص بن أميه بن عبد شمس بن عبد مناف بن قصي بن كلاب بن مره بن كعب بن لؤي ابن غالب بن فهر بن مالك بن النضر بن كنانة بن خزيمة بن مدركة بن الياس بن مضر من نزار بن معد بن عدنان، وكني عثمان بن عفان بأبي عمرو وذلك قبل الإسلام وبعده كني بأبي عبد الله بابنه عبد الله من زوجته رقية بن رسول الله (صلى الله عليه وسلم ) ولقب أيضا بذي الهجرتين وذي النورين.

أما أمه فهي أروى بنت كريز بن ربيعة بن حبيب بن عبد شمس بن عبد مناف وأمها أم الحكيم وهي البيضاء بنت عبد المطلب بن هاشم بن عبد مناف بن قصي وهي توأمة عبد الله والد الرسول الكريم ( صلى الله عليه وسلم ) من أبيه.

وقد أعقب عثمان بن عفان (رضي الله عنه ) عددا من البنين والبنات ومن عدة زوجات ومن بين بنيه وبناته:

١- عبد الله، وجده رسول الله (صلى الله عليه وسلم ) من رقيه بنت رسول الله (صلى الله عليه وسلم ) وكان يكنى به، وتوفي وعمره ست سنين وذلك في شهر جمادى الأولى سنة ٤هـ حيث صلى عليه جده الرسول (صلى الله عليه وسلم ).

٢- عبد الله الأصفر، أمه فاختة بنت غزوان بن جابر بن نسيب بن وهيب بن زيد بن مالك بن عبد عوف بن الحارث بن مازن بن منصور بن عكرمة بن خصفة بن قيس عيلان.

٣- عمرو، خالد، أبان، عمر، مريم، وأمهم أم عمرو وبنت جندب بن عمرو بن حممه بنت الحـارث بـن رفاعة بن مسعد ابن ثعلبه بن لؤي بن عامر بن غنم بن دهمان بن منهب بن دوس من الأزد.

٤- الوليد، سعيد، وأم سعيد، وأمهم فاطمة بنت الوليد بن عبد شمس بن المغيرة ابن عبد الله بن عمر بن مخزوم.

٥- عبد الملك، وأمه أم البنين بنت عيينة بن حصن بن حذيفة بن بدر الغزاري.

٦- عائشة، أم آبان، أم عمرو، وأمهم رملة بنت شيبة بن ربيعة بن عبد شمس ابن عبد مناف بن قصي.

٧- مريم، وأمها نائلة بنت القرافضة بن الأحوص بن عمرو بن ثعلبة ابن حصن بن ضمضم بن عـدي بـن جناب بن كليب.

٨- أم البنين، وأمها أم ولد وهي التي كانت عند عبد الله بن يزيد بن أبي سفيان.

ويذكر أن عثمان (رضي الله عنه ) كان ربعـة ليس بالطويل ولا القصير حسـن الوجـه رقيـق البشرة كث اللحية أسمر عظيم الكراديس بعيد ما بين المنكبين كثير شعر الرأس يصفر لحيته.

وكان إسلام عثمان بن عفان قبل دخول الرسول الكريم (صلى الله عليه وسلم ) دار الأرقم وذلك عندما خرج عثمان مع طلحة بن عبيد الله على أثر الزبير بن عوام فـدخلا عـلى رسـول الله (صلى الله عليـه وسلم ) فعرض عليهما الإسلام وقرأ عليهما القرآن وأنباؤهما بحقوق الإسلام ووعدهما الكرامة من الله مأمنا وصدقا فقال عثمان: يا رسول الله قدمت حديثا من الشام، فلما كنا بين معان، فنحن كالنيام إذا مناد ينادينا: أيها القوم هبوا فإن أحمد قد خرج بمكة، فقدمنا فسمعنا بك، فلم أتمالك أن جئتك.

وقد عانى عثمان بن عفان من الاضطهاد الذي عانى منه المسلمون الأوائل، الأمر الذي اضطره إلى الهجرة بدينه حيث هاجر من مكة المكرمة إلى أرض

الحبشة الهجرة الأولى، والهجرة الثانية ومعه فيهما جميعا امرأته رقية بنت رسول الله (صلى الله عليه وسلم ) حيث قال الرسول الكريم ( صلى الله عليه وسلم ): أنهما أول مـن هاجر إلى الله عبد إبراهيم ولـوط عليهما السلام.

ثم هاجر عثمان هجرته إلى المدينة المنورة، ونزل على أوس بن ثابت أخـي حسان بـن ثابت فـي بني النجار، حيث آخى الرسول ( صلى الله عليه وسلم ) بين عثمان وعبـد الـرحمن بـن عـوف، وأيضـا بـين عثمان وأوس بن ثابت بن شداد بن أوس وفي رواية بينه وبين أبي عبادة سـعد بـن عـثمان الزرقي وعندما أقطع الرسول (صلى الله عليه وسلم ) الدور بالمدينة خط لعثمان بن عفان داره.

أما عن جهاد عثمان بن عفان مع الرسول (صلى الله عليه وسلم ) فعندما خرج الرسول الكـريم من المدينة لملاقاة قوات المشتركين في بدر خلف عثمان بن ابنته رقية وكانت مريضة فماتت رضي الله عنها يوم قدم زيد بن حارثه المدينة بشيرا بما فتح الله على رسول الله (صلى الله عليه وسلم ) ببدر وضرب رسول الله (صلى الله عليه وسلم ) لعثمان بسهمه وآجره فكان كمن شهدها وشارك عثمان بـن عفـان فـي معركـة أحد وأصابه ما أصابه فيها مع بقية المسلمين.

وفي غزوة ذات الرقاع استخلف الرسول الكريم ( صلى الله عليـه وسـلم ) عـلى المدينـة عـثمان فكانت أول نيابة له عن الرسول الكريم على المدينة واستخلفه الرسول الكريم أيضا عـلى المدينـة فـي غزوتـه إلى غطفان بذي أمر بنجد وكذلك شارك عثمان بن عفان في معركة مؤتة وكان لـه دور في تجهيـز الجيـش مرتين في أثناء خروجه من المدينة وفي مؤتة.

**توليه الخلافة:**

لقد أوردت المصادر أن عمر بن الخطاب بينما كان يؤم المسلمين في صلاة الصبح في المسجد إذ تقدم نحوه عبد الفارسي يدعى فيروز ويكنى أبا اللؤلؤة فطعنه بخنجره عدة طعنـات أدت إلى وفاته بعـد ذلك بأربعة أيام ويذكر أن المسلمين دخلوا

على الخليفة عمر بن الخطاب بعد أن طعنه أبو اللؤلؤة تلك الطعنات القاتلة فسألوه أن يعهد لأحـد مـن بعده بالخلافة فأجابهم: أن استخلف فقد استخلف من هو خير مني، وأن أترك فقد اترك من هو خير مني ولن يضيع الله دينه. ثم قرر بعد ذلك أن يجعل الأمر شورى بين ستة من كبار المهاجرين كـان رسـول الله ( صلى الله عليه وسلم ) قد توفي وهو عنهم راضي وهم رؤساء الناس وقادتهم حسب قول عمر لهم وكـان هؤلاء الستة هم: علي بن أبي طالب، وعثمان بن عفان، وعبـد الرحمن بـن عـوف، وسعد بـن أبي وقـاص، والزبير بن العوام، وطلحة بن عبيد الله.

وقد اجتمع أهل الشورى عدا طلحة الذي كان غائبا عن المدينة بعد وفاة عمر الخطاب ليختاروا من بينهم المرشح للخلافة وعندما استشار عبد الرحمن بن عوف أهل الشورى أجمعت آراؤهم على عثمان وعلي وسأل عبد الرحمن بن عوف علي بن أبي طالب: هل أنت يا علي مبايعي عـلى كتاب الله وسنة نبيه وفعل أبي بكر وعمر. فقال: اللهم لا. ولكن على جهدي مـن ذلك وطاقتي فالتفت إلى عثمان: هـل أنت مبايعي على كتاب الله وسنة نبيه وفعل أبي بكر وعمر؟ قال: اللهم نعم.

وفي المسجد وبحضور أهل السابقة والفضل من المهاجرين والأنصار وأمراء الأجناد المتواجدين في المدينة أعلن عبد الرحمن بن عوف مبايعته لعثمان ابن عفان (رضي الله عنه ) وحث الناس على مبايعتـه فبايعه جميع من حضر المسجد وكان منهم علي بن أبي طالب (رضي الله عنه ) حتى لقد ذكرت إحـدى الروايات أن عليا كان ثاني من بايعه بعد عبد الرحمن بن عوف وهكذا تولى عثمان بن عفان الخلافة وكان ذلك في اليوم الثالث من شهر محرم سنة ٢٤هـ / ٦٤٤م.

**دوره في حروب التحرير:**

لقد شرع الخليفة عثمان بن عفان بمباشرة سياسة الدولة بعد إعلانه للمبادئ التي سيسير عليهـا وكان السياسة الخارجية المتصلة بحروب التحرير والفتوحات على رأس اهتماماته لأن سلفيه أبا بكر وعمر كانا قد قطعا شوطا طويلا في هذا

المجار ومن ثم فقد تعين عليه مواصلة الطريق حتى نهايته وكان من أبـرز مـا تحقـق في عهـده في ميادين التحرير والفتح ما يأتي:

**فتح أرمينية:**

أن تأمين حدود الدولة العربية الإسلامية الشمالية وأضعاف الإمبراطورية البيزنطية التي كانت لا تزال قوية وتواصل غاراتها على الثغور الإسلامية كـان يتطلب فتح بـلاد أرمينيـة وإلحاقهـا بأقاليم الدولة العربية الإسلامية لذا فقد عهد عثمان ابن عفان بعد استخلافه مباشرة إلى حبيب بـن مسـلمة الفهري بـأن يتولى فتح أرمينية فنهض إليها في ستة آلاف ويقال في ثمانية آلاف من أهل الشام والجزيرة ففاجأهم وتمكن من تحقيق انتصار عليهم، مما اضطرهم إلى طلب الأمان على الجلاء والجزية فجلا كثير منهم فلحقوا ببلاد الروم.

ولم يمض على انتصار المسلمين سوى أشهر معدودة حتـى بلغـت حبيـب بـن مسـلمة أنبـاء عـن استعداد الروم وحلفائهم من الخزر والأرمن لمهاجمة المسلمين في أرمينية، فكتب حبيـب بـن مسـلمة إلى الخليفة عثمان بن عفان يطلب منه المدد، فأرسل إلى معاوية بن أبي سفيان في الشام وكذلك إلى عامله على الكوفة يطلب منهما إرسال النجدة لمساعدته ففعلا، وقد قام عـثمان (رضي الله عنه ) بتعيين حذيفـة بـن اليمان على أرمينية بعد أن استتب الأمر فيها للمسلمين.

**استكمال فتح بلاد فارس:**

كانت الفعاليات الحربية ضد الإمبراطورية الساسانية متواصلـة حـين تـولى الخلافـة عـثمان بـن عفان، لذا كان من الطبيعي أن يوجه ولاته على البصرة والكوفة لمتابعة نشاطاتهم الحربية حتـى يـتم لهـم فتح جميع بلاد فارس وتتفاوت المصادر التاريخية في ذكر تواريخ وتفاصيل فتح مختلـف الأقـاليم في هـذه البلاد ولكنها تكاد تتفق على انه تم في عهده فتح كل من همدان والري وسابور ودار ابجرد

وأذربيجان واصبهان واصطخر وجران وخراسان وسجستان وطبرستان وان هذه العمليات قد استغرقت أكثر من نصف ولايته.

ولقد ترتب على نجاح هذه الحملات العسكرية أن انهرت الإمبراطورية الساسانية إنهيارا كاملا وفر يزدجرد آخر ملوك هذه الإمبراطورية من أمام جيوش المسلمين من إقليم إلى آخر حتى قتل في حدود سنة ٣١هـ/ ٦٥١م في خراسان على يد أحد أتباعه وبذلك انتهت مقاومة الفرس للدولة العربية الإسلامية وغدت جميع أقاليمها جزءا من دار الإسلام.

**إنشاء القوة البحرية ومحاربة الروم:**

كان الروم البيزنطيون يسيطرون على البحر المتوسط أبان حركة الفتوح الإسلامية سيطرة تامة، حتى عرف هذا البحر باسمهم (بحر الروم) وقد مكنتهم هذه السيطرة من مهاجمة سواحل الشام ومصر بصورة مستمرة بعد أن تمكن المسلمون من التغلب عليهم وطردوهم من هذه البلاد.

وحين تولى عثمان بن عفان (رضي الله عنه ) الخلافة تمكن معاوية بن أبي سفيان من إقناعه في الانتقال من حالة الدفاع إلى الهجوم وذلك عن طريق تدريب المسلمين على ركوب البحر والقتال فيه ويبدو أن معاوية لم يجازف في البعد عن السواحل في أول تكوين الأسطول العربي، فاكتفى في البداية بمهاجمة المدن والقلاع الساحلية التي كان يسيطر عليها حلفاء الروم البيزنطيين.

ولم تمض سوى أربع سنوات على بدء تكوين الأسطول البحري في الشام حتى وجد المسلمون لديهم الجرأة على تحدي الأسطول البيزنطي في عرض البحر فكتب معاوية بن أبي سفيان إلى الخليفة عثمان بن عفان يستأذنه في ركوب البحر إلى جزيرة قبرص التي كانت تحت سيطرة البيزنطيين فأذن له بذلك وتمكن من إخضاعها ومصالحة أهلها على مبلغ من المال يؤدونه إلى المسلمين وأن يتخذوا موقعا محايدا أثناء الحرب بين المسلمين والروم.

غير أن أهل قبرص لم يستمروا على الوفاء بعهدهم، فأعانوا الـروم فـي سـنة ٣٢هــ عـلى الغـزاة فـي البحر بمراكب أعطوهم إياها، فغزاهم معاوية سنة ٣٣هـ في خمسمائة مركب، ففتح قبرص عنوة، مما يـدل على مدى تنامي القوة البحرية الإسلامية وقد عمل معاوية بعد ذلك على تحويل هذه الجزيرة إلى قاعـدة آمنة للمسلمين.

إن نشاطات المسلمين البحرية وفتوحـاتهم في إفريقيـة قـد أرعبـت الـروم البيزنطيين ودفعتهم لمحاربة ومواجهة المسلمين في عرض البحر فخرجوا في خمسمائة مركب وقيل أن عدد مراكب الـروم كانت ألف مركب، أما عدد مراكب المسلمين فيذكر أن عبد الله بن سعد بن أبي سرح قد خرج مـن مصر ومعـه مائتا سفينة وأشارت المصادر إلى أن عدد السفن التي خرج بها معاوية بن أبي سفيان من بلاد الشـام كانت خمسمائة سفينة وبذلك ربما تكون القوة البحرية الإسلامية التي خاضت المعركة ضد الـروم البيزنطيين مؤلفة من سبعمائة سفينة وقد عرفت المعركة بمعركة ذات الصواري لكثرة صواري السفن التي اجتمعت في مكان واحد في أثناء القتال.

لقد أشارت المصادر إلى أن هذه المعركة كانت في غاية العنف والشراسة وقد استشهد يومئذ مـن المسلمين عدد كبير، وقتل من الكفار ما لا يحصى وصبروا يومئذ صبرا لم يصبروا في موطن قط مثله ثـم أنـزل الله نصره في أهل الإسلام وانهزم القسطنطينين مدبرا وبذلك تم للمسلمين النصرـ في هـذه المعركة بصورة حاسمة مما مهد الطريق لسيطرة العرب على البحر المتوسط فأخذوا يمدون نشاطهم إلى سواحل البيزنطيـة وبقية الجزر فيه مثل صقلية ورودس وغيرها.

**البدء بتحرير بلاد المغرب العربي:**

في حدود سنة ٢٧هـ كتب عبد الله بن سعد بن سرح إلى الخليفة عثمان بن عفان (رضي الله عنه ) يستأذنه في تحرير بلاد المغرب العربي الواقعة غرب ليبيا وهي تشمل

ما يعرف الآن بتونس والجزائر والمغرب وذلك لقربها من جزر المسلمين ويبدو أن أبي سرح كان يشعر بأن هذه البلاد الواقعة تحت النفوذ البيزنطي كان تشكل تهديدا لحدود الدولة العربية الإسلامية فأراد أن يمد إليها سلطان المسلمين.

وقد قام الخليفة باستشارة من حوله من الصحابة في هذا الأمر، ثم قرر أن يندب الناس للذهاب إلى مصر من أجل المشاركة في هذه الحملة وقد كان الإقبال على التطوع كبيرا فانضم إلى هذه الحملة بعض أبناء كبار الصحابة من أمثال عبد الله بن عمر بن عبد الله ابن الزبير، وعبد الرحمن بن أبي بكر وغيرهم، حتى بلغ تعداد الجيش الذي قاده ابن سرح عشرين ألف مقاتل.

وقد دارت معركة عنيفة بين الجيش الذي يقوده عبد الله بن سعد بن أبي سرح وبين جرجير حاكم أفريقية الذي كان على رأس جيش مؤلف من مائتي ألف مقاتل انتهت بانتصار المسلمين ومقتل وتفرق اتباعه، وقد كان المكان الذي دارت فيه المعركة يدعى بسبيطلة على سبعين ميلا من القيروان ولقد ساعد الانتصار الذي حققه المسلمون في هذه المعركة والصلح الذي توصلوا إليه مع رؤساء هذه البلاد إلى تمهيد الطريق لتوحيد جميع بلاد المغرب مع دار الإسلام في خلال السنوات القليلة التالية.

ولم تقتصر أعمال الخليفة عثمان بن عفان على متابعة سياسة التحرير والفتح التي قوبلت برضا عام وترحيب قوي من قبل أبناء الأمة وذلك لما جلبته للمسلمين من قوة وعزة وثروة وإنما تجاوزت ذلك إلى تحقيق بعض الإنجازات ذات الطابع الديني والعمراني وكان من أهمها جمع الناس على مصحف واحد وتوسيع المسجد الحرام والمسجد النبوي.

استشهاده:

لقد بدأت أزمة الخلافة في الظهور في سنة ٣٠هـ ثم تواصلت مظاهر الخلاف والمعارضة حتى سنة ٣٤هـ وكانت المعارضة تظهر بمظهر الحريص

على مصالح الأمة والمدافع عن مثلها العليا من خلال صياغة الانتقادات الموجهة إلى عثمان (رضي الله عنه )

وعماله على نحو الذي يصورهم بصورة المنحرفين والخارجين على سياسـة العدل والمساواة التي أمـر بهـا

الإسلام.

وفي شهر شوال من سنة ٣٥هـ خرج ما بين ستمائة إلى ألف رجل من أهل مصر، وخرج مـثلهم

من أهل الكوفة، ومثلهم من أهل البصرة وكلهم يريدون المدينة من أجل خلع الخليفة فإن أبى التنازل عـن

الخلافة فيقومون بقتله، وعسكر الخارجون على عثمان في البداية خارج المدينـة ثـم بـدءوا بإرسال الوفود

للاتصال بكبار الصحابة من أمثال علي بن أبي طالب (رضي الله عنه ) والزبير بن العوام وطلحة بن عبيد الله

وأزواج النبي (صلى الله عليه وسلم ) من أجل كسبهم إلى صفهم.

وأخذت الأوضاع في المدينـة تتـدهور نحـو الأسـوأ يومـا بعـد يـوم، إذ منـع الخليفـة مـن إمامـة

المسلمين في المسجد وحصره في داره، وأخذ الخارجون عليه يطلبون منه التنـازل عـن الخلافة وهـو يـرفض

لكيلا يكون ذلك سنة، ويبدو أن موقف الخليفة في هذا المرحلة كان يتسم بالإصرار على التمسك بالشرعية

وعدم التنازل مع محاولة إقناع الخارجين عليه بالتخلي عن موقفهم عـن طريـق المحاججـة والمنطق ودون

اللجوء إلى استخدام القوة أو الدعوة لاستخدامها.

لقد وضع هذا الموقف أهل المدينة وعلى رأسهم كبار الصحابة في موقف حرج، إذ لم يكن

الخليفة يسمح لهم باستخدام القوة لطرد الخارجين عليه من المدينة وحماية شخصه من عدوانهم كما أنه

لم يرض بالتنازل عن الخلافة استجابة لطلباتهم الملحة وهكذا فقد اتسم موقف أهل المدينة بالتردد وعدم

الحسم في مواجهة هذه المحنة القاسية.

لقد كان حريا بالخارجين على الخليفة عثمان (رضي الله عنه ) أن يتأثروا بحكمته الصادقة

الحكيمة، وان يقبلوا منه عروض الحوار لحل المشكلات القائمة حرصا على وحدة الأمة ومستقبلها ولكنهم

أبوا إلا الاستجابة لدواعي الحقد والغضب فسفكوا

دم خليفة المسلمين عثمان بن عفان (رضي الله عنه ) في يوم الجمعة المصادف ١٨ ذي الحجة سنة ٣٥هـ/ ٦٥٥م وبذلك يكون حكم الخليفة عثمان بن عفان (رضي الله عنه ) للدولة العربية الإسلامية قد امتد إحدى عشر سنة وأحد عشر شهرا واثنين وعشرين يوما.

عقبة بن نافع

**نسبه:**

هو عقبة بن نافع بن عبد القيسي بن ليقط بن عامر بن أمية أبن الضرب بن الحارث بن فهر القريشي ويرجع نسبه إلى بني فهر بطن من بطون قريش.

ولد عقبة قبل الهجرة بسنة واحدة ونشأ في بيئة إسلامية ذات طابع عسكري فحمل سلاحه مجاهدا في العصر الذهبي الإسلامي الخالد، وبرز في ساحات القتال متحملا قسطه الأولى من الجهاد بحرص واندفاع وتجرد وإقدام وقد تهيأ الجو المناسب والظروف والمحيط المناسب لعقبة ليكون قائدا بارزا من قادة الفتح الإسلامي حيث نشأ في بيئة ذات طابع عسكري بحي أهله من بني فهر، لهم القدح المعلى في الحروب وحاضر مشرق في الفتح الإسلامي وكانت هذه الظروف مجتمعة ليكون عقبة بن نافع قائدا بارزا من قادة الفتح الإسلامي في مناطق المغرب العربية.

**جهاده:**

شارك عقبة بن نافع في فتح مصر تحت قيادة عمرو بن العاص فاكتسب عقبة من معاركه في مصر من أساليب عمرو بن العاص في قيادة الجيوش وإدارة القتال خبرة واسعة ساعدت على بروز مواهبه العسكرية في وقت مبكر وفي سنة ٢١هـ أرسله عمرو بن العاص على رأس جيش من العرب المسلمين إلى زويلة فافتتحها صلحا وصار ما بين برقة وزويلة سلما للمسلمين وقد كتب عمرو بن العاص إلى عمر بن الخطاب يعلمه انه قد ولى عقبة بن نافع المغرب، فبلغ زويلة

وأن من بين زويلة وبرقة مسلم كلهم حسنة طاعتهم وقد أدى مسلم الصدقة وأقر معاهدهم الجزية.

وفي نفس العام أرسله عمرو بن العاص إلى بلاد النوبة أي عام ٢١هـ فلقي المسلمون من النوبة قتالا شديدا ثم أنصرف المسلمون من نوبة وبذلك كان عقبة أول من مهد لفتح النوبة من المسلمين وقد قدر عمرو بن العاص أهمية الحدود الغربية والجنوبية لمصر، لذلك بعث عقبة إلى زويلة وسار هو إلى ليبيا وبعث عقبة إلى النوبة وبذلك كان لعقبة فضل كبير على تأمين الحدود الغربية والجنوبية لمصر.

وكان عقبة بن نافع قائدا لحامية برقة عندما كان عمرو بن العاص واليا لمصر ولما عزل الخليفة عثمان بن عفان عمرو بن العاص عن مصر سنة ٢٥هـ وعين مكانه عبد الله بن سعد بن أبي سرح واليا على مصر بالإضافة على الصعيد أقر ابن أبي سرح عقبة بن نافع على منصبه هذا قائدا لحامية برقة يحمي الحدود الغربية لمصر من هجمات الروم من جهة ليبيا.

وعندما سار عبد الله بن أبي سرح في سنة ٢٦هـ إلى طرابلس في جيشه البالغ عدده (٢٠) عشرين ألفا التقى في طريقه بعقبة بن نافع في برقة وسار عقبة ومن معه من المسلمين في ركاب عبد الله حتى وصلوا طرابلس الغرب فغنموا كثيرا من الروم وكذلك أسهم عقبة بن نافع كثيرا في فتوحات ابن سرح في أفريقية وأبلى بلاء عظيما.

وقد بقي عقبة بن نافع في برقة في خلافة على بن أبي طالب ومعاوية بن أبي سفيان وفي سنة ٤٢هـ أفتتح عقبة غدامس وفي سنة ٤٣هـ افتتح كورا من كور السودان وافتتح ودان ثانية وذلك في سنة ٤٦هـ وكان ودان قد نقضت عهدها الذي عاهدت عليه بسر بن أبي أرطأه سنة ٢٣هـ فسار إليها عقبة في أربعمائة فارس وأربعمائة جمل فلما وصل أبى أهلها إلا العصيان وعدم الطاعة فحاربهم عقبة حتى أخضع البلاد بلدا بلدا، ولما استتب الأمر لعقبة في بلاد ودان سار على

جرمة فلما دنا منها دعا أهلها على الإسلام فأجابوا ثم مضى عقبة لإنجاز فتح بلاد فزان حتى أتى على آخرها، ونشر الإسلام في ربوعها وهذه أول مرة دخل فيها العرب بلاد فزان فاتحين.

ثم سار عقبة إلى خاور وهو قصر عظيم على رأس المفازة في وعورة على ظهر جبل، وهو قصبة كاوار فسار إليه خمس عشرة ليلة فلما وصل إليه دعا أهله إلى الإسلام فأبوا فطلب منهم الجزية فامتنعوا بحصنهم، فحاربهم وأقام على حصارهم شهرا دون جدوى وتقدم بجيشه جنوبا لفتح بقية بلاد كاوار ففتحها ورجع عقبة إلى خاور من غير طريقه التي كان أقبل منها فلم يشعروا به، فأطبق على خاور في وقت لم يتوقعه أهلها.

وسار عقبة بجيشه إلى المغرب، وجانب الطريق الأعظم وأخذ إلى أرض هوارة فافتتح كل قصر بها ومضى إلى صغر فافتتح قلاعها وقصورها ثم بعث جيشا إلى غدامس فاستعاد فتحها ثانية والظاهر أنها نقضت عهدها بعد فتحها الأول فاضطر عقبة إلى فتحها ثانية وتوجه إلى قفصة فافتتحها ثم افتتح قسطيلية ثم انصرف إلى القيروان.

وعندما وصل عقبة بن نافع إلى القيروان الذي كان في مدينة قمونية والذي كان معاوية بن حديج قد بناه من قبل فلم يعجب به فأمر ببناء القيروان وكان ذلك في سنة ٥٠هـ وقد أنجز بناء المدينة سنة ٥٥هـ وكانت القيروان أول مدينة إسلامية بنيت في أفريقية ومسجدها أول مسجد بني في أفريقية أيضا وصارت بعد ذلك ثغرا للمسلمين ومقر قيادة جيوشهم في اكثر الحروب التي وقعت بعد بنائها وكان بناء مدينة القيروان من أكبر العوامل التي ساعدت على تثبيت الإسلام والمسلمين في أفريقية لأنها أصبحت حصنا حصينا لهم.

وفي سنة ٥٥هـ استعمل معاوية بن أبي سفيان مسلمة ابن مخلد الأنصاري على مصر وأفريقية فولى مسلمة بن قبلة على أفريقية مولى له يسمى أبو المهاجر

دينار وأوصاه أن يعزل عقبة بن نافع في لين وحسن معاملة ولكن أبا المهاجر لم يعلم بوصية مسلمة وأساء إلى عقبة وسجنه وقيده حديدا ولما بلغ معاوية ما فعله أبو المهاجر بعقبة بعث في طلب عقبة إليه ولما قدم عقبة على معاوية اعتذر له معاوية مما فعل أبو المهاجر.

وبقي عقبة بن نافع بعيدا عن أفريقية حوالي عشر سنوات وفي سنة ٦٢هـ ولاه يزيد بن معاوية على أفريقية وعزل أبا المهاجر الذي كان أساء طريق عزل عقبة وجاء عقبة إلى أفريقية من الشام بعشرة آلاف فارس وكان في مقدمة جيشه زهير بن قيس البلوي فأخذ أبا المهاجر وحبسه وجدد بناء القيروان وشيدها ونقل إليها الناس فعمرت وعظم شأنها.

وسار عقبة بن نافع بأصحابه وبكثير من أهل القيروان إلى المغرب للفتح وترك في القيروان جندا مع الذراري والأموال واستخلف بها زهير بن قيس البلوي فوصل عقبة في جيش كبير إلى مدينة باغاية والورم يهربون عن طريقة فحاصرها وقد تجمعوا بها وقاتلهم قتالا شديدا، وقتل منهم خلقا كثيرا وغنم غنائم كبيرة وتحصن المنهزمون داخل أسوار المدينة فتركهم وسار فنزل على تلمسان فخرج إليه الروم والبربر في جيش عظيم فقاتلهم حتى الجأهم حصونهم وغنم منهم غنائم كثيرة وسار عقبة إلى بلاد الزاب فسأل عن أعظم مدينة في بلاد الزاب فقيل له (أربه) وهي دار ملكهم فامتنع بها من هناك من الروم والنصارى فأقتتل المسلمون ومن بالمدينة من النصارى ثم أنهزم النصارى وقتل كثير من فرسانهم.

ثم سار عقبة إلى تاهرت فاستغاث الروم بالبربر فأجابوهم ونصروهم والتقى المسلمون بأعدائهم وقاتلوهم قتالا شديدا فأشتد الأمر على المسلمين لكثرة العدو ولكنهم انتصروا أخيرا، فانهزمت الروم والبربر وغنم المسلمون أموالهم وسلاحهم ثم سار عقبة حتى وصل إلى طنجة فلقي بطريقه من الروم اسمه يليان فنزل على حكم المسلمين وأهدى لعقبة هدية ثمينة ثم وصل عقبة إلى السوس الأدنى

وهو مغرب طنجة فقاتل جموع البربر واجتمع له البربر في جموع كثيرة لا تحصى. فلقيهم وقاتلهم قتالا شديدا وهزمهم وغنم منهم غنائم كثيرة وسار عقبة حتى بلغ مالبان ورأى بحر الظلمات (المحيط الأطلسي).

وبعد أن وصل عقبة إلى البحر قفل راجعا إلى القيروان وكان معه حوالي ثلاثمائة فارسا فسار إلى تهوذه فلما رأى الروم في قلة طمعوا فيه فأغلقوا الحصن وهو يدعوهم إلى الإسلام فلم يقبلوا منه، وبعث الروم إلى كسيلة بن لمزم وهو من زعماء البربر المشهورين وكان قد أسلم ولكنه أرتد وصار يضمر لعقبة وجيشه الغدر فأخبر البربر بقلة جيش عقبة وانضم إليهم، وجمع جموعا كثيرة لقتال عقبة ولما أيقن عقبة بأن العدو أحاط بهم استلوا سيوفهم وقاتلوا حتى استشهدوا عن أخرهم وكان معهم أبو المهاجر في أرض الزاب (تهوذه) وما زالت قبورهم معروفة بمدينة تهوذه يزورها المسلمون وكانت هذه الموقعة سنة ٦٣هـ.

**القائد:**

لقد بقي عقبة بن نافع قائدا في أفريقية طيلة أيام عمر بن الخطاب وعثمان ابن عفان وعلي بن أبي طالب وشطرا من أيام معاوية بن أبي سفيان وعمل بأمره عدد كبير من أمراء مصر. طيلة عهود هؤلاء الخلفاء الأربعة، أي منذ سنة ٢١هـ إلى سنة ٥٥هـ فلم ينزعه عن قيادته خليفة ولا أمير وهذا دليل على ما كان يتمتع به من كفاية ومقدرة لأنهم جميعا كانوا بحاجة ماسة إلى خبرته الطويلة المفيدة في شؤون أفريقية ولأنه كان جنديا فسحب متفرغا للجهاد بعيدا عن التيارات السياسية.

لقد كان عقبة ذا شجاعة وحزم وكان يحب رجاله ويحبونه ويثق بهم ويثقون به وكان له قابلية على إصدار القرارات السريعة الصائبة ذا إرادة قوية ثابتة وشخصية رصينة متزنة يتحمل مسئوليته كاملة بلا تردد له نفسية لا تتبدل في حالتي النصر والاندحار يعرف نفسيات مرؤسيه وقبلياتهم لقد كان عقبة بن نافع

بحق من ألمع القادة الممتازين الذين برزوا في الصدر الأول من أيام الفتح الإسلامي.

# علي بن أبي طالب

**نسبه وإسلامه:**

هو علي بن أبي طالب، قرشي، هاشمي، وهو ابن عم الرسول الكريم (صلى الله عليه وسلم )

تنفس عبير النبوة وهو طفل وشهد أيام الإسلام الأولى فكان له شرف الدخول في الإسلام بعد خديجة أم المؤمنين رضي الله عها وكان أول المسلمين وأقربهم من الرسول (صلى الله عليه وسلم ) حلا وترحالا رافقه في الغزوات كلها فكان البطل الذي تفخر به وبأعماله أيام الإسلام ورجالاته، واكب الدعوة الإسلامية منذ فجر الرسالة وحتى وفاة الرسول الكريم (صلى الله عليه وسلم ).

وشب علي (رضي الله عنه ) والإسلام في أصعب مراحله فقد صدر الأمر من الله تعالى لرسوله بـأن يصدع بالدعوة فازداد أذى المشركين للرسول وأصحابه وقرروا آخر الأمر الخلاص من محمد (صلى الله عليـه وسلم ) ولكن قريشا تحسب لعمه أبي طالب ألف حساب وعرضت قريش الملك والمال إن كان النبي ( صلى الله عليه وسلم ) يسعى إليهما، فجاء رد الرسول ( صلى الله عليه وسلم ) لعمـة مخيبا لآمـالهم، فقـد قـال (صلى الله عليه وسلم ) لعمه: "يا عم لو وضعوا الشمس في يميني والقمر في شمالي على أن أترك هـذا الأمـر ما تركته حتى يظهره الله أو أهلك دونه" وجاء جواب عمه أبي طالب مطمئنا له حيث قال له: اذهب يـابن أخي فقل ما أحببت فوالله لا أسلمك أبدا.

ولكن الموت عاجل أبا طالب، فخلت الساحة لقريش وازداد أذى المشركين للنبي (صـلى الله عليـه وسلم ) وأذن الله تعالى لرسوله بالهجرة إلى المدينة وأخبره جبريل أن المشركين أعدوا العدة لقتله فغادر مكة يصحبه أبو بكر الصديق واختفيا في غار ثور لمدة

ثلاثة أيام وحتى لا يشعر المشركون بخروجه بات علي بن أبي طالب ( رضي الله عنه ) في فراش رسـول الله ( صلى الله عليه وسلم ) بينما اجتمع عدد من رجال القبائل أمام بيت النبي (صلى الله عليه وسلم ) انتظـارا له وهم مستعدون لقتله وحين نظر أحد الرجال إلى الداخل وجد عليا ( رضي الله عنه ) نائمـا وفوقـه بـردة الرسول ( صلى الله عليه وسلم ) فأيقنوا أن الرسول في فراشه.

فلما بزغ الفجر وهم الرجال بقتل النبي ( صلى الله عليه وسلم ) وجدوا عليـا ( رضي الله عنـه ) في فراشه فكان بذلك أول فدائي في الإسلام يفتدي الرسـول ويواجـه عشرات السـيوف التـي ارتفعـت لقتـل رسول الله ( صلى الله عليه وسلم ).

وعندما وصل الرسول الكريم (صلى الله عليه وسلم ) إلى المدينة المنـورة وتبعـه المسـلمون إليهـا آخى (صلى الله عليه وسلم) بين المهاجرين والأنصار ثم أخذ بيد أبن عمه عـلي بـن أبي طالـب وقـال (هـذا أخي) أخوه في الله بين رسول الله عليه الصلاة والسلام وبين أبن عمه علي بن أبي طالب وأمام المسلمين كافة الأنصار منهم والمهاجرين وكان رضي الله عنه أهلا لهذه الأخوة فعلا فقد نذر نفسـه للجهـاد مـع رسـول الله (صلى الله عليه وسلم) في سبيل إعلاء كلمة الله ونصرة دينه، وقد قيل عنه رضي الله عنه: ما فر في معركة ولا أرتاع في حرب ويومه في غزوة الخندق دليل بطولة شهد بها الأعداء قبل الأصدقاء، عندما استطاع عـلي بـن أبي طالب من قتل بطل الجزيرة وفارسها عمرو بن ود العامري الذين كان في صفوف المشركين.

ولم يكن علي (رضي الله عنه ) في غزوة بدر إلا بطلا أيضا برغم صغر سـنه وتـاريخ بـدر الكـبرى يسطر لعلي انه صرع نحو عشرين من أبطال المشركين وتلـك صـفحة واحـدة مـن صـفحات البطولـة التـي سطرها التاريخ لهذا البطل الذي كان مضرب المثل ليس في البطولة فحسب بـل في الزهـد والعـدل والعلـم والحلم إضافة إلى فضله في السبق إلى الإسلام ولا غرو في ذلك وهو الـذي تـربى في بيـت الرسـول (صلى الله عليه وسلم ).

أما زواج علي (رضي الله عنه ) من فاطمة الزهراء بنت رسول الله ( صلى الله عليه وسلم ) فهو في حد ذاته مفخرة، لان فاطمة ( رضي الله عنه ) كانت أحب بنات الرسول (صلى الله عليـه وسـلم ) إلى أبيهـا، وازداد

حبه لها بعد وفاة أمها خديجة بنت خويلد (رضي الله عنه ) والرسول عليه الصلاة والسلام يقول: "أفضل نساء أهل الجنة، خديجة بنت خويلد، وفاطمة بنت محمد، ومريم وآسية". أما علي (رضي الله عنه ) فكان أحب الناس إلى قلب رسول الله ( صلى الله عليه وسلم ) تربى في بيئته ونهل من مدرسته وآمن به طفلا وافتداه بروحه يافعا وهو ابن عمه والبطل الذي جمع البطولة، والزهد، والحلم، والعدل، لذا فقد وجد فيه الرسول الكريم ( صلى الله عليه وسلم ) الصهر اللائق بابنته.

وهكذا بعد غزوة بدر الكبرى، دخلت فاطمة الزهراء (رضي الله عنه ) بيت علي بن أبي طالب (رضي الله عنه )، فكان نعم الزوج ولم تمض سنوات حتى رزقهما الله بالأبناء والبنات فولدت (رضي الله عنه ) له الحسن والحسين، وأم كلثوم، وزينب، ولم ينقطع الرسول الكريم (صلى الله عليه وسلم ) عن زيارة ابنته وزوجها وأولادها (رضي الله عنهم جميعا). ويذكر أن النبي (صلى الله عليه وسلم ) هو الذي سمى ولديهما الحسن والحسين وكم شوهد ساجدا وطفل من أطفال فاطمه على ظهره فيطيل السجود حتى ينزل الطفل وعندها يتم (صلى الله عليه وسلم ) صلاته.

وبعد أن أتم الرسول (صلى الله عليه وسلم ) رسالته لحق بالرفيق الأعلى واجتمع صحابته (صلى الله عليه وسلم ) بعد وفاته تحت سقيفة بني ساعده وبايعوا أبا بكر بالخلافة، وحين علم علي بذلك سرعان ما رضيت نفسه ما قرره الصحابة، فسارع إلى أبي بكر وبايعه، ثم بايع ابن الخطاب بعده، ولكن كلا من أبي بكر وعمر بن الخطاب عرف قدر علي (رضي الله عنه ) فكانا يسألانه كلما جد لأحدهما جديد طيلة خلافتهما.

وحين وفاة أبي بكر قال علي في تأبينه: كنت كالجبل الذي لا تحركه العواصف وكنت كما قال رسول الله ( صلى الله عليه وسلم ) ضعيفا في بدنك، قويا في أمر الله، متواضعا في نفسك، القوي عندك ضعيف حتى تأخذ الحق منه، والضعيف قوي حتى تأخذ الحق له، فلا حرمنا الله أجرك ولا أضلنا بعدك.

ولم يكن علي (رضي الله عنه ) في خلافة عمر بن الخطاب إلا ركنا يرجع إليه ابن الخطاب كلما احتاج إلى رأي سديد في أمر من أمور المسلمين، وحين فتح الله على المسلمين خزائن كسرى، أرسل سعد بن أبي وقاص الغنائم دهش ابن الخطاب لكثرتها، وحين سأل عمر بن الخطاب الناس ماذا يفعل بكساء كسرى المرصع بالجواهر واللآلئ الثمينة، قال علي (رضي الله عنه ) قسمه على الناس، فأنك لم توزعه اليوم لم تعدم في غد من يستحق به ما ليس له، فقال له عمر: صدقتني ونصحتني. وأخذ الفاروق برأي علي (رضي الله عنه ) حين نصحه بالذهاب إلى بيت المقدس في حين كان رأي الجميع البقاء في المدينة المنورة وكانت لهذه الرحلة أثارها الطيبة على الإسلام والمسلمين.

ولم يجد جديد في خلافة عثمان بن عفان (رضي الله عنه ) فقد كان له علي (رضي الله عنه ) نعم الصاحب والسند والمشير وظهر ذلك واضحا أيام الفتنه، ويكفيه رضي الله عنه شرفا أنه بعث بابنيه الحسن والحسين رضي الله عنهما ومعها محمد بن طلحة ثم غلامه قنبر فحملوا سلاحهم يدافعون عن عثمان بن عفان وقد أصيب الحسن رضي الله عنه بسهم شج رأسه وخضب وجهه الشريف وأصيب محمد بن طلحة أيضا ولم يسلم خادمه قنبر من الإصابة وانتهى الأمر باستشهاد الخليفة عثمان بن عفان.

**توليه الخلافة:**

إن موافقة علي بن أبي طالب (رضي الله عنه ) على تولي الخلافة قد شجعت على دعوة الناس للاجتماع لمبايعته على تولي الخلافة فقد ذكر الطبري انه لما كان يوم الخميس على رأس خمسة أيام من مقتل الخليفة جمع الخارجون على عثمان ( رضي الله عنه ) أهل المدينة وقالوا لهم: أنتم أهل الشورى، وأنتم تعقدون الإمامة، وأمركم عابر على الأمة، فانظروا رجلا تنصبون ونحن لكم تبع، فقال الجمهور: علي بن أبي طالب نحن به راضون، فقالوا لهم: دونكم يا أهل المدينة فقد أجلناكم يومين. فلما كان يوم الجمعة حضر الناس المسجد، وجاء علي بن أبي طالب حتى صدر المنبر، فقال:

أيها الناس إن هذا أمركم ليس لأحد فيه إلا من أمرتم، وقد افترقنا بالأمس على أمر، فإن شئتم فقعدت لكم، وإلا فلا أجد على أحد. فقالوا: نحن على ما فارقناك عليه بالأمس، فبايعوه وبذلك أصبح علي بن أبي طالب (رضي الله عنه ) الخليفة الرابع للمسلمين وكان توليه الخلافة في يوم الجمعة المصادف ٢٥ ذي الحجة سنة ٣٥هـ/ ٦٥٥م.

**سياسته:**

كان من جملة ما أخذه الناس على الخليفة عثمان بن عفان (رضي الله عنه ) ووافقهم فيه الخليفة علي بن أبي طالب ( رضي الله عنه ) اعتماده الكبير في إدارة الأمصار على أقربائه وعجزه عن محاسبتهم وأخذهم بالشدة فكان من الطبيعي أن يعمد الخليفة علي بن أبي طالب (رضي الله عنه ) بعد أن تولى الخلافة وعزم على السير في سياسة جديدة أن يعزل هؤلاء الولاة ويعين بدلا عنهم ولاة يتمتعون بثقته الكاملة ويستوعبون أبعاد سياسته في إدارة شؤون الأمة.

ويذكر انه لما دخلت سنة ٣٦هـ أي بعد تولي الخليفة علي بن أبي طالب (رضي الله عنه ) للخلافة ببضعة أيام قام بإرسال عماله على الأمصار، فبعث عثمان بن حنيف على البصرة وعمارة بن شهاب على الكوفة، وعبيد الله بن عباس على اليمن، وقيس ابن سعد ابن عبادة على مصر، وسهل بن حنيف على الشام.

وقد وجد الخليفة علي بن أبي طالب ( رضي الله عنه ) نفسه منذ الشهر الأول لتوليه الخلافة وقبل أن تتاح لأفكاره وسياسته فرصة التطبيق يواجه أخطر انقسام شهدته الأمة منذ تكوينها فقد استطاع طلحة والزبير وعائشة أن يحشدوا جيشا بلغ تعداده حوالي ثلاثة آلف رجل، وتوجهوا به إلى البصرة على أمل الحصول على تأييد أهلها لخطتهم في معاقبة قتلة عثمان بن عفان (رضي الله عنه ).

ولقد عد الخليفة علي بن أبي طالب ( رضي الله عنه ) تحركات طلحة والزبير وأم المؤمنين عائشة نوعا من الخروج على الخلافة ويذكر أن أهل المدينة قد تثاقلوا عن تلبية نداء الخليفة علي بن أبي طالب (رضي الله عنه ) للخروج معه وفضلوا البقاء في المدينة

لذلك فأن الخليفة علي اضطر للاعتماد بصورة كبيرة على أبناء القبائل في الأمصار فأرسل إلى أهل الكوفة يستفزهم لمعاونته فأرسلوا له نحوا من سبعة آلاف وقيل ستة آلاف وخمسمائة رجلا منهم الأشتر.

لذلك وجد الخليفة علي بن أبي طالب ( رضي الله عنه ) نفسه مضطرا للاعتماد بصورة رئيسية على أهل الكوفة ونقل عاصمة الدولة إليها لأن فيها الرجال والمال مما سيؤدي إلى زيادة تأثير أهل الكوفة على سياسة الخليفة علي بن أبي طالب ( رضي الله عنه ) بكل ما ينطوي عليه هذا التأثير من نزعات قبلية وإقليمية حادة.

وحين وصل الخليفة علي بن أبي طالب (رضي الله عنه ) إلى البصرة كان حريصا على حل الخلافات مع طلحة والزبير وأم المؤمنين بصورة سلمية إلا أن المعركة دارت بين الطرفين وقد دعيت هذه المعركة بوقعة الجمل لأن المعركة دارت حول الجمل الذي كان يحمل هودج أم المؤمنين عائشة.

وقد انتهت هذه المعركة بانتصار جيش الخليفة علي بن أبي طالب ( رضي الله عنه ) وتأكيد سلطانه على البصرة والكوفة وبقية أقاليم الدولة العربية الإسلامية عدا بلاد الشام وكان ذلك بعد توليه الخلافة بخمسة أشهر وواحد وعشرين يوما.

وخص الخليفة علي بن أبي طالب ( رضي الله عنه ) أم المؤمنين عائشة بمعاملة خاصة ورعايه متميزة إكراما لمكانتها من رسول الله (صلى الله عليه وسلم ) فأمر بتجهيز راحلتها للعودة إلى المدينة وأرسل معها من يرافقها ويعنى براحتها حتى تصل إلى منزلها في المدينة وهي معززة مكرمة.

وبعد انتصار الخليفة علي بن أبي طالب (رضي الله عنه ) في وقعة الجمل قام بتعيين عبد الله بن عباس واليا على البصرة ثم توجه بمن معه من الجند إلى الكوفة، وبدأ من الكوفة في إدارة شؤون الدولة وتوجيه سياستها وكان على رأس اهتماماته في هذه المرحلة محاولة إقناع معاوية بن أبي سفيان بالتخلي عن معارضته له والدخول في طاعته غير أن معاوية قطع الطريق على أية محاولة لحل الخلاف بينهما

بالوسائل السلمية فكانت معركة صفين، جنوب الرقة في الجانب الشرقي الشمالي من سورية في ذي الحجة من سنة ٣٦هـ/ ٦٥٧م.

وتذكر أكثر المصادر أن جيش معاوية كاد ينهزم فأشار عمرو بن العاص على معاوية أن يرفع المصاحف على الرماح ويدعو إلى تحكيم الله في ما شجر بن المسلمين من خلاف وأدرك الخليفة علي ( رضي الله عنه ) أن تلك خدعة، ولكن جنده الذين كانوا قد سئموا الحرب بعد قتال دام ثلاثة أشهر، اضطروه إلى أن يقبل بوقف القتال وبالتحكيم فوقف القتال وأراد كل فريق أن يختار حكما فاختار معاوية عمرو بن العاص وأراد الخليفة علي ( رضي الله عنه ) أن يختار عبد الله بن عباس لأنه كفء لعمرو بن العاص ولكن أصحابه أبوا ذلك لأنهم كانوا يردون رجلا ألين من ابن عباس ليشتري لهم السلم بكل ثمن ممكن، وبذلك وقع اختيارهم على أبي موسى الأشعري.

وفي ١٣ صفر من سنة ٣٧هـ اتفق أبو موسى وعمرو بن العاص على أن يحكما القرآن في الخلاف الناشب بين المسلمين وكتبا بذلك صحيفة وبعد ستة أشهر (رمضان ٣٧هـ) اجتمعا في أذرح في شرقي الشام ونظرا في أمر الخلاف واتفقا فيما بينهما على أن يخلعا عليا ومعاوية من الخلافة ويتركا الأمر شورى بين المسلمين، فصعد أبو موسى المنبر وقال: لقد بحثنا فلم نجد أجدر للم شعث هذه الأمة من أن نخلع عليا ومعاوية ونجعل الأمر شورى بين المسلمين عند هذا صعد عمرو المنبر وقال: إن أبا موسى خلع صاحبه وأنا أخلع من خلع وأثبت صاحبي معاوية فإنه ولي ابن عفان والمطالب بدمه وأحق الناس بمقامه فأنكر أبو موسى على عمرو ذلك وعده خدعه، وكان أول ما فعل معاوية بعد ذلك أن نادى بنفسه خليفة.

ولم يكن الخليفة علي (رضي الله عنه ) راضي بالتحكيم وقد عد تنازع الحكمين واتهام أبي موسى لعمرو بن العاص بالغدر فشلا لعملية التحكيم ومن ثم فهو حل في الالتزام بنتيجة التحكيم وحاول الخليفة علي ( رضي الله عنه ) إعادة حشد أتباعه لاستئناف

القتال مع أهل الشام غير أن الذي منعه من المضي في تنفيذ هدفه هو عودة الخوارج لاستئناف نشاطهم وتحديهم لخلافته على أرض العراق مما أجبره على أن يقدم الصراع معهم على الصراع مع أهل الشام.

وقد توجه الخليفة علي بن أبي طالب ( رضي الله عنه ) لمحاربة الخوارج على رأس جيش كبير فكانت معركة النهروان وقد خطب الخليفة على ( رضي الله عنه ) فيهم يحثهم على الطاعة والعودة لرحابه وذكرهم أنهم هم الذين أرغموه على قبول التحكيم، غير أن الخوارج أصروا على مقاتلته فاستطاع الخليفة علي بن أبي طالب ( رضي الله عنه ) من القضاء عليهم بيسر وسهولة وبذلك تم توجيه ضربة ساحقة إلى حركة الخوارج ولم يعد بإمكانها تحدي الخليفة علي بن أبي طالب (رضي الله عنه ) وجها لوجه ولكن كثيرا من عناصرها واصلت عملها وكيدها ضده بصورة خفية.

**استشهاده:**

إن من غرائب الأقدار أن تأتي نهاية الخليفة علي بن أبي طالب ( رضي الله عنه ) واستشهاده على يد أناس كانوا في يوم من الأيام من أشد الناس إخلاصا وحبا له ثم انقلبوا عليه وخرجوا عن طاعته بسبب اختلافهم معه في قبول التحكيم فغدوا خوارج يستحلون قتاله ودمه.

وقد أشارت المصادر إلى أن ثلاثة من الخوارج اجتمعوا بمكة وقد كانوا يؤدون فريضة الحج فقرروا أن يتخلصوا من ثلاثة هم السبب في رأيهم فيما آلت إليه أمور المسلمين من فرقة وضياع وعينوا لذلك ثلاثة من رجالهم لقتل كل من: عمرو بن العاص في مصر ومعاوية بن أبي سفيان في دمشق وعلي بن أبي طالب (رضي الله عنه ) في الكوفة، وحددوا موعدا لتنفيذ الجرائم الثلاث الليلة التاسعة عشر من رمضان سنة ٤٠هـ وانطلق القتلة الثلاثة وهم: عبد الرحمن بن ملجم لقتل الخليفة علي، والحجاج بن عبد الله لقتل معاوية، وعمر بن بكر لقتل عمرو بن العاص.

ولم ينجح صاحبا معاوية وابن العاص في مهمتهما أما ابن ملجم فقد وصل إلى الكوفة مقر الخليفة علي ( رضي الله عنه ) وفي الكوفة كان يستعد وينتظر الموعد المحدد، فلماحان وقت الصلاة خرج الخليفة علي ( رضي الله عنه ) إلى المسجد فضربه ابن ملجم بسيف مسموم على رأسه بلغت الدماغ، ولما جيء بابن ملجم إلى الخليفة علي(رضي الله عنه ) قال: النفس بالنفس فإن أنا مت فاقتلوه وإن سلمت رأيت فيه رأي. فقال ابن ملجم: لقد اشتريته بألف، وسممته بألف، فإن خانني فأبعده الله، وكان يقصد بذلك سيفه الذي ضرب به الخليفة (رضي الله عنه ).

وظل الخليفة علي (رضي الله عنه ) يكابد الألم حتى قضى نحبه ليلة إحدى وعشرين من شهر رمضان سنة ٤٠هـ/ ٦٦١م عن عمر ناهز الثلاثة والستين تاركا وراءه أروع الأمثلة في البطولة، والزهد، والتقى.

# عمر بن الخطاب

**نسبه وإسلامه:**

هو عمر بن الخطاب بن نفيل بن عبد العزى بن رياح بن عبد الله بن قرط بن رزاح بن عدي بن كعب بن لؤي بن غالب القرشي، وكنيته أبو حفص، وأمه حنتمة بنت هاشم بن المغيرة بن عبد الله بن عمر مخزوم، روي عن عمر أنه قال ولدت بعد الفجار الأعظم بأربع سنين وذلك قبل البعث النبوي بثلاثين سنة.

كان لعمر من الولد عبد الله وعبد الرحمن الأكبر وحفصة وأمهم زينب بنت مظعون وزيد الأكبر ورقية وأمهما أم كلثوم بنت علي بن أبي طالب وزيد الأصغر وعبيد الله وأمهما أم كلثوم بنت جرول بن مالك وكان الإسلام فرق بن عمر وأم كلثوم بنت جرول وعاصم وأمه جميلة بنت ثابت، وعبد الرحمن الأوسط وهو أبو

المجبر وأمه لهية أم ولد، وعبد الرحمن الأصغر وأمه أم ولد، وفاطمة وأمها أم حكيم بنت الحارث بن هشام وزينب وهي أصغر ولد عمر وأمها فكيهة أم ولد، وعياض بن عمر وأمه عاتكة بنت زيد بن عمرو بن نفيل.

وكان عمر من أشراف قريش وإليه كانت السفارة وذلك أن قريشا كانوا إذا وقع بينهم حرب أو بينهم وبين غيرهم بعثوه سفيرا وأن نافرهم منافرا أو فاخرهم مفاخر رضوا به وبعثوه منافرا ومفاخرا.

وقد أسلم عمر بن الخطاب في السنة السادسة من النبوة ويذكر أن عمر بن الخاطب كان شديدا على المسلمين قبل إسلامه متعصبا لدينه وكان يعذب لبيبة جارية بني مؤسل على إسلامها فاشتراها أبو بكر الصديق واعتقها وقد تعدى على صهره وأخته لإسلامها وكان يريد أن يقتل رسول الله (صلى الله عليه وسلم ) فعندما ذهب إليه أسلم، وقد أسلم عمر بعد أن قرأ القرآن الكريم فوقع في قلبه وأثر في نفسه وعلم أنه ليس كلام البشر بل كلام الله سبحانه وتعالى.

وشهد عمر بن الخطاب مع رسول الله (صلى الله عليه وسلم ) بدرا وأحد والخندق وبيعة الرضوان وخيبر والفتح وحنينا وغيرها وهو ممن ثبت مع رسول الله (صلى الله عليه وسلم ) في غزوة أحد وأرسله رسول الله (صلى الله عليه وسلم ) في شعبان سنة سبع ومعه ثلاثون رجلا إلى قبيلة بني هوازن بقرب مكة فلما علموا بمجيئه هربوا فانصرف راجعا إلى المدينة.

**توليه الخلافة:**

لقد كان أبو بكر الصديق، يدرك أن تولي عمر بن الخطاب للخلافة من بعده يشكل خير ضمان لاستمرار السياسة التي بدأها في مجال السياسة الداخلية والخارجية لذا فقد سعى إلى توفير الظروف التي تساعد على توليه الخلافة من بعده، فتولى عمر بن الخطاب الخلافة في نفس اليوم الذي توفي فيه أبو بكر الصديق وكان ذلك في ٢٢من جمادى الآخرة سنة ١٣هـ/ ٢٣آب ٦٣٤م.

وقد أشير إلى أن الخليفة عمر بن الخطاب قد قام في الناس خطيبا بعد الفراغ من دفن أبي بكر الصديق فقال بعد أن حمد الله وأثنى عليه:"أما بعد فقد ابتليت بكم، وابتليتم بي، وخلفت فيكم من بعد صاحبي، فمن كان بحضرتنا باشرناه بأنفسنا ومهما غاب عنا ولينا أهل القوة والأمانة فمن يحسن نزده حسنا ومن يسئ نعاقبه، ويغفر الله لنا ولكم.

**دوره في حروب التحرير:**

لم يكن أمام الخليفة عمر بن الخطاب (رضي الله عنه ) بعد توليه الخلافة من وقت للمراجعة والتأمل الطويل، إذ كانت جيوش المسلمين مشتبكة في معارك مع الروم على جبهة الشام وكان المثنى بن حارثة قد جاء إلى المدينة لطلب النجدة لمعالجة الموقف على جبهة العراق، بعد أن تنبه الفرس إلى خطورة الموقف وأخذوا يحشدون قواتهم لمقاتلة المسلمين فيه لذا فقد بدأ الخليفة عمر بن الخطاب يحشد كل طاقاته لمعالجة الموقف العسكري.

**تحرير العراق:**

كان أول عمل باشره عمر بن الخطاب (رضي الله عنه ) بعد مبايعته بالخلافة أن دعا الناس إلى الانضمام إلى جيش المسلمين لمقاتلة الفرس في العراق، وقد شجع المثنى بن حارثة الناس على الالتحاق بهذا الجيش وعمل على تبديد المخاوف من نفوسهم وذلك لأن وجه الفرس كان من أكره الوجوه إليهم وأثقلها عليهم لشدة سلطانهم وشوكتهم وعزهم وقهرهم الأمم، كما تولى الخليفة عمر بن الخطاب حث الناس على الجهاد والمشاركة في هذه الحملة.

وقد جعل الخليفة عمر قيادة الجيش إلى أبي عبيد بن مسعود الثقفي وذلك لأنه بادر إلى التطوع للجهاد قبل غيره، وتوجه أبو عبيد الثقفي على رأس جيشه إلى العراق بعد أن أصبحت له قيادة جبهة العراق وأصبح المثنى بن حارثة أحد القادة التابعين له.

وقد استطاع جيش أبي عبيده أن يحقق بعد الانتصارات على الفرس أثر وصوله العراق في معركة النمارق ومعركة السقاطيه مما أقلق الفرس وجعلهم يحشدون قوة كبيرة لملاقاة جيش المسلمين عند موضع يدعى المروحة حيث وقعت عنده إحدى المعارك المهمة التي عرفت بمعركة الجسر ـ وقد خسر المسلمون تلك المعركة بسبب أن القوات الفارسية بلغ تعدادها أربعة آلاف رجل مدججين بأسلحة جيدة وعدة فيله مما أدى إلى إرباك المقاتلين المسلمين لأنهم لم يعتادوا على رؤية هذه الحيوانات ومقاتلتها في الحروب، وحينما حاول قائدهم أبو عبيده الثقفي التصدي لأحد الفيلة أصيب وسقط شهيدا في المعركة وحين أراد المسلمون الانسحاب من المعركة فوجئوا بأن أحد المسلمين كان قد بادر إلى قطع الجسر ـ لتشجيعهم على الصمود وعدم الهرب، مما تسبب في إلحاق إضرار جسيمة بهم وخسارتهم للمعركة وكان ذلك في رمضان سنة ١٣هـ/٦٣٤م وقد تولى قيادة جبهة العراق بعد استشهاد أبي عبيده المثنى بن حارثة الشيباني.

وأخذت جبهة العراق تستعيد قوتها وحيوتها بكثرة من وفد إليها من المقاتلين، مما مكن المثنى بن حارثة من حشد الطاقات استعدادا لمواجهة الفرس عند موضع على الفرات مما يلي الكوفة، يدعى البويب وقد دارت على أرض هذا الموضع معركة عنيفة استبسل فيها المسلمون وقاتلوا قتال الأبطال من أجل الثأر لهزيمة المسلمين في معركة الجسر ولقد انتهت هذه المعركة بانتصار المسلمين انتصارا حاسما وقتل فيها مهران قائد الفرس.

وبعد أن استقر الحكم في الإمبراطورية الساسانية ليزدجرد حشد الفرس اعدادا كبيرة من المقاتلين لمحاربة المسلمين وكانوا مجهزين بأحسن الأسلحة ومعهم الخيل والفيلة وغير ذلك.

ولقد قام الخليفة عمر بن الخطاب بمواجهة استعدادات الفرس بأن حشد في مواجهتهم قوة عسكرية ذكرت بعض المصادر أنها كانت تتراوح بين ستة آلاف إلى

عشرة آلاف وقد عين الخليفة عمر بن الخطاب سعد بن أبي وقاص قائدا جديدا على جبهة العراق بدلا من المثنى بن حارثه، ربما لأنه كان مريضا وقد توفي قبل أن تبدأ معركة القادسية والتي كانت في سنة ١٥هـ على أرجح الروايات.

ولقد وقعت هذه المعركة عند موضع قريب من الحيرة على حافة الصحراء على الضفة الغربية من نهر الفرات يدعى القادسية ومنه أخذت معركة القادسية اسمها وتجمع المصادر على أن هذه المعركة كانت أعنف المعارك التي خاضها المسلمون في مواجهة الفرس، وقد استمرت أربعة أيام تواصل القتال في بعضها ليلا ونهارا وقد انتهت بانتصار المسلمين نصرا حاسما على الفرس مما أجبر القوت المنهزمة على الانسحاب إلى المدائن (طيسفون) التي كانت عاصمة الساسانين للتحصن بها.

ولم يفوت المسلمون هذه الفرصة، فتابعوا القوات المنهزمة إلى المدائن ومازالوا يضيقون عليها الحصار حتى أرغموها على الاستسلام وفر منها يزدجرد ملك الفرس إلى حلوان وقام بتجهيز الحملات العسكرية المتوالية لمقاومة المسلمين مما أدى إلى هزيمة جيشه مره أخرى عند جلولاء.

وهكذا فقد انتهت هذه المعارك بتحرير العراق من تسلط الفرس الساسانين وانسحب يزدجرد وقواته إلى داخل الهضبة الإيرانية يبدو أن الخليفة عمر بن الخطاب (**رضي الله عنه**) كان يتمنى لو توقفت الحرب مع الفرس عند هذا الحد غير أن الفرس أصروا على مواصلة القتال، مما أضطر المسلمين إلى خوض المعارك داخل الهضبة الإيرانية وبذلك تم فتح بلاد فارس والقضاء النهائي على الإمبراطورية حيث أصبحت جميع أقاليم الإمبراطورية الساسانية جزءا من أقاليم الدولة العربية الإسلامية.

**تحرير الشام:**

حين تولى عمر بن الخطاب (**رضي الله عنه**) الخلافة كانت الجيوش الإسلامية في الشام قـد سجلت أحد أبرز انتصاراتها على الروم في معركة أجنادين ثم استطاعت قوات المسلمين أن تهـزم الـروم في معركتين كبيرتين في وقعة فحل مـن الأردن، ومـرج الصـفر وهـم متوجهـون إلى دمشق واستطاعوا تحرير دمشق وعقد الصلح مع أهلها.

إن انتصارات المسلمين المتتالية في بـلاد الشـام أدخلـت الخـوف إلى قلـب الإمبراطور البيزنطي وجعله يبادر إلى حشد جموع كثيرة من الروم وأهل الشام وأهل الجزيرة وأرمينية بمقاتلة جيوش المسلمين حتى قدرت بعض الروايات عددهم بمائة ألف.

لقد حملت هذه الاستعدادات الكبيرة للروم المسلمين على تجميع قواتهم من مختلـف المنـاطق وحشدها في موضع يسهل الدفاع عنه في مواجهة قـوات الـروم وكـان ذلك الموضـع هـو وادي اليرمـوك في الأردن على حافة الصحراء وقد بلغت قوات المسلمين التي حشـدت لهـذه المعركـة أربعـة وعشـرين ألـف مقاتل وقيل أن عددها قد بلغ ستة وأربعين ألف مقاتل.

واستطاع المسلمون أن يتغلبوا على مشكلة الفارق العددي بينهم وبين قوات الروم بسبب ارتفاع معنوياتهم واجتذابهم للعرب المتحالفين مع الروم للقتال إلى جانبهم وبذلك تمكنوا من إلحاق هزيمة فادحة في قوات الروم البيزنطيين.

ولقد حملت هزيمة الروم في معركة اليرموك التي وقعت في رجب من سنة ١٥هـ/٦٣٦م إمبراطور الروم على اليأس من اسـترجاع بلاد الشام مرة أخرى وكذلك أدى انتصار المسلمين الحاسـم على الـروم في معركة اليرموك إلى إفساح المجال أمام المسلمين للعودة إلى جميع المدن التي انسحبوا منها بعد تحريرها، واستكمل تحرير المدن الأخرى.

وعندما حاصرت قوات المسلمين مدينة القدس التي كانت تدعى (إيلياء) طلب أهلها الصلح مع المسلمين على أن يكون من يتولى عقده معهم الخليفة نفسه فقدم عمر بن الخطاب **(رضي الله عنه )** إلى الفرس فصالحون على الجزية وفتحوها للمسلمين وقد أشارت بعض المصادر إلى أن قدوم عمر إلى بلاد الشام كان في سنة ١٧هـ/ ٦٣٨م وأنه قد نزل في الجابية إحدى عمال دمشق حيث اجتمع بقادة المسلمين فيها وتدارس معهم أوضاع بلاد الشام ومشكلاتها ووضع المعالجات اللازمة لها.

**تحرير مصر:**

بعد أن استقرت الأوضاع في بلاد الشام والجزيرة بصورة تامة توجه عمرو بن العاص في حدود سنة ٢٠هـ/٦٤١م إلى مصر- لتحريرها من التسلط البيزنطي على رأس جيش مؤلف من ثلاثة آلاف وخمسمائة مقاتل، وقد أشارت بعض المصادر إلى أن عمرو بن العاص لم يدخل مصر- إلا بناء على قرار وتوجيه من الخليفة عمر بن الخطاب نفسه، وربما جاء هذا القرار بعد المداولات التي تمت بين الخليفة وعمرو بن العاص في الشام حينما اجتمع به الخليفة في الجابية.

وقد سار عمرو بن العاص من فلسطين إلى مصر عن طريق الساحق البحري باتجاه العريش حيث توجه منها إلى الفرما وكان فيها قوم مستعدون للقتال فحاربهم عمرو بن العاص وهزمهم وسيطر على معسكرهم ثم واصل منها تقدمه إلى منطقة القاهرة القديمة (الفسطاط) وكان فيها حصن منيع اسمه بابليون وقد حاصرت قوات عمرو بن العاص حصن بابليون وفي أثناء الحصار وصلتها النجدة بقيادة الزبير بن العوام ومعه جيش مؤلف من حوالي عشرة آلاف مقاتل مما ساعد عمرو بن العاص على إرغام أهل الحصن على طلب الصلح والموافقة على أداء الجزية للمسلمين وبعد هذا النجاح الذي حققته قوات المسلمين في بابليون قام عمرو بن العاص بإرسال حملات متفرقة إلى مختلف المدن والقرى المصرية لإخضاعها للسلطة الإسلامية.

وأخيرا جمع عمرو بن العاص قواته وتوجه لتحرير الإسكندرية آخر معاقل الروم في مصر، وفي الطريق قابلته قوات الروم وحلفائهم من القبط عند منطقة تدعى الكريون فاستطاع من إلحاق الهزيمة بهم وقد أدت هذه الهزيمة إلى تحطيم معنويات الروم وانسحابهم إلى الإسكندرية للتحصن بها وقد فرض جيش المسلمين حصارا شديدا عليها استمر ثلاثة أشهر حتى أرغم القوات المدافعة عن المدينة على الاستسلام وقبول شروط الصلح التي عرضها عليهم عمرو بن العاص وبذلك أصبحت جميع مصر، ضمن أقاليم الدولة العربية الإسلامية وكان ذلك في حدود سنة ٢١هـ/ ٦٤٢م.

وجدير بالذكر بأن الخليفة عمر بن الخطاب (رضي الله عنه ) استطاع في عهده أن ينجز العديد من الأعمال والتغيرات الإدارية التي كان لها تأثيرها الواضح على الأوضاع الإدارية في الدولة والمجتمع من بعده وكان من أهم تلك الأعمال بالإضافة إلى أعماله العسكرية هي التنظيمات المالية للدولة وتمصير الأمصار ووضع التقويم الهجري وتنظيم القضاء.

## استشهاده:

يذكر أن عمر بن الخطاب (رضي الله عنه ) بينما كان يؤم المسلمين في صلاة الصبح في المسجد تقدم نحوه عبد فارسي يدعى فيروز ويكنى أبا لؤلؤة فطعنه بخنجره عدة طعنات أدت إلى وفاته بعد ذلك بأربعة أيام وقد طعن عمر بن الخطاب (رضي الله عنه ) يوم الأربعاء لأربع ليال بقين من ذي الحجة سنة ثلاث وعشرين ودفن يوم الأحد صباح هلال المحرم سنة أربع وعشرين فكانت ولايته عشر، سنين وخمسة أشهر وإحدى وعشرين ليلة وهكذا توفي الخليفة الراشد عمر بن الخطاب ( رضي الله عنه ) الذي انتشر العدل في عهده والذي يعد بحق منظم الدولة العربية الإسلامية والمثبت لكيانها ووحدتها.

# عمرو بن العاص

**نسبه وإسلامه:**

هو عمرو بن العاص بن وائل بن هاشم بن سعيد بن سهم القرشي وأبوه العاص بن وائل من أشراف قريش في الجاهلية وزعيم بني سهم وقد قاد قومه في يوم الفجار الثاني قبل النبي (صلى الله عليه وسلم ).

زاول عمرو التجارة مع أبيه، وسافر إلى اليمن وأنحاء الجزيرة العربية وطاف بلاد الشام واجتاز البحر الأحمر إلى الحبشة وزار مصر وأكسبته ممارسة التجارة وهذه الأسفار الطويلة فوائد كثيرة في معرفة أحوال الأمم الاجتماعية مما كان له الأثر الكبير في تثقيف عقله وسمو مداركه.

وعندما بعث الرسول (صلى الله عليه وسلم ) قاوم عمرو بن العاص الدعوة الإسلامية بكل قواه وطارد المهاجرين إلى الحبشة إذ انتدبته قريش لهذه المهمة الخطيرة ثقة منها بأنه الوحيد الكفء والقادر لهذه المهمة وحاول إقناع النجاشي ملك الحبشة ليسلمه جعفر بن أبي طالب وصحبه المهاجرين إلى أرض الحبشة ولكن النجاشي رفض ذلك وأبقى المهاجرين بأمان وشهد عمرو غزوة أحد مع المشركين وقد أسلم عمرو بن العاص مع خالد بن الوليد وعثمان بن طلحة وكان ذلك سنة ٨هـ.

**جهاده:**

في أعقاب معركة مؤتة بلغ النبي (صلى الله عليه وسلم ) أن جمعا من قبيلة قضاعة تجمعوا للإغارة على المدينة، فبعث النبي (صلى الله عليه وسلم ) عمرو بن العاص ومعه ثلاثمائة رجل من أشراف المهاجرين والأنصار وأمرهم بالسير إلى مشارق الشام ليؤدبوا بني قضاعة وغيرهم من القبائل الضاربة هناك والتي لم ير الإسلام منها إلا شرا.

ولما قرب عمرو بن العاص من القوم علم أن أعداءهم قد جمعوا لهم جمعا كثيرا فأرسل عمرو

إلى النبي (صلى الله عليه وسلم ) يطلب منه مددا فبعث إليه أبا عبيده بن الجراح في مائتين

وبعث معه سراه المهاجرين والأنصار واستطاع المسلمون من هزم أعداءهم وكان من نتائج هذه المعركة

أنها أعادت للمسلمين هيبتهم في شمال الجزيرة العربية.

وعندما فتح النبي (صلى الله عليه وسلم ) مكة بعث عمرو إلى صنم هذيل ليهدمه

وكان يسمى (شواع) وقام عمرو بتهديمه وكذلك أرسله النبي ( صلى الله عليه وسلم ) إلى جيفر

وعبد ابني الجلندي وهما من الأزد يدعوهما إلى الإسلام وكتب معه إليهما كتابا وختم الكتاب، فأجاب إلى

الإسلام هو وأخوه جميعا وصدقا بالنبي وأخذ عمرو الصدقة من أغنيائهم وردها إلى فقرائهم.

وعندما توفي الرسول (صلى الله عليه وسلم ) كان عمرو في عُمان وجاء إلى مسيلمة

الكذاب فأعطاه الأمان فقال له عمرو: أعرض لي ما تقول فذكر مسيلمة بعض كلامه، فقال عمرو: والله أنك

لتعلم انك من الكاذبين، فتوعده مسيلمه ولما جاء عمرو إلى المدينة وعقد أبو بكر أحد عشر ـ لواء لحرب

أهل الردة عقد لعمرو وأرسله إلى قضاعة وكان قد حاربهم في أيام النبي (صلى الله عليه وسلم )

وسار عمر بجيشه في الطريق الذي سار به من قبل حتى وصل قضاعة ودارت بينهم معركة كبيرة كانت

الغلبة فيها للمسلمين وعادوا إلى الإسلام وعاد هو إلى المدينة.

**جهاده في بلاد الشام:**

عقد أبو بكر الصديق لعمرو على جيش عدده أربعة آلاف مقاتل كلهم من سكان مكة وأمره أن

يسلك الطريق الساحلي الذي يربط المدينة بالعقبة، وقال له: "لقد وليتك هذا الجيش فتنصرف إلى أرض

فلسطين وكاتب أبا عبيده وانجده إذا أرادك ولا تقطع أمرا إلا بمشورته وأوصاه أن يدخل فلسطين من

جنوبها إذا وصلت العقبة. وتقدم جيش عمرو بن العاص نحو العقبة (آيلة) وعندما احتلها انحرف يسارا

ثم تقدم باتجاه غزة على طريق العقبة -غزة بحذر شديد وقد وضع في مقدمة جيشه قطعات من كتائب الخيالة وعلى مقربة من غزة اصطدمت طلائع قوات عمرو وعندما وجد هرقل ابتعاد الجيوش الإسلامية عن بعضها البعض وان جيش القائد عمرو بن العاص قد اصبح منفردا في فلسطين وانه اندفع شمالا نحو القدس قرر القيام بحركة إحاطة وتطويق واسعة من فلسطين وتدمير جيش عمرو بن العاص الذي أخذ يهدف إلى القدس والاندفاع جنوبا حتى العقبة ثم الإستداره يسارا لاحتلال مؤته وكذلك قطع خط مواصلات الجيوش الإسلامية الثلاثة الأخرى وبعدها القيام بهجوم واسع عليها في اليرموك ودفعها إلى الخلف نحو مؤتة لكي يتلقاها الجيش الروماني الذي كان قد انحدر من فلسطين إلى مؤتة وبذلك يقاتل الجيوش الإسلامية الأربعة كلها.

وسار الجيش الرومي من طبرية إلى السهل الساحلي وكان تعداده مائة ألف مقاتل وكان هدفه أن ينفرد بجيش عمرو بن العاص فلاحظ عمرو خطورة وضعه لأنه ابتعد كثيرا عن الجيوش الإسلامية الأخرى كما أنه اصبح وحيدا في فلسطين في البلد الذي تقدسه الروم، فضلا عن عدم تكافؤ القوى عنده وعند هرقل ذلك الحشد الكبير الهائل تجاه جيشه، كما لاحظ الأخطار الكبيرة المحيطة بالجيوش الإسلامية الأخرى إذا ما استطاع هرقل من القضاء على جيش عمرو، لذلك سارع بطلب النجدة من الجيوش الأخرى.

وبناء على ذلك أنذرت الجيوش العربية الإسلامية عبر شرق الأردن ملتفة جنوب بحر الميت بسرعة كبيرة حتى وصلت وتجمعت مع جيش عمرو بن العاص لمواجهة الجيش البيزنطي وكان قد أصبح تعداد الجيش العربي الإسلامي كله ثمانية آلاف مقاتل وفي اليوم التالي التقى الجمعان وقد نظم عمرو جيشه الصغير أمام مائة ألف مقاتل وعبأه في صفوف متساوية وجعل على الميمنة الضحاك وعلى الميسرة سعيد بن خالد (وهو أخاه من أمه) وقاد عمرو القلب.

وقام بهجوم من الميسرة فقاتل سعيد بن خالد قتالا شديدا وأوقع بالروم خسائر فادحة وأوعـز إلى الميمنـة بالهجوم وكان قد استطاع من طرد كتائب الروم وعزلها عن مشاة العدو، فانفردت الخيالة العربية بالجيش الروماني وفي هذا اليوم استشهد سعيد بن خالد، فحزن عليه العرب حزنـا عظيما وكان عمرو أشد الناس حزنا على أخيه.

وعندما وجد عمرو أن أوار الحرب قد أشتد أنتدب معه عددا من الشجعان وكان منهم عكرمـة بن أبي جهل والضحاك والحارث بن هشام ومعاذ بن جبل وأبو الدرداء وقام بهجوم مفاجئ وصاعق علـى قلب جيش الروم ودارت هذه المعركة في منطقة أجنادين بين الرولة وبيت جبرين وقد أبلى في هذه المعركة خالد بن الوليد بلاء حسنا وقد أستشهد من فرسان العرب عدد كبير، وبعد الانتصار الساحق الـذي حققته الجيوش الإسلامية في أجنادين عادت جيوش النجدة إلى موضع اليرموك في مكان يسندها جيش عمرو بن العاص لخوض معركة اليرموك.

وبعد أن سحقت الجيوش العربية الإسلامية جيش الروم الكبير وبعد أن سيطرت على معظم بلاد الشام عند بوابة درعا في معركة اليرموك اتجهت هذه الجيوش في زحفها شمالا إلى دمشق، وكان عياض بـن غنم على الخيالة، خالد بن الوليد على المقدمة، أبو عبيده على الميسرة، وعمرو بن العـاص علـى الميمنـة، وشرحبيل بن حسنه على القلب وهو القسم الأكبر من الجيوش وقد استطاعت هـذه الجيوش أن تحتل دمشق والشام وتسيطر على جميع أقسامها.

وبعد أن احتلت الجيوش الإسلامية دمشق بقي فيها جيش يزيد بن أبي سفيان واتجهت الجيوش الأخرى نحو فحل في الضفة الشرقية من الأردن وبعد فتحها تحول شرحبيل بـن حسـنه بجيشه ليكمـل احتلال الضفة الشرقية من الأردن في حين اتجه أبو عبيده الجراح وخالد بن الوليد إلى حمص وبعدها زحف أبو عبيده نحو حلب وإنطاكية.

أما عمرو بن العاص قد اندفع بجيشه نحو فلسطين لفتحها ففتح جميع مدنها بسهولة الواحدة تلوى الأخرى باستثناء مدينة (قيسارية) القاعدة البحرية المهمة التي ظلت تقاوم على الرغم من أن الجيش الإسلامي قد أطبق الحصار عليها وشدد قبضته عليها، أملا بوصول النجدات عليها من البحر، إذ كانت تعتقد أن الأسطول الروماني الموجود في البحر المتوسط سوف يفعل ذلك.

كما أن مدينة القدس والتي كانت تدعى (ايلياء) هي الأخرى قد تحصن أهلها وسدوا أبواب حصنهم الحصين وظلوا يدافعون خلف أسوار منيعة وبعد أن حاصرها جيش المسلمين طلب أهلها الصلح مع المسلمين على أن يكون من يتولى عقدة معهم الخليفة نفسه فقدم الخليفة عمر بن الخطاب (رضي الله عنه ) إلى القدس فصالحوه على الجزية وفتحوها للمسلمين وقد أشارت بعض المصادر إلى أن قدوم الخليفة عمر بن الخطاب (رضي الله عنه ) إلى بلاد الشام كان في سنة ١٧هـ/ ٦٣٨م.

**جهاده في مصر:**

بعد أن استقرت الأوضاع في بلاد الشام بصورة تامة توجه عمرو بن العاص في حدود سنة ٢٠هـ/٦٤١م إلى مصر لتحريرها من التسلط البيزنطي على رأس جيش مؤلف من ثلاثة آلاف وخمسمائة مقاتل ويبدو أن هذا الجيش كان بمثابة قوة استطلاع هدفها التعرف على مدى استعداد الروم لمقاومة المسلمين على أن يعقبها بعد ذلك الإمدادات الضرورية لمساعدتها على تحقيق هدفها.

وقد ذكر البلاذري أن عمرو بن العاص قد توجه بجيشه إلى مصر بناء على اجتهاده الخاص بينما أشارت مصادر أخرى إلى أن عمرو بن العاص لم يدخل مصر إلا بناء على قرار وتوجيه من الخليفة عمر بن الخطاب نفسه وربما جاء هذا القرار بعد المداولات التي تمت بين الخليفة وعمرو بن العاص في الشام حينما اجتمع به الخليفة في الجابية.

وسار عمرو بن العاص من فلسطين إلى مصر عن طريق الساحل البحري باتجاه العريش حيث توجه منها إلى الفرما، وهي مدينة في موقع مشرف حصين على مرتفع يبعد ميلا ونصف عن البحر المتوسط وكان في مدينة الفرما قوم مستعدون للقتال فحاربهم عمرو بن العاص وهزمهم وسيطر على معسكرهم، ثم واصل منها تقدمه إلى منطقة القاهرة القديمة (الفسطاط) وكان فيها حصن منيع اسمه بابليون أطلق عليه بعض المؤرخين العرب اسم (اليونة).

جيش مؤلف من ثلاثة آلاف وخمسمائة مقاتل ويبدو أن هذا الجيش كان بمثابة قوة استطلاع هدفها التعرف على مدى استعداد الروم لمقاومة المسلمين على أن يعقبها بعد ذلك الإمدادات الضرورية لمساعدتها على تحقيق هدفها.

وقد حاصرت قوات عمرو بن العاص حصن بابليون وفي أثناء الحصار وصلتها النجدة بقيادة الزبير بن العوام ومعه جيش مؤلف من حوالي عشرة آلاف مقاتل، مما ساعد عمرو بن العاص على إرغام أهل الحصن على طلب الصلح والموافقة على أداء الجزية للمسلمين وبعد هذا النجاح الذي حققته قوات المسلمين في بابليون قام عمرو بن العاص بإرسال حملات متفرقة إلى مختلف المدن والقرى المصرية لإخضاعها للسلطة الإسلامية فوجه عبد الله بن حذافة السهمي إلى عين شمس فغلب على أرضها وصالح أهل قراها على مثل حكم الفسطاط ووجه خارجة بن حذافه العدوي إلى الفيوم والاشمونين وأخميم وقرى الصعيد ففعل مثل ذلك.

وأخيرا جمع عمرو بن العاص قواته وتوجه لتحرير الإسكندرية آخر معاقل الروم في مصر وفي الطريق قابلته قوات الروم وحلفاؤهم من القبط عند منطقة تدعى الكربون، فاشتبك معهم في معركة عنيفة تمكن فيها من إلحاق الهزيمة بهم،وقد أدت هذه الهزيمة إلى تحطيم معنويات الروم وانسحابهم إلى الإسكندرية للتحصن بها، غير أن جيش المسلمين واصل تقدمه نحو الإسكندرية وفرض حصارا شديدا إلى الاستسلام وقبول شروط الصلح التي عرضها عليهم عمرو بن العاص وبذلك

أصبحت جميع مصر ضمن أقاليم الدولة العربية الإسلامية وكان ذلك في وقد ذكر البلاذري أن عمرو بـن العاص قد توجه بجيشه إلى مصر بناءاً على اجتهاده الخاص بينما أشارت مصادر أخرى إلى أن عمرو بـن العاص لم يدخل مصر إلا بناءاً على قرار وتوجيه من الخليفة عمر بن الخطاب نفسه وربما جاء هـذا القـرار بعد المداولات التي تمت بين الخليفة وعمرو بن العاص في الشام حينما اجتمع به الخليفة في الجابية.

وسار عمرو بن العاص من فلسطين إلى مصر عن طريق الساحل البحري باتجاه العريش حيـث توجه منها إلى الفرما، وهي مدينة في موقع مشرف حصين على مرتفع يبعد ميلا ونصف عن البحر المتوسط وكان في مدينة الفرما قوم مستعدون للقتال فحاربهم عمرو بن العاص وهزمهم وسيطر علـى معسكرهم، ثم واصل منها تقدمه إلى منطقة القاهرة القديمة (الفسطاط) وكان فيها حصن منيع اسمه بابليون أطلـق عليه بعض المؤرخين العرب اسم (اليونة).

وقد حاصرت قوات عمرو بن العاص حصن بابليون وفي أثنـاء الحصـار وصـلتها النجـدة بقيـادة الزبير بن العوام ومعه جيش مؤلف من حوالي عشرة آلاف مقاتل، مما ساعد عمرو بن العـاص علـى إرغـام أهل الحصن على طلب الصلح والموافقة على أداء الجزية للمسلمين وبعد هذا النجاح الذي حققتـه قـوات المسلمين في بابليون قام عمرو بـن العاص بإرسال حملات متفرقة إلى مختلف المدن والقرى المصرية لإخضاعها للسلطة الإسلامية فوجه عبد الله بن حذافة السهمي إلى عين شمس فغلـب علـى أرضها وصالح أهل قراها على مثل حكم الفسطاط ووجه خارجة بن حذافه العدوي إلى الفيوم والاشمونين وأخميم وقرى الصعيد ففعل مثل ذلك.

وأخيرا جمع عمرو بن العاص قواته وتوجه لتحرير الإسكندرية آخـر معاقـل الـروم في مصر- وفي الطريق قابلته قوات الروم وحلفاؤهم من القبط عند منطقـة تـدعى الكربـون، فاشتبك معهـم في معركـة عنيفة تمكن فيها من إلحاق الهزيمة بهم،

وقد أدت هذه الهزيمة إلى تحطيم معنويات الروم وانسحابهم إلى الإسكندرية للتحصن بها، غير أن جيش المسلمين واصل تقدمه نحو الإسكندرية وفرض حصارا حدود سنة ٢١هـ/٦٤٢م.

**قيادته:**

لقد تجلت في عمرو بن العاص صفات القيادة البارزة أهمها سعة الإطلاع في الأمور العسكرية والبراعة فيها وكان فوق ذلك كله كثير التماس بالقطعات، وكان عمرو بن العاص أكثر قادة العرب إبداعا فكان مبدعا طغت شهرته الآفاق وصارت مضرب الأمثال وتحدث بها القريب والبعيد.

وفضلا عن هذه كله فقد تميز بسرعة الفرار وبهذا كان يضطر أعداؤه إلى تبديل خططهم وتحويل معسكراتهم كلما تحرك شمالا أبو جنوبا في حركة مفاجئة لا يعرفون نتائجها لقد كان عمرو بن العاص شجاعا ومثالا للشجعان فهو شجاع في الجاهلية والإسلام.

# المثنى بن حارثة

**نسبه وإسلامه:**

المثنى بن حارثة الشيباني، وينتمي بنو شيبان إلى قبيلة بكر بن وائل العدنانية وهم بنو شيبان بن ثعلبة بن عكابه بن صعب بن علي بن بكر بن وائل.

ولقد تمتعت قبيلة بني شيبان في الجاهلية بمكانة عالية ومتميزة بين القبائل العربية في قلب الجزيرة بصورة عامة وربيعه بشكل وقد قيل في حقهم الكثير من

المدح والثناء والاعتزاز بمكانتها وتشير كتب السير الأولى إلى وفد بكر بن وائل إلى رسول الله (صلى الله عليه وسلم ) في عام الوفود سنة ٩هـ وأعلن إسلامه.

**جهاده:**

لقد رأى المثنى أن قومه غير قادرين على تحرير العراق من الفرس فذهب إلى الخليفة أبي بكر الصديق وشرح له موقف عشيرته من الفرس وعدد له خيرات البلاد وطلب منه أن يوليه على من أسلم من قومه لمقاتلة الفرس فوافق أبو بكر على طلب المثنى وكتب له عهدا بذلك فعاد المثنى إلى قومه وعشيرته وعندما عاد المثنى من المدينة قاد بني شيبان وبدأ غارته على الفرس في المنطقة القريبة من الكوفة.

وقد استمر المثنى ومعه بنو شيبان يقاتل الفرس من جهة الحيرة يعاونه بن قتاده السدوسي من ناحية الإبله قتالا ضروسا فأثر ذلك تأثيرا كبيرا على معنويات الفرس وزرع الرعب في قلوبهم، فحشدوا له أعدادا هائلة من جيوشهم مما اضطر المثنى بن حارثة أن يرسل أخاه مسعود بن حارثة إلى المدينة طالبا المدد لمواجهة الفرس.

وقد وضع الخليفة أبو بكر الصديق خطة لتحرير العراق، فأصدر أمره إلى خالد بن الوليد بالتوجه إلى العراق بعد الانتهاء من حروب الردة في اليمن وأمره أن يدخل العراق من الأسفل ويسير إلى الشمل وكذلك أمر عياض بن غنم أن يدخله من الوسط وأن يلتقيا في الحيرة فأيهما سبق إلى الحيرة فهو الأمير على صاحبه.

وكتب أبو كبر إلى المثنى الذي اتخذ من (خفان) مقرا له طلب منه أن ينضم إلى قوات خالد وأن يكون تحت قيادته فسار خالد إلى جنوب العراق وتوقف في البناج حتى التحق به المثنى بن حارثة الشيباني وجيشه وبعد أن اكتملت تعبئة الجيش الإسلامي وزعه خالد إلى أربع فرق، ثم زحف من النباج إلى الحفير نتقدمه فرقة بني شيبان بقيادة المثنى بن حارثة التي وصلت هدفها قبل الفرق الأخرى

بيومين وكان غرض خالد بن الوليد من إرسال فرقة المثنى لأغراض استطلاعية لمعرفة موقف العدو العسكري.

**الإبلة:**

كان هدف خالد بن الوليد أن يستولي على الابلة ثغر العراق وكان الفرس قد أقاموا في الإبلة حامية قوية جدا وقد التقى خالد بن الوليد ومعه جيش كبير بلغ عدده ثمانية عشر ألف مقاتل بقيادة هرمز قائد الفرس سنة ١٢هـ وجرت معركة رهيبة في كاظمة أبلى فيها العرب المسلمون بلاء حسنا وقتل خلالها قائد الفرس هرمز ولم تستطع القوات الفارسية من الصمود أمام الزحف العربي فولت هاربة وأوكلت مهمة متابعة فلول الفرس إلى المثنى بن حارثة الشيباني الذي عرف بشجاعته في مقاومة الفرس فتابع شراذمهم وتبع فلولهم التي ولت هاربة.

وقد سميت هذه المعركة (ذات السلاسل) لان جنود الفرس كانوا قد شدوا أنفسهم بالسلاسل ليثبتوا في القتال ولا يهرب واحد منهم وكانت هذه المعركة من المعارك الفاصلة في التاريخ الإسلامي وكان بداية حسنة وفاتحة لانتصارات عظيمة أدت إلى سقوط الدولة الفارسية.

ثم توجه خالد بن الوليد إلى الحيرة ومعه المثنى بن حارثة ولما وجد أن أهل الحيرة قد تحصنوا داخل أسوارها قسم جيشه إلى أربعة فرق لمحاصرة المدينة وبعد مقاومة فاشلة طلب أهلها الأمان والصلح فصالح خالد أهلها وكتب لهم بذلك عهدا وبعد أن تم للعرب السيطرة التامة على الحيرة توجه خالد إلى الأنبار ففتحها بعد حصار طويل ثم سار إلى عين التمر ففتحها أيضا.

وبعد النصر الذي حققه خالد بن الوليد في الأبله تقدم نحو البصرة وعسكر في منطقة المجر الأعظم بينما استمر المثنى بزحفه نحو مسالح الفرس التي انتهت إلى نهر المرأة وحاصر حصنها عندما أدرك مناعة الحصن ترك أخاه المعنى بن

حارثة لمحاصرته ومضى هو إلى حصن الرجل فحاصره ولما علمت المرأة بسقوط حصن الرجل استسلمت وصالحت المثنى فتزوجها اخوه المعنى بن حارثة الشيباني.

**المذار:**

تجمعت فلول الفرس المنهزمة من معركة ذات السلاسل مرة أخرى في المذار بقيادة قارن الذي أرسله كسرى لتقوية وتعزيز قوة هرمز وعندما علم المثنى بخبر تجمع الفرس في المذار أرسل إلى خالد بخبره بذلك فزحف خالد نحو جيشهم والتقى الجيشان في المذار بمعركة حامية الوطيس انتهت بهزيمة الفرس هزيمة منكرة وقتل قائدهم قارن وقتلوا من الفرس مقتلة عظيمة بحيث لم يفلت منهم إلا الشديد.

وشن الغارات على الفرس والتوغل في عمق السواد عين المثنى بن حارثة أميرا على أحد الثغور قرب المدائن ومن هناك وبتعاون مع خالد شنوا غارات ناجحة على سوق بغداد ومنه وجه خالد المثنى إلى تجمع معاذ من قضاعة وبكر وتغلب واياد فشتت شملهم وألحق بهم الهزيمة، وقد أرعب أهل قطربل وتل غرقوف وبادوريا بغاراته المتلاحقة.

**المثنى قائد عام لقوات تحرير العراق:**

أرسل الخليفة أبو بكر الصديق يطلب من خالد بن الوليد التوجه إلى الشام مع قسم من جيشه لمساعدة الجيوش الإسلامية هناك على أن يستخلف المثنى بن حارثة الشيباني على البقية الباقية من جيش المسلمين وهكذا صار قائدا عاما لقوات التحرير في العراق.

وقد اتخذ المثنى بن حارثة الحيرة قاعدة له وكان ذلك في سنة ١٣هـ وهكذا أصبحت مهمة المثنى صعبة جدا بعد رحيل خالد ومسؤولية كبيرة فهو يجب أن يحافظ على الأراضي التي حررتها الجيوش العربية الاستمرار في إنجاز خطة

تحرير العراق وهكذا عمل المثنى كل جهده لتنظيم صفوف جيشه استعدادا لمعارك المستقبل المصرية.

**معركة بابل:**

اعتقد الفرس أن رحيل خالد عن العراق جعل موقف الجيش العربي الإسلامي ضعيفا فحشدوا جيشا كبيرا يقدر بعشرة آلاف ومعه الفيلة، وأسندت قيادته إلى هرمز جاذويه، وعندما علم المثنى بذلك جمع مغارزة التي كان قد وزعها في المنطقة السواد ومنطقة الحيرة. ثم خرج من الحيرة نحو الجيش الفارسي ونظم جيشه وجعل على ميمنتة أخاه المعنى بن حارثة وعلى ميسرته أخاه مسعود وقد اتخذ معسكره في بابل وأقبل الجيش الفارسي بقيادة هرمز جاذورية وكان قد جعل على ميمنته الكوكيد وعلى ميسرته الخزكبذ.

وبعد مراسلات بين المثنى وبراز تقدم جيش المسلمين إلى بابل والتقى بالجيش الفارسي الذي كان يتصدره فيل ضخم أرهب خيول المسلمين وأربكها فحمل المثنى بن حارثة مع أناس آخرين على الفيل وأعقروه ثم قتلوه وعندما ثبت الجيش العربي الإسلامي للقتال واشتد على العدو فلم يستطع الفري على الثبات أمامهم فانهزموا وولت فلولهم هاربة وقوات المسلمين تطاردهم حتى وصلوا بهم إلى المدائن على ضفة دجلة الغربية، ولما كانت قوات المثنى غير قادرة على الثبات في المنطقة التي وصلت إليها بسبب قلتها ولحاجتها إلى قوات أخرى لحماية خطر مواصلاتها قرر الانسحاب إلى منطقة الحيرة ليبقى قويا بعيدا علن الاشتباك في معارك ليس في مصلحة فانسحب بقواته إلى هناك.

وبعد أن انتصر المسلمون في هذه المعركة التي وقعت في أواخر ربيع الأول سنة ١٣هـ/أيار ٦٣٤م وجد الفرس أنفسهم أمام قوة رهيبة جديدة في أساليب

القتال وفيه ليست بالغارات العابرة كما كانت الفترات التي سبقت الإسلام وإنما هي معارك من طراز جديد تحكمها المبادئ الجديدة فراحوا يتأهبون لمعارك جديدة.

## المثنى في المدينة:

لقد وجد المثنى أن تحرير العراق وطرد النفوذ الفارسي من أرضه العربية في معارك قادمة يحتاج إلى تقوية جيشه بقوات جديدة فذهب سرا إلى المدينة وخلف مكانه بشير بن الخصاصية على قياد الجيش كما عين سعيد بن مرة العجلي على المسالح وهناك قابل الخليفة أبو بكر وهو مريض فأوضح له موقف المسلمين وموقف الفرس المتخاذل بعد موت كسرى شهبراز وما تبعه من اضطراب أمرهم وأكد له أن الفرصة مواتية لإرسال جيش كبير يضطلع بمهمة التحرير.

فاستدعى الخليفة أبو بكر، عمر بن الخطاب وأمره أن يندب الناس لنجدة المثنى وقال له: لا تشغلكم مصيبة وأن عظمت، وطلب منه أن يرد أهل العراق الذين ذهبوا مع خالد بن الوليد إلى الشام لنجدة القوات العربية هناك إلى العراق لأنهم أهل الضراوة في الفرس والجرأة عليهم، فتوفي الخليفة أبو بكر في ٢٢ جمادى الآخر سنة ١٣هـ/٢٣ آب ٦٤٣م.

فقام الخليفة عمر وندب الناس لقتال الفرس وقام المثنى فيهم خطيبا يشجعهم على التطوع وبعد خطبة المثنى التي هونت أمر فارس وخطبة الخليفة عمر التي شجعتهم وألهبت حماسهم سارع إلى التطوع آلاف من العرب وكان أول منتدب فيهم أبو عبيده بن مسعود الثقفي فأمره عمر عليهم, ولم تأب نفس المثنى من الانضمام تحت لوائه والعمل بإمرته وخرج المثنى مسرعا قبل تحرك الجيش فوصل إلى الحيرة قبل وصول أبي عبيده بشهر فأقام بالحيرة خمسة عشر يوما ثم أمر بانسحاب مسالحة وضمها إليها وأخذ يقرب الأوضاع بشكل شديد.

## النمارق:

عندما زحف جابان قائد الفرس إلى النمارق وتمردت الرساتيق الفارسية على طول نهر الفرات انسحب المثنى إلى خفان كي لا يؤتي من خلفه بشيء يكرهه إلى أن يصل إليه أبو عبيده الثقفي وأمن في نفس الوقت على خطوط مواصلاته ولما وصل أبو عبيده إلى المثنى في خفان وبعد استراحة فيها عبأ أبو عبيده جيشه وجعل المثنى بن حارثة على الخيل والقى بن جيداره على الميمنة وعمر بن الهيثم ابن الصلف السلمي على ميسرته.

ثم تقدمت جموع المسلمين إلى حشود الفرس بالنمارق التي استعدت للحرب بقيادة جابان، وقد نشبت المعركة على أشدها وأبلى فيها العرب المسلمون بلاء الأبطال وانتهت المعركة بهزيمة الفرس وأسر قائدهم جابان ومقتل مساعده مردانشاه وولت فلولهم منهزمة إلى كسكر يطلبون الحماية من ترسي حاكمها الفارسي فصدرت الأوامر إلى المثنى بملاحقة فلول الفرس الهاربة إلى ترسي، وبتعاون بين أبي عبيده والمثنى بن حارثة على تعبئة في بني شيبان تقدم بهجوم خاطف في السقاطية في ١١ تشرين الأول سنة ٦٣٤م نحو قوات ترسي قاتلهم فيها قتالا شديدا! ولما وجد الفرس أنهم أمام جيش لا يمكن قهره فروا هاربين ولم يترك بنو شيبان قوات الفرس المنهزمة وإنما لاحقهم المثنى إلى باروس فحرروها وأسر الكثيرين من أهل القرى المجاورة وحينما وجد الفرس أن المثنى وجيشه من بني شيبان قد أبادهم طلب بعض دهاقين الفرس الصلح منه فأرسلهم إلى أبي عبيده فقبل الصلح معهم.

معركة الجسر:

بعد أن لاقى الفرس الهزائم الكثيرة أمام جيوش المسلمين عين رستم قائدا جديدا هو بهمن جاذويه وجهز له جيشا جيدا زاد عدده على أربعة آلاف مقاتل وعددا من الفيلة عليها رماة السهام وسار هذا! الجيش الجيد نحو جيش المسلمين وتقابل الجيشان في مس الناطق يفصل بينهما نهر الفرات.

وقد أشارت المصادر إلى أن قوات الفرس كانت تقف على الجانب الشرقي من نهر الفرات بينما كانت قوات المسلمين تقف على الجانب الغربي منه ولأن حماس المسلمين كان قويا لخوض المعركة فأنهم قد قاموا باستخدام الجسر لعبور النهر حيث دارت المعركة حامية عند موضع القوات الفارسية مما منح الفرس بعض المزايا في القتال.

وقد أدى وجود الفيلة مع القوات الفارسية إلى إرباك المقاتلين المسلمين لأنهم لم يعتادوا على رؤية هذه الحيوانات ومقاتلتها في الحروب لذا فقد تكبدوا خسائر كبيرة وحينما حاول قائدهم أبو عبيده الثقفي التصدي لأحد الفيلة وقتله أصيب وسقط شهيدا في المعركة وحين أراد المسلمون الانسحاب من المعركة والعودة إلى الجانب الثاني فوجئوا بأن أحد المسلمين كان قد بادر إلى قطع الجسر ـ لتشجعهم على الصمود وعدم الهرب مما تسبب في إلحاق أضرار جسيمة بهم وخسارتهم لنتيجة المعركة.

وقد جرح المثنى بن حارثة جرحا بليغا في هذه المعركة ولم يبق مع المثنى من جيش المسلمين إلا القليل فأرسل المثنى رسول إلى الخليفة عمر لينجده بخبر المعركة، فأشتد حزنه على ذلك ودعا الناس للتطوع والانضمام إلى جيش المثنى فوجه جرير بن عبد الله البجلي مع قومه إلى العراق ثم بعث عصمة بن عبد الله في قومه بني ضبه وكتب الخليفة عمر إلى أهل الردة من بني عبد القيس وغيرها ممن لم يكن يسمح لهم بالجهاد أن يخرجوا إلى العراق فسارت جموع كثيرة منهم فجاءت المثنى وهو في البويب.

## معركة البويب:

لم تفت في عضد المثنى هزيمة معركة الجسر والنتائج المؤلمة التي وصلت إليه، فجمع جيشه وعبأه استعدادا للجولة القادمة مع الجيش الفارسي فجعل على الميمنة بشير بن خاصية، وعلى الميسرة بشر بن أبي رهم وعلى القلب كان هو

المثنى وعلى المجردة أخاه المعنى بن حارثة الشيباني وعلى المشاة أخاه مسعود بن حارثة الشيباني.

وكانت جيوش الفرس أمامهم في الضفة الأخرى من الفرات وطلب من المقاتلين المسلمين الإفطار لأن الصوم مرقة ومضعفه وقال لهم: "أنكم تقووا بالطعام على قتال عدوكم" وعندما تقابل الجيشان وقبل بدء المعركة ركب المثنى فرسه الشموس وطاف بين الصفوف ووقف على الرايات، راية راية يحثهم على القتال ويأمرهم بأمره ويهزهم بأحسن ما فيهم، تحضيضا لهم لرفع معنوياتهم.

أرسل مهران الفارسي إلى المثنى أن تعبروا إلينا وأما نعبر إليكم فأخبره المثنى أن يعبروا إليهم والتقى الجيشان في حرب طاحنة أبلى بها المسلمون بلاءً حسناً وكان المثنى يقاتل وينادي بالشارات الجسر، وقد أصيب مسعود بن حارثة الشيباني أخو المثنى. ولما رأي مسعود تضعضع من معه خاطبهم وهو يعاني من أصابته القاتلة: يا معشر بكر ارفعوا رايتكم رفعكم الله ولا يولئكم مصيري واستشهد مسعود متأثرا من أصابته فقال المثنى في استشهاده: يا معشر المسلمين لا يرد عنكم مصرع أخي فإن مصارع أخياركم هكذا.

اندفع المثنى في قلب جيش العدو مع قواته والمجنبات تقاتل ببسالة وشجاعة نادرة كل هذا ليربك الجيش الفارسي وفي أثناء القتال حانت فرصة استطاع فيها أن يقتل مهران قائد الجيش الفارسي فارتبكت قواتهم وولت هاربة نحو الجسر تبغي عودة إلى الضفة الأخرى من الفرات وسيوف المسلمين تحصدهم حصدا وانتصر المسلمون نصرا عزيزا عوضوا فيه عن هزيمتهم يوم الجسر وانتقم المسلمون من الفرس لشهداء الجسر وقد سمي يوم النصر يوم الأعشار وقد أحصي فيهم مائة رجل قتل كل رجل عشرة رجال في المعركة وعد يوم البويب نصرا عظيما لا لأنه مسح عار يوم الجسر، ولا لأنه قهر الفرس بل لأنه مكن المسلمين من السيطرة على

السواد بحيث صار كله لهم ما بين دجلة والفرات يتصرفون فيه تصرف الفاتح المسيطر.

وهكذا راح المثنى بن حارثة الشيباني يحتل قرى السواد بدون مقاومة تذكر ثم اتجه نحو الأنبار وخلف على الحيرة بشير بن الخصاصية وأرسل جرير بن عبد الله البجلي إلى ميسان وهلال بن علقمة التميمي إلى دسق ميسان وحثهم على اليقظة والحذر وهكذا سيطر المسلمون على السواد جميعا.

أما الفرس فقد اجتمع أمرهم على أحد أبناء العائلة المالكة هو يزدجرد بن شهريار فقدموا له الولاء والطاعة وأخذوا يستعدون للقاء المسلمين ولما بلغ المثنى ذلك الخبر سحب قواته من جميع المواقع وعسكر بذي قار.

**قدوم سعد بن أبي وقاص إلى العراق:**

كتب المثنى إلى الخليفة عمر بن الخطاب يخبره بكثرة حشود الفرس وطلب منه العون والمدد بالسرعة الممكنة وقد حشد الخليفة عمر جيشا كبيرا وأمر عليه الصحابي الجليل سعد بن أبي وقاص وسار سعد به نحو العراق، وأقام في الثعلبية ثلاثة أشهر لاستكمال وصول المتطوعين ولما وصل سعد وجيشه العراق وجد المثنى قد توفي متأثرا بجراحه يوم الجسر وكان ذلك في غرة صفر سنة ١٤هـ.

وقد ترك المثنى بن حارثة رسالة مهمة إلى سعد بن أبي وقاص قال فيها: "لا تدخلوا بلاد فارس، وقاتلوهم على حدود أرضهم بأدنى حجر من أرض العرب وأدنى مدر من أرض العجم فإن يظهر الله المسلمين فلهم ما وراءهم وأن تكن الأخرى فآووا إلى فئة ثم يكونوا أعلم بسبيلهم وأجرأ على أرضهم إلى أن يرد الله الكرة عليهم" . فلما وصل إلى سعد رأى المثنى ووصيته ترحم عليه وقد قدم على سعد وهو بشراف وصية عمر بن الخطاب بمثل ما أوصاه المثنى.

لقد كان سعد يتمنى أن يعاونه المثنى في مهمته الصعبة ولكن القدر حرمه من ذلك وحرمت المثنى من الاشتراك في القادسية وعندما حمي وطيس الحرب واستكلب الموت على الأبطال في تلك الحرب الضروس هتفت سلمى زوج المثنى وكان سعد تزوجها بعد المثنى حين لم تجد المثنى يسوس الأجناد ويقود الجلاد قائلة: وامثناه ولا مثنى اليوم للخيل.

**صفات المثنى:**

لقد كان المثنى من أعظم أبطال الإسلام فهو الذي حرض المسلمين على حرب الفرس وهون عليهم أمرهم وكان يفاوض أبا بكر وعمر ويحثهما على إرسال المدد ويجند ما استطاع من القبائل العربية المجاورة حتى حاربت معه القبائل المسيحية دفاعا عن العربية وكان فارسا مقداما مدربا ذكيا حاضر البديهة خبيرا بخطط العراق ولم يداخله اليأس في موقعة من المواقع حتى بعد رحيل خالد بن الوليد إلى الشام.

ولقد أظهر إخلاصا نادرا وتضحية عجيبة ونكرانا للذات فلم يخالف أمر رسول الله (صلى الله عليه وسلم ) ولا أمر أبي بكر وعمر، بل كان مطيعا لهم منفذا لأوامرهم بدقة في جميع حروبه وتصرفاته ولم يجمع في الغنائم ولم تقدم في حقه أي شكوى إلى الخليفة ولم تغره الدنيا فكان عفيفا كما كان شجاعا كذلك لم يحسد أحدا ولم يعترض على توليه غيره من القواد كأبي عبيده الثقفي بل يشد أزرهم ويجمع لهم ويحث القبائل المجاورة على قتال الفرس وكان خطيبا فصيحا مؤثرا ولا شك مطلقا في أن المثنى يعد من أعظم قواد الدنيا وأن العالم الإسلامي يعترف بجهاده وحسن بلائه في سيبل الله، وجهوده المتواصلة في قتال العدو.

# المصادر والمراجع

**المصادر:**

١- القرآن الكريم

٢- ابن الأثير: عز الدين علي بن محمد الجزري الشيباني (ت ٦٣٠هـ) "الكامل في تاريخ" - لبنان - ١٩٦٦

٣- البلاذري: أبو الحسن أحمد بن يحيى بن جابر (ت ٢٧٩هـ) "أنساب الأشراف" تحقيق محمد حميد الله - القاهرة - (د.ت)

٤- _____:فتوح البلدان- راجعه وعلق عليه رضوان محمد رضوان - بيروت -١٩٧٨

٥- ابن الجوزي: أبو الفرج عبد الرحمن بن علي بن محمد بن علي الجوزي (ت ٩٥٧هـ) "صفوة الصفوة" حيدر أباد الدكن (١٩٣٦-١٩٣٨).

٦- الجاحظ: أبو عمرو عثمان بن بحر (ت ٢٥٥هـ) "البيان والتبين" تحقيق عبد السلام محمد هارون - القاهرة -(د.ت).

٧- ابن حجر: شهاب الدين أحمد بن علي العسقلاني (ت ٨٥٢هـ) "الإصابة في معرفة الصحابة" - بيروت - ١٣٢٥هـ

٨- ابن أبي الحديد: عبد الحميد بن هبة الله بن محمد( ت ٦٥٦هـ) "شرح نهج البلاغة" - تحقيق حسن تميم -بيروت (١٩٦٣-١٩٦٤).

٩- ابن حزم: أبو محمد علي بن أحمد الأندلسي (ت ٤٥٦هـ) "المحلي" - القاهرة ١٣٥٠هـ

١٠- الخطيب البغدادي: أبو بكر أحمد بن علي (ت ٤٦٣هـ) "تاريخ بغداد" - مصر ١٩٣١.

١١- ابن خلدون: عبد الرحمن بن محمد (ت ٨٠٨هـ) "مقدمة ابن خلدون" -بيروت (د.ت).

١٢- ابن خياط: أبو عمر خليفة بن خياط العصري (ت ٢٤٠هـ) "تاريخ خليفة بن خياط" - تحقيق الدكتور أكرم ضياء العمري.- النجف -١٩٦٧.

١٣- الذهبي: شمس الدين محمد بن أحمد بن عثمان (ت ٧٤٨هـ) " دول الإسلام" حيدر أباد الدكن- ١٣٦٤.

١٤- ـــــــ: "تذكرة الحفاظ" حيدر آباد -١٩٥٨.

١٥- ابن سعد: محمد بن سعد بن منيع البصري (ت ٢٣٠هـ) "كتاب الطبقات الكبرى" - بيروت ١٩٦٨.

١٦- السيوطي: جلال الدين عبد الرحمن بن أبي بكر (ت ٩١١هـ) " تاريخ الخلفاء" تحقيق محمد محي الدين عبد الحميد- القاهرة -١٩٦٤.

١٧- الطبري: أبو جعفر محمد بن جرير (ت ٣١٠هـ) "تاريخ الرسل والملوك" تحقيق محمد أبو الفضل إبراهيم - مصر - ١٩٦٧.

١٨- ابن عبد البر: أبو عمر يوسف بن عبد العزيز القرطبي (ت ٤٦٣هـ) " الاستيعاب في معرفة الأصحاب" - تحقيق علي محمد البجاوي - القاهرة (د..ت)

١٩- ابن عبد الحكم: أبو القاسم عبد الرحمن بن عبد الله (ت ٢٥٧هـ) "فتوح مصر- وأخبارها" - ليدن- ١٩٢١.

٢٠- ابن العماد الحنبلي: أبو الفلاح عبد الحي (ت ١٠٨٩هـ) "شذرات الذهب في أخبار من ذهب" - القاهرة - ١٣٥٠-١٣٥١هـ.

٢١- ابن عساكر: علي بن حسن بن هبة الله الشافعي (٥٧١هـ) " تاريخ مدينة دمشق" تحقيق محمد أحمد وهمان - دمشق (د.ت)

٢٢- _____: "تهذيب التاريخ الكبير" - نشره عبد القادر بدران، مطبعة روضة الشام (١٣٢٩-١٣٣٢).

٢٣- ابن قتيبة: أبو محمد عبد الله بن مسلم (ت ٢٧٦هـ) "المعارف" بيروت ١٩٨٧

٢٤- _____: "الإمامة والسياسة" - مصر - ١٩٥٧.

٢٥- ابن كثير: عماد الدين أبو الفداء إسماعيل بن عمر القرشي الدمشقي (ت ٧٧٤هـ) "البداية والنهاية" - القاهرة - ١٩٣٢.

٢٦- مالك: مالك بن أنس (ت ١٧٩هـ). "الموطأ"- القاهرة- رواية محمد بن الحسن الشيباني.

٢٧- المسعودي: أبو الحسن علي بن الحسين بن علي (ت ٣٤٦هـ) "مروج الذهب ومعادن الجوهر" شرحه وقدم له الدكتور مفيد محمد قمحيه- بيروت - ١٩٦٨.

٢٨- ابن النديم: محمد بن اسحق بن محمد بن اسحق البغدادي (ت ٣٨٥هـ) "الفهرست" -تحقيق- رضا تجدد - طهران - ١٩٧١

٢٩- ابن منظور: أبو الفضل محمد بن مكرم الانصاري (ت ٧١١هـ) "لسان العرب المحيط" - بيروت - ١٩٧٠.

٣٠- وكيع: محمد بن خلف بن حيان (ت ٣٠٦هـ) "أخبار القضاة" - تحقيق : عبد العزيز مصطفى المراغي - مصر -١٩٤٧.

٣١- ياقوت: شهاب الدين أبي عبد الله ياقوت بن عبد الله الحموي (ت ٦٢٦هـ) "معجم البلدان" - بـيروت- ١٩٦٥.

٣٢- اليعقوبي: أحمد بن أبي يعقوب بن واضح الكاتب (ت ٢٨٤هـ) "تاريخ اليعقوبي" - بيروت -١٩٦٠.

**المراجع:**


٣٣- الأنباري: عبد الرزاق "تاريخ الدولة العربية" - بغداد -١٩٨٥.

٣٤- أرنولد، توماس: "الخلافة" - ترجمة جميل معلس -دار اليقظة العربية -١٩٤٦.

٣٥- بدوي، أحمد: "البحتري" - دار المعارف- ١٩٦٤.

٣٦- بدوي، عبد الرحمن: "مؤلفات الغزالي" - القاهرة- ١٩٦١.

٣٧- الهييتي، نجيب محمد: "أبو تمام الطائي" - القاهرة- ١٩٤٥.

٣٨- الحديثي، نزار: "الأمة والدولة في سياسة النبي والخلفاء الراشدين" - بغداد- ١٩٨٧.

٣٩- حميدة، عبد الرحمن: "إعلام الجغرافيين العرب" - دمشق- ١٩٨٠.

٤٠- الدسوقي، عمر: "أخوان الصفا" - القاهرة- ١٩٤٨.

٤١- الدقر، عبد الغني: "أحمد بن حنبل إمام أهل السنة" - دمشق- ١٩٧٩.

٤٢- الدوري، عبد العزيز: "مقدمة في تاريخ صدر الإسلام" - بيروت- ١٩٦٠.

٤٣- زايد، سعيد: "الفارابي" - القاهرة- ١٩٦٢.

٤٤- الزركلي، خير الدين: "الأعلام" - بيروت -١٩٨٤.

٤٥- سالم، السيد عبد العزيز: "تاريخ المسلمين وآثارهم في الأندلس" بيروت -١٩٨١

٤٦- شاكر، محمد: "المتنبي" - مصر - ١٣٩٧.

٤٧- الشطي، أحمد: "ابن سينا وأثر طبه في العالم" - دمشق- ١٩٦٢.

٤٨- ________: "مجموعة أبحاث عن تاريخ العلوم الطبيعية في الحضارة العربية الإسلامية" - دمشق- ١٩٦٤.

٤٩- الشكري، جابر: "الكيمياء عند العرب" - بغداد - ١٩٧٩.

٥٠- طوقان، قدري حافظ: "العلوم عند العرب" - القاهرة - ١٩٦٠.

٥١- ________: "تراب العرب العلمي في الرياضيات والفلك" - القاهرة - ١٩٦٣.

٥٢- العبادي، أحمد المختار: "دراسات في تاريخ المغرب والأندلس" - بيروت ١٩٧٨.

٥٣- العبيدي، محمود عبد الله: "بنو شيبان ودروهم في التاريخ العربي الإسلامي" - بغداد -١٩٨٤.

٥٤- عطوي، فوزي: "ابن الرومي" - بيروت_ ١٩٨٩.

٥٥- ________: "الجاحظ" - بيروت- ١٩٨٩.

٥٦- علي، عادي محمد: "مساهمة العرب في علوم الحياة" - بغداد- ١٩٧٩.

٥٧- العنان، محمد: "ابن خلدون حياته وتراثه الفكري" القاهرة - ١٩٥٣.

٥٨- عواد، كوركيس: "يعقوب بن اسحق الكندي وحياته وأشاره" - القاهرة - ١٩٦٢.

٥٩- غرابة، حموده: "الأشعري" - القاهرة -١٩٥٣.

٦٠- غريب، جورج:"أبو فراس الحمداني" - بيروت- ١٩٦٦.

٦١- فخري، ماجد: "ابن رشد فيلسوف قرطبة"- بيروت -١٩٦٠.

٦٢- كحالة، عمر رضا: "العلوم البحتة في العصور الإسلامية" - دمشق- ١٩٧٢.

٦٣- كمال، أحمد عادل:"الطريق إلى المدائن" - بيروت - ١٩٧٧.

٦٤- ماجد، عبد المنعم: "التاريخ السياسي للدولة العربية" - القاهرة - ١٩٦٧.

٦٥- محمود، عبد الحليم: "فلسفة ابن طفيل ورسالة حي بن يقظان" - القاهرة ١٩٥٧.

٦٦- المخزومي، مهدي: "أعلام في النحو العربي" بغداد -١٩٨٠.

٦٧- مصطفى، شاكر: "التاريخ العربي والمؤرخون" - بيروت- ١٩٧٩.

٦٨- مغنية، محمد جواد: "معالم الفلسفة الإسلامية" - بيروت- ١٩٦٠.

٦٩- الملاح، محمود: "حقيقة أخوان الصفا" - بغداد -١٩٥٢.

٧٠- منتصر، عبد الحليم: "تاريخ العلم ودور العلماء في تقدمه" - القاهرة_ ١٩٦٩.

٧١- المنجد، صلاح الدين: "أعلام التاريخ والجغرافيا" - بيروت- ١٩٦١.

٧٢- مؤنس، حسين: "فجر الأندلس" - القاهرة - ١٩٥٩.

٧٣- يازجي، كمال: "أبو العلاء - أراء في لزومياته" - بيروت -١٩٦٤.

# المحتويات